本书得到了江苏省社会科学基金青年项目
"疫情后世界贸易易格局变化对江苏外贸的冲击及应对策略研究
（批准编号：20EYC003）"、2020 年江苏省"双创计划"的资助。

# 交通基础设施改善
# 与出口贸易高质量发展

IMPROVEMENT OF TRANSPORTATION INFRASTRUCTURE

AND HIGH-QUALITY DEVELOPMENT OF EXPORT

施震凯 著

社会科学文献出版社
SOCIAL SCIENCES ACADEMIC PRESS (CHINA)

# 内容提要

交通基础设施作为一国重要的公共资源，一向被视为国民经济的命脉，对促进经济社会发展具有不可估量的作用。改善交通基础设施有助于释放交通运输能力、拉近时空距离、便利人力资本流动以及信息交换，拓宽资源在区域间、产业间、企业间的流通渠道，对经济活动区位选择、资源流动、区域产业结构和空间结构调整等产生重大影响。本书重点关注交通基础设施改善对出口贸易高质量发展的影响效应，基于国际、区域、企业等层面的数据，分别针对出口贸易的数量和质量，采用贝叶斯模型平均方法、Heckman 两阶段模型、倍差分析模型、空间面板模型等多种较为前沿的计量方法展开研究，并根据回归结果提出相应的政策建议，本书的研究内容具有较强的学术性。

从具体内容上看，本书首先对既有文献中关于交通基础设施影响效应的内容进行梳理，归纳出交通基础设施改善对经济发展存在的增长效应、技术进步效应、效率改进效应以及空间溢出效应。在此基础上，进一步概括总结了不同维度视角下交通基础设施与国际贸易关系的研究现状，探讨了关于交通基础设施对国际贸易影响效应的研究成果和不足，从而为本书的研究主题提供了相应的分析基础与研究框架。在构建理论模型和计量模型探讨交通基础设施改善对出口贸易高质量发展的影响效应时，相关章节的主要研究内容和结论如下。

第一，采用贝叶斯模型平均方法详细剖析了交通基础设施改善对出口贸易规模的影响效应，尤其侧重于前者对出口数量方面的冲击作用。具体而言，基于全球 222 个国家的面板数据，利用贝叶斯模型平均方法考察了交通基础设施改善对出口规模变动的解释力度和影响作用。研究发现，出口国国内交通基础设施改善对出口贸易具有积极影响，虽然铁路基础设施和公路基础设施对于出口贸易规模的影响效应存在一定的差别，但仍具有较高的解释力度，发展中国家限于自身相对落后的经济发展水平，交通基础设施对其出口贸易规模影响作用的解释力度不及发达国家，但其国内交通基础设施改善最终将提高其对外贸易合作水平。

第二，探讨了交通基础设施改善对出口复杂度的影响效应，侧重于前者对出口贸易质量方面的冲击作用。具体而言，通过理论推导论证了交通基础设施改善有助于提升不同技术水平企业的出口参与水平，且对那些技术复杂度较高的产品具有更为明显的影响，从而整体上有助于出口技术复杂度的提升。在理论推导的基础上结合相关数据进行实证检验发现，交通基础设施改善可显著提高一国的出口复杂度，即对出口贸易具有技术溢出效应。并且，随着公路和铁路建设里程的增加，劳动密集型产业的出口复杂度呈现出较为显著的下降趋势，而资本密集型和技术密集型产业则展现出相反的趋势，表现出显著的正向促进作用，即交通基础设施改善对技术复杂度较高的产品影响更为显著，从而有助于一国出口技术复杂度的提高。

第三，为更为细致地观察交通基础设施改善对出口贸易高质量发展的影响效应，本书将出口贸易进一步分解为扩展边际和集约边际，即以出口二元边际为主要研究对象，采用 H-K 方法结合 222 个国家的贸易数据测度各国出口扩展边际和出口集约边际，进而分析交通基础设施改善对两者的影响效应。基于动态面板模型的回归结果显示，交通基础设施改善能够显著促进一国出口扩展边际和集约边际的双向增长，从而对一国的出口贸易规模产生积极效应。但在考虑行业异质性和国别异质性后，交通基础设施改善对出口二元边际的影响作用存在一定的差异，并主要体现在出口贸易的集约边际方面，而对出口贸易的扩展边际在整体上仍然表现为正向促进作用。

第四，本书关注交通基础设施改善对出口贸易高质量发展影响的空间溢出效应，基于中国大陆除西藏外的 30 个省区市的面板数据，通过空间计量模型研判了交通基础设施改善对出口贸易影响作用的空间异质性。具体的，在构建空间权重矩阵的基础上，利用莫兰检验分析了出口贸易和交通基础设施的空间交互性，再进一步将空间权重矩阵引入空间面板模型对出口贸易进行考察，以期研判交通基础设施改善对出口贸易影响的空间溢出效应。回归结果显示，各省份的交通基础设施分布相对均衡，呈现出一定的空间正相关性，并且中国贸易高份额省份和交通基础设施高密度省份具有较高的重叠性，表明交通基础设施对出口贸易具有空间溢出效应。此外，交通基础设施在不同地区对出口贸易的促进效应存在空间异质性，特别是削弱铁路基础设施对中部地区与东西部地区的联结作用后，中部地区的贸易效应显著下降，不应忽略交通基础设施对出口贸易所发挥的空间溢出作用。

第五，本书进一步将研究视角转向微观企业，以铁路提速作为交通基础设施改善的代理变量，结合中国工业企业数据探析交通基础设施改善对企业出口行为的影响作用，并探讨其中的传导机制。本书采用 Heckman 两阶段模型构建选择方程和出口方程，研究发现铁路提速不仅能够促进企业的出口参与度，表现为出口扩展边际的增长，同时也有助于促进企业出口规模的扩大，表现为出口集约边际的增长，即铁路提速对企业的出口行为具有积极作用。但在区分地区异质性、企业异质性以及行业异质性后，所获结论略有差别，表明铁路提速对不同类型企业的出口行为具有差异性影响。

在政策建议方面，本书指出中国开放型经济在迈向高质量发展阶段时，可以通过加强交通基础设施建设促进中国与贸易合作国以及中国内部不同区域间的互联互通，联通出口贸易所需的关键节点，从而促进出口的扩展边际和集约边际增长，进而拉动国内高技术产业升级，并带动国内相关行业的技术进步，促进产业结构升级；同时应尽量规避重复建设，并着重关键节点的疏通，特别是促进交通网络不断向中西部欠发达地区延伸。

# 序　一

　　《交通基础设施改善与出口贸易高质量发展》一书是施震凯博士在其毕业论文的基础上修改而成的，我对此书的出版表示热烈的祝贺！

　　交通基础设施作为国民经济的基础，具有极其重要的地位，我国无论是公路里程还是铁路里程均创造了举世瞩目的成就，其中高速铁路更是实现了从无到有，再到里程世界第一的壮举。随着中国交通基础设施的不断完善，交通运输发展完成了由交通压力"总体缓解"到"基本适应"经济发展的重大跃升，并向"交通强国"的目标稳步迈进。自党的十九大报告明确提出建设"交通强国"以来，国家对这一战略的重视程度不断加深，2019 年发布的《交通强国建设纲要》单行本更是指出，建设交通强国是"全面建成社会主义现代化强国的重要支撑"。"十四五"规划则明确表示要"提高农村和边境地区交通通达深度"，推进"沿边沿江沿海交通等一批强基础、增功能、利长远的重大项目建设"。

　　就中国的发展进程来看，出口贸易快速扩张是突出特征，但也存在着发展不平衡不充分的矛盾问题，亟须迈向高质量发展阶段。如何充分发挥交通基础设施对出口贸易高质量发展的重要作用，就要从学理上准确把握其中的作用途径及机理机制。从出口贸易角度来看，出口产品数量、出口产品质量、出口产品种类等是一国出口贸易的重要组成部分，本书以"出口规模、出口复杂度、出口二元边际"为衡量指标，不同概念所要探讨的重点存在差异，各章节在研究过程中也有所侧重。此外，为进一步讨论交通基础设施改善对出口贸易的影响机制，本书从空间溢出和效率改进两个角度展开分析，而非仅仅考虑交通基础设施自身相关变化对出口贸易的影响效应。

　　施震凯博士近五年来主要聚焦交通基础设施、国际贸易等与本书内容紧密相关的学术领域，产生了一系列科研成果：①从环境污染、生产效率、就业变动等层面初步分析了基础设施的溢出效应，以交通基础设施为研究对象，发现其能够有效降低雾霾污染程度，能够对沿途城市、企业的技术进步和效率改进发挥积极作用，能够对制造业企业的就业形成"创造性破坏"作用；②初步探讨了贸易因素对经济高质量发展的助推作用，借助动态 SBM 模型、中介效应模型等研究发现，进口贸易在提高绿色生产率、产业结构升级、技术创新、雾霾减排等方面具有积极作用，有助于驱动经济高质量发展；③借助交通基础设施的研究，初步阐述了基础设施改善与出口贸易发展间的传导机制，采用贝叶斯模型平均、Heckman 两阶段模型、倍差分析模型、空间面板模型等多种计量方法，指出交通基础设施改善有助于提升出口技术复杂度、有助于出口二元边际增长、有助于提高企业出口参与度，同时具有空间溢出作用。

　　本书在中国经济迈向高质量发展的时代背景下，透过纷繁复杂的世界经济现象，从"国家—区域—企业"等多个层面研判交通基础设施的发展状况，并通过比较分析揭示其存在的突出问题以及制约因素，从理论及实践层面探讨交通基础设施改善对出口贸易高质量发展发挥作用的机理机制及渠道途径。系统探讨解决突出难题、提出有效的可行机制，围绕核心问题提出了具有创新性且可应用于实践的政策建议体系。

　　这是施震凯博士正式出版的第一部学术专著，在表示祝贺的同时，也希望其在未来的工作生活中能够继续保持谦虚谨慎、戒骄戒躁的优良治学态度。

兰州财经大学党委副书记　校长

2021 年 6 月 18 日

# 序 二

施震凯博士在东南大学经济管理学院求学期间，一直在我的指导下进行国际贸易学、区域经济学等相关领域的学习与研究工作。读博期间，他学习勤奋刻苦、成绩优异，付出了较多的努力，参与了多项国家级、省部级科研课题，深入参与了课题申报、课题研究以及课题结项等一系列工作，较好地掌握了本领域的相关理论和研究方法，也取得了一定的科研成果。作为江苏无锡人的他，毕业后选择回到家乡，入职江南大学商学院，并独自开展科研工作，我们至今依旧保持着密切的联系与合作。

从自身发展来看，中国既往的经济增长模式存在一些突出问题，主要表现为：唯 GDP 的增长模式缺乏对民生福祉的足够重视，人民群众中得到的福祉与经济增速不同步；高投入以及人口红利为特征的"刘易斯动能"构成经济增长的主要动能，技术进步与科技创新的作用发挥相对不足；生态文明建设滞后于经济文明建设，走了一条"先污染，后治理"的发展道路。应该看到，这些问题是经济发展层次较低的反映，深入推动中国经济向更高质量发展已成为新时代的必然要求。

中国经济在过去 40 年中的高速发展是在开放条件下取得的，未来中国经济实现高质量发展也必须在更加开放的条件下进行。然而，近年来面对"百年未有之大变局"的国际发展形势，我国出口贸易增长的空间不断受到挤压，既面临着国际、国内市场格局的重塑，又面临着新技术、新产业、新业态、新模式的快速发展。即使面对如此严峻的国际发展环境，持续推进更高水平对外开放也仍然是我国以实际行动推动经济全球化、造福世界各国人民的必然抉择。面对大变局背景下经济全球化退潮、产业链供应链深度调整的现实，如何在第四次工业革命浪潮中，构建对外贸易的竞争新优势、推动出口贸易迈向高质量发展阶段，是需要直面的发展难题。

本书主要围绕交通基础设施改善对出口贸易的规模、质量、种类等方面的影响，分别构建理论模型并结合数据展开实证研究，注重在国别层面、区域层面、企业层面探析交通基础设施改善对出口贸易高质量发展的影响效应，并结合中国的经济发展数据，从空间溢出效应和效率改进效应两个方面探析交通基础设施改善影响出口贸易发展的传导机制。本书从理论上就交通基础设施在出口贸易中发挥作用的机制机理进行了深入探讨，构建了两者相融合的理论框架，提出相应的研究假说，并采用多种计量统计方法从多个方面围绕研究主题展开实证检验。从学术思想理论的层面来说，本书具有一定的创新价值，能够丰富与发展国际贸易学、发展经济学等相关理论学说，为国内外相关研究提供新的思路。

最后，再次对本书的出版表示热烈的祝贺！

东南大学经济管理学院　教授
东南大学数字经济研究中心　主任
2021 年 6 月 28 日

# Summary

As a public resource, transportation infrastructure has always been regarded as an important part of the economy and plays an inestimable role in social development. The improvement of transportation infrastructure helps to release transportation capacity, shorten the distance, facilitate the flow of human and information, improve the speed of resources. The transportation infrastructure has a significant impact on the location selection of economic activities, resource flow, regional industrial structure and spatial structure adjustment. This book focuses on the impact of transport infrastructure improvement on export. Based on the data of different levels as international, regional and enterprise level, this book uses Bayesian Model Averaging, Heckman Two-stage Model, Difference-in-difference Model, Spatial Panel Model and other methods to carry out the research, and puts forward corresponding policy.

On the basis of sorting out the relevant contents of the existing literature on the impact effect of transport infrastructure, this book summarizes the relationship between transport infrastructure and international trade in different perspectives, thus discussing the achievements and shortcomings of the existing research on the impact effect of transport infrastructure on international trade, which provides a basis for this study. The main contents and conclusions of this book are as follows.

First, this book uses BMA method to analyze the impact of transport infrastructure on export scale. Based on panel data of 222 countries, the book examine the impact of transport infrastructure on export. The regression results show that the improvement of domestic transport infrastructure in export countries has a positive impact on export. Although there are some differences in the impact of railway and road infrastructure on the scale of export, there is still a high degree of explanation for bilateral trade. Developing countries are limited to their own backward economic development, leading to the entry of transport infrastructure. The explanations of export are not as strong as those of developed countries, but the increase in the density of domestic transport infrastructure can still improve the level of bilateral trade.

Second, this book uses H-K method to measure the export expansion and intensive margin of each country, based on bilateral trade data of 222 countries, and then analyses the impact of traffic infrastructure on them. The regression results based on the dynamic panel model show that the improvement of transport infrastructure can significantly promote the bilateral growth of export expansion margin and intensive margin, which has a positive effect on the export scale of a country. However, after considering industry heterogeneity and country heterogeneity, there are some differences in the impact of transport infrastructure on export binary margin, which is mainly reflected in the intensive margin of export, while the impact is still mainly positive on expansion margin.

Third, this book mainly studies the impact of transport infrastructure on export sophistication. The Export sophistication is one important topic in the vertical trade theory, and there are many factors affecting the country's export sophistication. However, the research analyzing the impact of the transport infrastructure on the export sophistication is rare. This book examines variations in level of exports sophistication across 176 countries manufacturing industries. This book finds that the export sophistication is positively related to the transport infrastructure. Moreover, the quality improvement of transport infrastructure has a negative impact on the export sophistication of labor intensive industries, but increases the export sophistication of capital intensive and technology intensive industries.

Fouth, this book focuses on the spatial spillover effect of transport infrastructure on export. Based on the data of 30 provinces in China, the impact of transport infrastructure on export is studied by spatial econometric model. The regression results show that the distribution of transportation infrastructure in each province is relatively, showing a positive spatial correlation, and the provinces with high trade share and high traffic infrastructure density in China have a high overlap, indicating that transportation infrastructure has a spatial spillover effect on international trade. In addition, the effect of transport infrastructure on export is different in different regions. Especially after cutting off the link with the eastern and western regions, the trade effect in the central region decreases significantly, and the spatial spillover effect of transport infrastructure on export should not be neglected.

Fifth, this book turns the research perspective to micro-enterprises. Railway speed - up is taken as the proxy variable of the improvement of transport infrastructure to study the impact of transport infrastructure on the export behavior of enterprises. The Heckman two-stage model is used to construct the selection equation and export equation. It is found that railway speed - up can not only promote the export participation of enterprises, but also promote the marginal growth of expansion. It can also promote the expansion of export scale of enterprises, which is expressed as the marginal growth of export intensity, that is, railway speed - up has positive effect on the export behavior of enterprises. However, after distinguishing regional heterogeneity, enterprise heterogeneity and industry heterogeneity, the conclusions are slightly different, which indicates that railway speed - up has a different impact on the export behavior of heterogeneous enterprises.

In terms of policy suggestions, this book points out that when China's open economy moves towards a high-quality stage of development, it can promote the interconnection between China and cooperation countries, as well as between different regions in China, and connect the key nodes needed for export, so as to promote the expansion and intensive margin of exports, thereby promoting the upgrading of domestic high - tech industries. It also promotes the technological progress of related industries in China and promotes the upgrading of industrial structure. At the same time, China should try her best to avoid duplicate construction and focus on the dredging of key nodes, especially to promote the continuous extension of land transportation network to the underdeveloped areas in the central and western regions.

# 目　录

# 图表索引

## 表索引

# 图索引

# 第一章 导论

本章主要围绕本书主题，对全书的总体状况进行阐述：第一节重点介绍本书的研究背景、研究意义；第二节介绍本书的研究方法和技术路线；第三节介绍了本书在研究过程中的创新点；第四节列举了本书的逻辑线索、布局框架。

## 第一节 研究背景与研究意义

### （一）研究背景

工业革命以来的经济发展史表明，交通基础设施条件的改善是实现经济增长的必要前提，既有研究针对这一现象从多个方面做出了解释。而对于中国这样具有复杂地理特征的大国，交通基础设施对于经济社会发展更是意义重大。以公路、铁路为代表的交通基础设施具有极强的外部性，对经济社会发展发挥了重要的支撑引领作用。交通基础设施是国民经济和社会发展的基础性产业，对其进行投资建设历来是政府的重要职责，也是政府调控经济、促进经济增长的重要手段（张学良，2012）。中国政府向来注重对交通基础设施建设的投资，已经形成了纵横交错的交通网络布局，促进了全国交通运输服务保障能力的大幅度提升，推动了资源要素的跨区域流动。与此同时，交通基础设施作为一项极具正外部性的公共物品，同时具有产业链长、带动力强的特点，近年来为中国政府对经济社会进行定向调控提供了重要支撑。概括而言，交通基础设施是国家重要的公共资源，一直被视为民生要义、经济命脉、社会基石，对促进社会发展具有不可估量的作用。

近年来，中国政府重点投资基础设施建设，以扩大内需、刺激消费，促进经济转型、产业结构调整。例如，2008 年为应对美国次贷危机所引致的国际金融危机带来的挑战，以及为解决经济增速下滑、出口负增长等可导致经济硬着陆的负面问题，中国政府出台了以公路、铁路等重大交通基础设施建设为主要投资对象的一揽子计划，涉及投资金额高达 4 万亿元人民币；近年来，为补齐中西部基础设施建设滞后这个短板，中国政府通过扩大对中西部的有效投资，进一步加快包括交通基础设施在内的基础设施建设，以期逐步缩小东中西部发展差距。"十三五"规划指出建设"网络化布局、智能化管理、一体化服务、绿色化发展，建设国内国际通道联通、区域城乡覆盖广泛、枢纽节点功能完善、运输服务一体高效的综合交通运输体系"。"十四五"规划则要求"建设现代化综合交通运输体系，推进各种运输方式一体化融合发展，提高网络效应和运营效率"。

图 1.1 根据国家统计局的相关数据，分别绘制了 1979～2016 年中国公路里程和铁路营运里程的变动趋势，可以发现两者的里程长度分别从 1979 年的 87.58 万公里和 5.30 万公里，提升到了 2016 年的 469.63 万公里和 12.40 万公里，均取得了较大幅度的增长，表明中国的交通基础设施自改革开放以来得到了极大程度的改善，对国民经济发展发挥了重要的支撑作用。观察图 1.1a 可以发现，中国公路基础设施建设可以分为两个阶段：第一个阶段为 1979～2004 年，中国的公路设施里程在该阶段的增长幅度较为平缓，由 87.58 万公里增长至 187.07 万公里，在 25 年的时间里新建里程约 100 万公里。第二阶段为 2005～2016 年，该阶段主要呈现出两个显著特点，一是相比于第一阶段有了跨越式增长，特别是 2005 年的公路里程达到了 334.52 万公里，在短短一年的时间里就建成长达 147.45 万公里的公路设施，产生这一现象的主要原因在于 21 世纪以后各地政府大力投资基础设施建设，并在 2005 年有大量新修公路建成；二是该阶段的公路设施年均增长幅度显著大于第一阶段，表现为该阶段的曲线更为陡峭。图 1.1b 绘制了 1979～2016 年中国铁路营运里程的波动趋势，可以发现虽然该曲线的变动相比于公路设施曲线较为平缓，但大致可以分为三个阶段：第一阶段为 1979～1994 年，该阶段中国铁路里程不仅存量较低且增长幅度较缓；第二阶段为 1995～2008 年，该阶段相比于前一阶段在铁路设施存量和增长幅度上均有了显著提升；第三阶段为 2009～2016 年，中国铁路设施营运里程在该阶段出现了大幅度增长，这一阶段的发展特点与高速铁路在中国大规模建设、建成有着密切

联系，高速铁路作为高标准、高质量的铁路设施，正日益影响着中国的经济发展格局。中国交通基础设施建设大幅度改善不仅体现在数量的增长上，更体现在高速铁路和高速公路等高质量交通基础设施的大规模建成上。截至 2016 年底，中国高铁营运里程达到 2.2 万公里，占全球高铁总里程的60% 以上，位居世界第一；而中国的高速公路总里程在 2016 年也达到了13.10 万公里，同样位居世界第一。

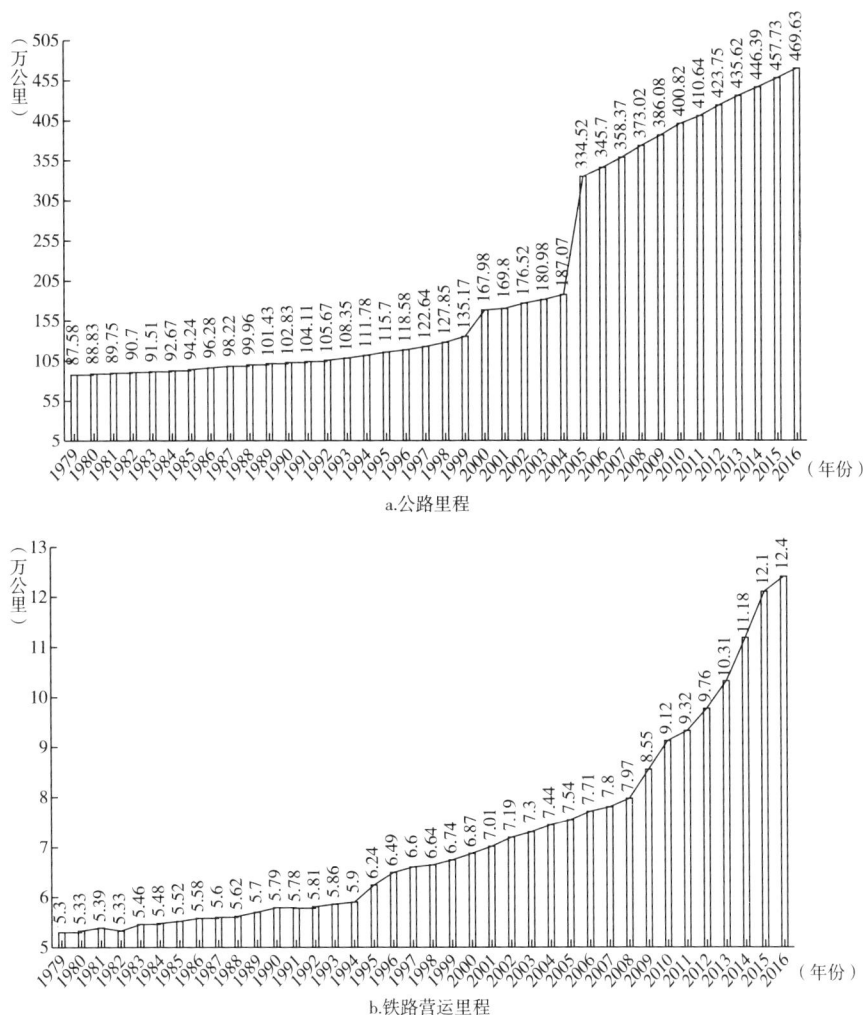

a.公路里程

b.铁路营运里程

图 1.1　1979~2016 年中国公路和铁路营运里程的变动趋势

　　图 1.1 从里程角度考察了中国交通基础设施的变动情况，注重的是公路设施和铁路设施的里程数量增长，而交通基础设施改善对经济社会影响的一个重要方面在于对要素流动的促进作用。鉴于这一点，图 1.2 绘制了 1979~2016 年中国公路和铁路设施货运量的变动趋势，以期从物流方面分析中国交通基础设施的改善情况。图 1.2a 是 1979~2016 年中国公路货运量的变动趋势曲线，该曲线可以分为四个阶段：第一阶段为 1979~1984 年，该阶段的公路货物运输量变化轨迹几乎为一条直线，增长幅度相对有限；第二阶段为 1985~2005 年，公路货运量变动趋势曲线在该阶段整体上呈现出逐年增长的趋势，但增长相对平缓；第三阶段为 2006~2012 年，虽然公路货运量同样位于上升通道，但相比于上一阶段具有更大的增长幅度；第四阶段为 2013~2016 年，在经历前一个阶段的高速发展后，公路货运量进入一个发展相对平缓的平台期。图 1.2b 是 1979~2016 年中国铁路货运量的变动趋势，大致可以分为三个阶段：第一阶段为 1979~1998 年，铁路货运量在该阶段的发展趋势较为平稳，呈现出波动上升的趋势；第二阶段为 1999~2013 年，铁路货运量相比于上一阶段具有更大的增长幅度，并在 2013 年达到整个样本期间的最大值 39.6697 亿吨；第三阶段为 2014~2016 年，铁路货运量在 2014 年之后进入下降期，可能原因在于中国经济进入降速转型期，且随着公路设施的不断改善，两者之间的市场竞争程度加剧，削弱了铁路运输的优势。

　　整体来看，采用里程公里数或者货运量来衡量交通基础设施的发展情况所得结论是一致的，即中国交通基础设施在改革开放以后获得了迅速发展，对经济社会发展起到了重要的支撑作用。交通基础设施的超速发展既是中国大国速度的一个缩影，也为中国经济的健康发展构建了良好的物质基础。综观全球，但凡工业化水平高、技术先进、资源配置合理的国家都有发达的交通运输基础设施体系作为支撑。发达便捷的交通基础设施网络对生产要素配置、劳动分工和国内、国际商品交换产生了积极的促进作用。在经济全球化、国际竞争日趋激烈的当下，对交通基础设施通达能力的要求已经跨越国界。方便快捷的交通运输网络为资源、劳动力以及信息流动提供了极大的保障，使全球经济活动更加紧密。开放经济需要一个全球化、网络化的交通基础设施体系，完善的内外连接的交通运输系统，是一国经济开放和发达的标志。中国便捷的铁路和公路基础设施已形成一张联结各

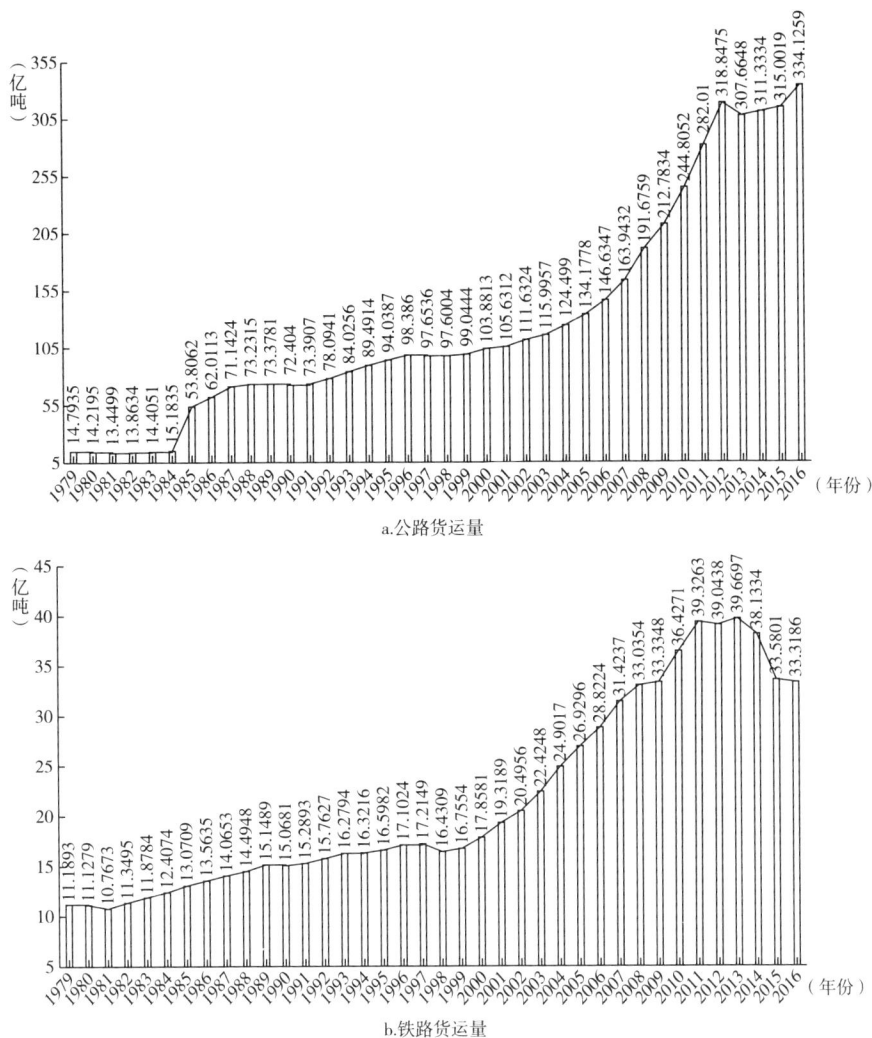

图 1.2 1979~2016 年中国公路和铁路设施货运量的变动趋势

区域、分布广泛的陆路运输网络，这一交通运输网络在服务中国经济转型发展的同时，正将中国经济社会所具有的潜力最大限度地发挥出来。与此同时，交通基础设施既可以作为一种投资直接促进经济增长，又可以通过空间溢出效应发挥间接作用，良好的交通基础设施能够使市场竞争更为充分，利用市场配置效应使得资源流向最有效率的地方。结合现实与理论的多方面因素可以发现，交通基础设施对经济社会发展有着不可忽略的影响，在多个方面具有积极效应。

改革开放特别是 21 世纪初加入世界贸易组织以来，中国的开放型经济发展取得了举世瞩目的成就，中国已经毫无疑义地成为全球贸易大国。随着中国对外开放程度的不断加深，出口贸易相比改革开放初期取得了"爆炸性增长"。图 1.3 绘制了 1979~2016 年中国商品出口贸易总额的增长趋势以及其占GDP 的比重，可以发现，中国出口贸易总额从 1979 年的 136.1 亿美元增长至 2016 年的 22633.29 亿美元。中国出口贸易自改革开放以来，特别是加入世界贸易组织后获得跨越式增长，大体可以分为四个阶段：第一阶段为1979~2001 年，中国的出口贸易在该阶段的波动趋势较为平缓，且呈现出缓慢上升的变化趋势；第二阶段为 2002~2008 年，中国的出口贸易呈现出较快的增长速度，变化曲线相比于前一阶段更为陡峭，上升幅度更大，表明中国在加入 WTO 以后不断加快深化与其他国家的贸易往来，推动了出口规模增长；第三阶段为 2009~2014 年，在经历全球金融危机的冲击影响后，中国的出口贸易在 2009 年出现短暂的下降之后又迅速进入上升通道；第四阶段为 2015~2016 年，中国的出口贸易开始出现下降趋势，产生这一现象的主要原因在于近年来全球贸易保护主义、逆全球化逐渐抬头，在一定程度上抑制了中国对外出口规模的增长。

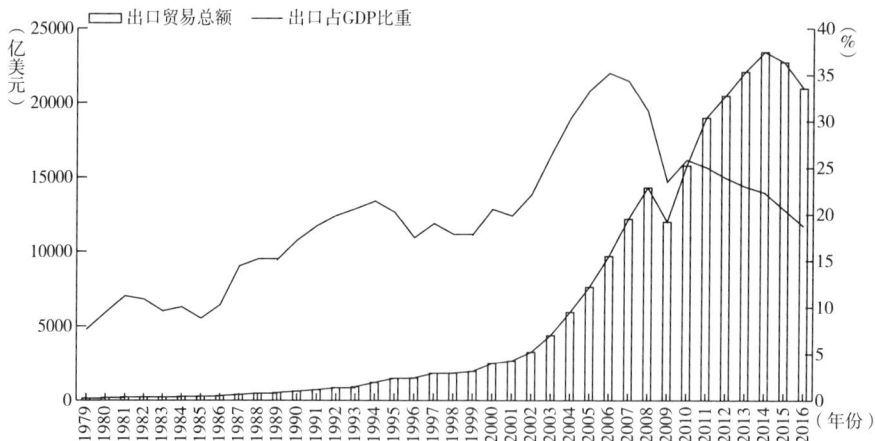

**图 1.3　1979~2016 年中国商品出口贸易总额及其占 GDP 比重的变动趋势**

从图 1.3 中绘制的中国商品出口贸易总额占 GDP 比重的变动趋势可以发现，该曲线大致可以分为三个阶段：第一阶段为 1979~2001 年，中国商品出口贸易总额占 GDP 的比重呈现出波动上升的趋势；第二阶段为 2002~2008 年，中国商品出口贸易在国民经济中所占的比重迅速上升，具有较大的增长幅度，但在 2008 年开始出现下降趋势；第三阶段为 2009~2016 年，中国商品出口贸易占 GDP 的比重迅速下滑，并最终维持在 20%左右。各阶段的发展趋势与中国对外贸易政策以及国际环境有着密切关系，改革开放、加入世贸组织等积极开放行为均有助于提升出口贸易在国民经济中所占的比重，而国际金融危机、逆全球化等国际贸易环境恶化则抑制了中国出口贸易的发展。进一步观察图 1.3 可以发现，虽然中国商品出口贸易在 GDP 中所占比重存在着较大波动，但中国商品出口贸易在体量大幅度增长的同时对国民经济具有愈加重要的影响，占国内生产总值的比重从 1979 年的 7.64%上升至 2016 年的 18.49%，并在 2006 年达到整个样本期间的最大值 35.21%。

虽然中国对外贸易取得了诸多成果，但近年来受多种复杂因素的交叉影响，中国出口贸易增长的空间不断受到挤压，对外贸易发展所面临的制约日益凸显。其中一个最为突出的问题在于存在着明显的地区不平衡，这种不平衡体现在国际和国内两个方面：首先，中国对外贸易高度集中在美国、日本等少数几个国家，受这些国家政策变动的影响较大，中美贸易战就是一个典型的现实案例；其次，中国的出口主要集中在东部沿海的少数省市，中西部地区所占比重较低，其中仅广东、江苏、上海、浙江、北京等省市的进出口总额就占了全国进出口总额的 50%以上。导致以上现象的原因是多方面的，但地理环境因素不可忽视，而既有研究未就这一因素展开详尽的分析。

改革开放后特别是加入世界贸易组织以来，中国开放型经济的发展取得了举世瞩目的成就，出口贸易的高速扩张也使中国毫无疑义地成为全球贸易大国。然而 2008 年全球金融危机爆发后，随着世界经济进入所谓"新平庸时代"，受发达市场需求不振、贸易摩擦频繁、国际竞争加剧等多种因素的影响，中国出口贸易的增长空间受到明显挤压，开放型经济的长期可持续发展面临严峻挑战。近年来，随着中国特色社会主义进入新时代，特别是在当前中美贸易摩擦加剧的现实背景下，中国经济所面临的一些重要矛盾和制约因素开始集中显现，无论是产品质量、贸易结构，还是核心竞争力等均与贸易强国存在着较大差距。面对这样的国际发展环境，中国提出了建设"一带一路"的发展倡议，这一倡议作为中国经济转型与升级的跳板，对中国经济发展、内政外交具有重大意义。在这一过程中，中国提出了"政策沟通、道路联通、贸易畅通、货币流通、民心相通"的发展目标，将交通运输和国际贸易联系在一起。交通基础设施是一国扩大对外贸易、发展开放型经济和吸引外资的重要基础，良好的交通基础设施能够通过释放运输能力、拉近时空距离、便利人力资本流动以及加快信息交换等间接途径，发挥其相应的溢出效应。交通基础设施具有明显的网络性特征，交通基础设施只有形成网络，才能拥有更高的可达性，进而发挥其网络效应，其价值才能凸显出来。出口贸易是经济社会中重要的组成部分，特别是在经济高质量发展的时代背景下，交通基础设施对经济产生了何种影响效应，是一个十分值得关注的话题。

本书基于上述背景，在既有文献的研究基础上，从多个视角、多重维度采用多种方法剖析交通基础设施对出口贸易带来的直接和间接冲击，从"国家—区域—企业"三个维度深入研究前者对后者的影响效应，并为新时期中国扩大对外开放、促进经济转型升级提供有益的政策建议。鉴于研究主题，全书将围绕"时代性""核心性""可比性"等原则对交通基础设施改善进行解构。"时代性"原则是指交通基础设施改善经济发展进程及不同时期的历史发展背景的变化，交通基础设施的内涵特征不会一成不变，既有交通基础设施的旧表现形式，也可能被新交通基础设施的新内涵取代。例如，相比于传统铁路的发展历程，高速铁路是铁路中的新生事物，是现代化铁路运输的重要标志，它改变了传统铁路的低效局面，属于新型的交通模式，是交通基础设施建设的一次极大的改善，既有文献针对这一话题进行了丰富的探讨（汪德根和章鋆，2015；王雨飞和倪鹏飞，2016；刘勇政和李岩，2017），研究中应充分考虑不同历史发展时期的特征，以动态视角把握交通基础设施的内涵特征。"核心性"原则是指对交通基础设施改善的解构应与国际贸易活动密切相关，对其影响效应的研究也应在这一范围内展开，本书借鉴既有文献关于交通基础设施相关影响效应的研究，并围绕国际贸易展开分析。"可比性"原则是指在研究样本的选取过程中，选取的比较样本应具有可比性，从横向和纵向展开对比，以期得出更有借鉴意义、更具理论及应用价值的结论。

## （二）研究意义

**1. 注重从改善角度深入研究交通基础设施对出口贸易高质量发展的影响效应**

既有文献针对全面开放新格局与高质量发展转型之间的关系展开讨论，指出推动开放型经济迈向高质量发展是新时代中国对外开放的鲜明特征和基本主线。经济发展由高速增长阶段转向高质量发展阶段，是解决国内国际矛盾，实现更高质量、更具效率、更加公平、更可持续发展的必然选择，也是实现社会主义现代化和中华民族伟大复兴的必由之路。纵观世界强国的经济发展史可以发现，经济强国能够抓住时代机遇，选择适宜的发展路径，制定符合时代发展特色的政策方针，通过发挥比较优势或者培育新优势，提升竞争力，实现由大到强的转变。目前来看，以高速铁路为代表的高质量交通基础设施是中国对外开放的重要名片，是推动中国经济高质量发展的先行要素。近年来中国交通基础设施所取得的跨越性发展对出口贸易产生了何种影响？能否成为助推出口贸易高质量发展的力量？这些问题构成了本书重点关注的话题。

传统的经济学理论为了理论推导的简便，或是假设生产要素在地理空间上的流动是瞬间完成的，即生产要素的运输不需要成本；或是假设运输成本是一个固定的比值，例如"冰山运输成本"，以便简化相关理论的推导。然而，一个典型的出口贸易运输过程至少包含国内运输和国际运输两个组成部分，即绝大部分货物通过国内交通基础设施（例如，公路、铁路、水路或航空）运输至较近的港口或机场，然后通过国际运输输送到目的国的海关，到达目的国后仍然需要依靠交通基础设施进行货物传递。因而，贸易双方的国内交通基础设施会对双边贸易的开展产生极为重要的影响，其运输成本不能被忽视，甚至是决定国际贸易协定达成的关键。既有文献主要从交通基础设施的数量（投资额或投资密度）这一视角进行研究，本书采用相关变量作为交通基础设施改善的代理变量。鉴于交通基础设施质量对运输成本具有极为重要的影响作用，其对经济发展的影响正逐渐被重视，而鲜有文献从交通基础设施改善这一角度进行深入分析，本书也在一定程度上探讨了交通基础设施质量改善对出口贸易高质量发展的影响效应。基于以上分析，本书在注重交通基础设施数量提升对出口贸易影响效应的同时，同样重点关注交通基础设施质量改善对出口贸易高质量发展所带来的影响，从而形成了数量和质量并重的分析范式。从学术研究角度而言，本书研究的重要意义在于，推动新时期扩大对外开放的相关理论研究，以及深入解析新时代背景下交通基础设施建设的福利效应，这会把相关问题研究上升到一个新的高度。

2. 从交通基础设施视角为新时期中国扩大对外开放提供了新的工作思路

自改革开放以来，中国开放型经济发展基本沿袭单向开放的模式，以积极吸引利用外资和扩大出口为显著特征。这种模式的本质是基于特定的要素禀赋条件，以国内资源服务于国际市场，在此过程中实现外部需求对国内经济增长的带动作用。采用这种发展模式有其历史必然性，它也对中国改革开放以来的经济奇迹发挥了重要的推动作用。然而，随着中国成为全球第二大经济体，深入推动开放型经济向更高层次发展，打造全面开放新格局，实现中国经济与世界经济的互利共赢，已逐渐成为理论研究及政策实践中的共识。特别是在中国特色社会主义进入新时代、当前中美贸易摩擦加剧的现实背景下，中国经济所面临的一些重要矛盾和制约因素开始集中显现，无论是产品质量、贸易结构，还是核心竞争力等均与经济强国存在着一定差距。

交通基础设施作为经济发展的先行要素，是国内国际各种要素运输的重要一环，是经济强国的主要判断标准之一，对经济发展有着极其重要的影响。物流运输业离不开交通基础设施的支撑，良好的交通基础设施能够显著降低商品在贸易过程中所需的运输成本和时间成本。随着信息技术的高速发展，现今的国际市场竞争日益激烈，便捷安全的运输网络已成为一国的比较优势之一，及时交付货物已成为合同规定的重要义务。但总体而言，目前中国的交通运输基础设施在经济发展中所发挥的效应与发达国家相比还有一定的差距，人均存量水平仍然较低，在国家综合经济实力竞争中交通基础设施条件还不具有明显的优势。因此，为了能够适应 21 世纪经济社会发展的迫切需要，及时抓住世界经济一体化带来的机遇，中国应充分吸取发达国家建立现代化交通设施的经验和教训，提高交通基础设施的网络效应及溢出效应，实现交通运输的现代化和国际化。通过交通基础设施推动进出口贸易与本土价值链耦合，加快推进由"国内资源+国际市场"向"国际资源+国内市场"的转变，提升对国际资源的配置利用能力，从交通基础设施视角为新时期中国扩大对外开放提供新的工作思路。

## 第二节　研究方法与技术路线

### （一）研究方法

本书针对拟解决的关键问题、重点研究内容及研究目标，采用理论与实践、归纳与抽象、定性与定量相结合的研究方法，涉及文献研究、数理分析、计量与统计分析等方法。这些都是国内外相关研究中所广泛使用的研究方法，具有科学性、适用性与可操作性。具体而言，本书所采用的研究方法包括以下几类。

（1）文献研究法。与本书相关的国内外研究内容需系统收集与整理，采用现代图书情报检索方法，全面搜集整理相关资料、文献和已有的研究成果。将国际贸易理论、发展经济学、区域经济学等相关学科与最新的国内外相关研究进展结合起来，对理论成果进行系统、深入和细致的学习和梳理。在准确客观了解国内外研究进展、全面掌握既有研究的主要观点和方法的基础上，吸收借鉴既有研究的精华，规避可能的研究误区，为本书展开深入研究提供文献基础。

（2）定性分析法。本书通过逻辑推理、历史求证、法规判断等思维方式，运用归纳、演绎、分析及抽象等方法，去伪存真、由表及里地进行分析，根据交通基础设施和出口贸易所具有的共性和个性特征，定性分析其在发展过程中的矛盾变化，抓住事物特征的主要方面，进而使研究对象有"质"的提升。

（3）数理与计量分析法。基于理论分析中的逻辑推导，采用构建数理模型与实证计量分析相结合的方法，为理论分析和政策方案设计提供坚实严谨的基础。在理论分析的基础上，基于事实数据结合贝叶斯模型平均方法、动态面板模型、空间面板计量模型、双重差分模型等方法展开定量分析，使用STATA、MATLAB、R和Eviews等统计软件，对本书所研究的内容进行定量分析，从而研判经济变量之间的因果关系、揭示经济系统的演变动态、模拟经济政策的执行效果，并结合研究结果提出相应的政策体系方案。

本书基于全面系统的文献梳理和理论分析，揭示交通基础设施在出口贸易过程中发挥积极作用的机制机理与路径渠道，基于国际、区域、企业三个层面的相关数据，构建实证模型探讨交通基础设施改善对出口贸易的影响效应，从多个维度形成"点—线—面"的分析框架，是对既有研究的进一步创新与拓展。同时，依据理论联系实践的原则，应用研究结论针对现实问题，设计相关政策体系，从新视角探讨推动中国对外贸易工作建设，从而有利于产业结构优化升级、促进经济高质量发展。

具体而言，本书分别从"国际—区域—企业"三个层面针对交通基础设施改善对出口贸易的影响效应展开研究。第一个层面是国际层面，基于跨国面板数据，首先利用贝叶斯模型平均（Bayesian Model Averaging，BMA）方法衡量了交通基础设施建设对出口贸易的影响力度和解释程度，通过该模型探讨了交通基础设施建设对出口贸易的增长效应，在一个涵盖多种要素的研究框架中重点研判了交通基础设施建设对出口贸易影响的解释力度。并进一步基于 CEPII 中的 BACI 数据库，从 HS-6 产品层面测算了 1995~2015 年 176 个国家制造业的出口复杂度和出口二元边际，结合各国的交通基础设施数据重点研判交通基础设施改善对出口贸易的技术溢出作用，以及对出口扩展边际和集约边际的影响效应。第二个层面是区域层面，立足中国国内各省市的实际发展状况，采用空间计量模型（Spatial Panel Model，SPM）分析交通基础设施建设对各省市出口贸易的冲击作用，以期研判交通基础设施改善对出口贸易的空间溢出效应。第三个层面是企业层面，基于 2001~2009 年的《中国工业企业数据库》，采用倍差分析法（Difference-in-Differences Model，DID）研究交通基础设施质量提升对企业出口行为以及相关传导途径的影响效应。基于上述具体内容，针对研究主题利用多种较为前沿的计量经济学方法从多个维度展开分析研究，以期获得更为科学翔实的研究结论，为相关政策措施的制定提供经验证据。

虽然本书在研究方法与分析工具上具有一定的新颖性，但主要还是综合应用经济学中的相关方法工具展开研究，具体包括文献梳理法、统计计量方法、数理模型方法等经济学研究中普遍利用、成熟可靠的方法工具。本书研究主要突出了方法工具的综合与全面应用，将这些方法工具用于交通基础设施改善对出口贸易高质量发展影响效应的相关问题分析，以期得出更为可靠的结论。

## （二）技术路线

本书遵循理论联系实践的原则，按照"国际经验梳理、相关文献研读、核心概念解析、理论机制分析、政策体系设计"的总体思路依次展开，从研究基础、现状分析、机理分析、效应分析和对策建议五个方面对全书主题进行深入探讨，全书的技术路线如图 1.4 所示。

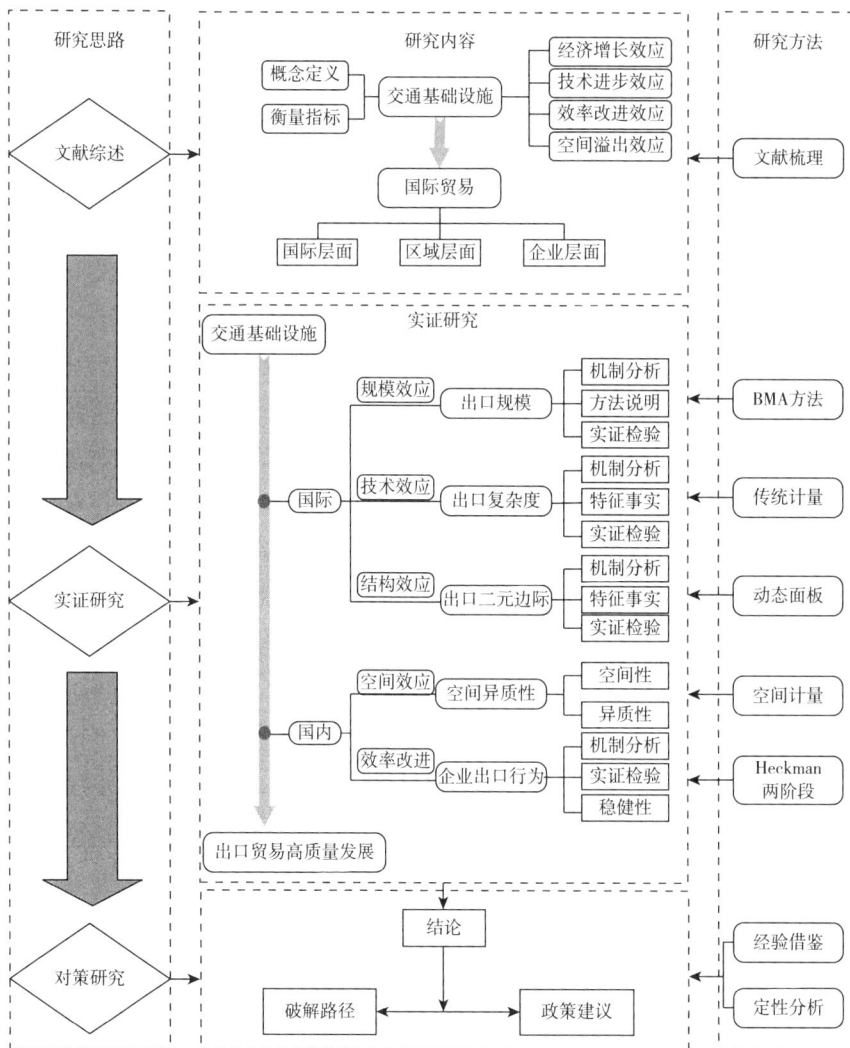

图 1.4　全书技术路线

# 第三节　内容创新

围绕研究主题，本书的创新主要体现在以下几个方面。

首先，研究选题的创新。虽然既有关于交通基础设施影响效应的研究文献众多，但系统研究交通基础设施改善对出口贸易高质量发展影响效应的文献尚少，且主要集中于贸易总量方面。基于这一研究现状，本书在分析交通基础设施改善对出口贸易涉及的数量、质量、种类等方面影响效应的基础上，进一步探讨了交通基础设施改善对出口贸易高质量发展影响的传导机制，且兼顾公路设施和铁路设施，对相关领域的研究具有一定的借鉴意义。

其次，研究视角的创新。本书以贸易引力模型、新新贸易理论为切入点，基于"国际—区域—企业"三个层面的面板数据实证检验了交通基础设施改善对出口贸易高质量发展的影响效应，并从出口规模、出口复杂度、出口二元边际、企业出口行为等方面，系统地开展理论分析与实证检验，涵盖了出口贸易涉及的数量与质量、宏观与微观等层面。在研究样本方面，本书同时关注国别异质性、行业异质性，分析了交通基础设施改善对不同国家、不同行业出口贸易影响效应的异质性；在交通基础设施改善的衡量方面，本书不局限于公路和铁路里程或密度的增长，还选取铁路提速作为交通基础设施改善的标志性事件。

再次，理论研究的创新。在既有文献的研究基础上，本书或通过理论阐述，或基于数理推导，探讨了交通基础设施改善对出口贸易的影响效应，并提出了相应的研究假说。比如，基于 Melitz（2003）、Lawless（2010）的研究成果，本书将交通基础设施因素引入新新贸易理论模型中，探讨了交通基础设施改善对出口二元边际的影响效应；又如，本书基于交通基础设施对企业生产率存在显著影响，而生产率又是影响企业出口行为的关键因素这一理论线索，结合 Keller（2002）、Melitz（2003）、施震凯等（2018）的相关研究，引入时间因素分析了交通基础设施改善对企业出口行为的影响机制。

最后，在传统研究的基础上，针对各章节的研究主题引入一些较为新颖的计量方法。本书结合研究内容的特点，采用贝叶斯模型平均

（BMA）方法、动态面板模型（DPM）、Heckman 两阶段模型、空间面板模型（SPM）以及双重倍差法（DID）等较为新颖的计量方法展开实证研究，以确保本书关于交通基础设施改善对出口贸易高质量发展影响效应这一问题的分析具有系统性、整体性和缜密性。在采用这些方法的同时，为验证研究结论的可靠性，本书同时采用传统计量方法进行稳健性检验。

概括而言，本书从理论上就交通基础设施在出口贸易高质量发展过程中发挥作用的机制机理进行了深入探讨，构建两者相融合的理论框架，提出相应的研究假说，并采用多种计量统计方法从多个方面围绕研究主题展开实证检验。从学术思想理论的层面上来说，本书具有一定的创新价值，能够丰富与发展国际贸易学、发展经济学的相关理论学说，为国内外相关研究提供新的思路。

## 第四节　全书逻辑线索与框架

### （一）逻辑线索

从出口贸易高质量发展的角度来看，出口产品数量、出口产品质量、出口产品种类等因素是构成一国出口贸易的重要组成部分，在既有文献中也常用出口规模、出口复杂度、出口二元边际等指标作为这些因素的衡量指标。本书针对交通基础设施改善对这些因素的影响效应，分别构建理论模型并结合数据展开实证研究，注重在国别层面、行业层面探析交通基础设施改善对出口贸易的影响效应。为更进一步分析交通基础设施改善对出口贸易高质量发展的影响途径，本书将研究视角转向区域和企业层面，并结合中国的经济发展数据，从空间溢出效应和效率改进效应两个方面探析交通基础设施改善对出口贸易高质量发展影响的传导机制。

从影响效应角度来看，本书首先通过文献梳理发现交通基础设施改善对经济发展具有增长效应、技术进步效应、效率改进效应以及空间溢出效应，进而从不同角度结合宏观、微观数据探讨交通基础设施改善对出口贸易高质量发展影响的相关效应。比如，从跨国层面探讨了交通基础设施改善对出口规模、出口二元边际的影响效应，侧重于增长效应；从出口复杂度角度分析了交通基础设施改善对出口贸易所产生的产品质量升级作用，侧重于技术进步效应；从微观层面研究了交通基础设施改善对出口企业出口行为以及生产率的影响，侧重于效率改进效应；基于省域数据探究了交通基础设施对出口贸易影响的空间效应，侧重于空间溢出效应。

## （二）全书框架

基于上述逻辑线索，全书共分为八个章节，各章的主要研究内容如下。

第一章是全书导论部分，主要介绍了本书的研究背景、研究意义以及研究方法，并阐述了本书的逻辑线索、研究框架、技术路线、研究创新等方面的内容。

第二章是文献综述部分，主要从两个方面对既有文献进行梳理：一是概括总结交通基础设施改善对经济社会发展的影响效应，大致可以归纳为增长效应、技术进步效应、效率改进效应以及空间溢出效应等方面；二是对既有文献中关于交通基础设施改善对国际贸易发展影响的内容进行梳理，总结概括了不同维度视角下交通基础设施改善与国际贸易关系的研究现状，探讨了既有研究中关于交通基础设施改善对国际贸易影响效应的成果和不足，为本书研究提供了相应的文献基础。

第三章主要采用贝叶斯模型平均方法详细剖析了交通基础设施改善对出口贸易规模的影响效应，基于多国出口贸易数据，在一个统一的框架中考虑了公路基础设施和铁路基础设施改善对出口国出口贸易的影响。在模型构建中不仅关注单一衡量指标，而且同时考虑除交通基础设施以外的其他基础设施对出口贸易的影响，从诸多解释变量中准确识别和分解出交通基础设施改善对出口贸易规模影响的直接效应，并通过细分样本更为细致地探讨前者对后者影响作用的异质性。

第四章主要研判交通基础设施改善对出口复杂度的影响效应，首先通过理论推导论证了交通基础设施改善有助于促进不同技术水平的企业参与出口，并对那些技术复杂度较高的产品具有更为显著的影响，进而有助于出口技术复杂度的提升。在理论推导的基础上结合相关数据进行实证检验，借鉴 Rodrik（2006）和 Hausmann 等（2007）的计算方法结合 CEPII-BACI 数据库测算了 176 个国家或地区 1995~2015 年的出口复杂度，通过构建回归模型分析了交通基础设施改善对出口技术复杂度的影响效应。此外，进一步将研究样本划分为劳动密集型、资本密集型和技术密集型等三个类型，以期研究交通基础设施改善对不同类型产业在出口过程中的技术溢出效应。

第五章重点关注交通基础设施改善对出口二元边际的影响效应，首先通过理论推导发现交通基础设施改善有助于促进出口扩展边际，但对出口集约边际的影响方向不确定。在理论推导的基础上，本研究采用H-K法估计了各国的出口二元边际，并细分为劳动密集型、资本密集型以及技术密集型三个子样本，最后采用动态面板模型探讨了交通基础设施改善对出口二元边际的影响效应。研究发现交通基础设施改善整体上对出口扩展边际和出口集约边际产生了显著的积极效应，但在考虑国别异质性和行业异质性后存在一定的差别。交通基础设施改善对资本密集型和技术密集型行业出口二元边际有着显著的促进作用，但在一定程度上抑制了劳动密集型行业出口二元边际的增长，这一影响效应在发展中国家尤为显著。

第六章关注交通基础设施改善对出口贸易影响的空间异质性，基于中国除港澳台以及西藏外的 30 个省区市 1999~2014 年的面板数据，通过空间计量模型研判了交通基础设施对出口贸易的影响作用。具体的，在构建空间权重矩阵的基础上，利用莫兰检验分析了出口贸易和交通基础设施的空间交互性，再进一步将空间权重矩阵引入空间面板模型对出口贸易进行考察，以期研判交通基础设施改善对出口贸易影响的空间溢出效应。此外，细分样本就东中西部地区展开更为细致的讨论，以寻求不同地区的差异。

第七章将研究视角转向微观企业，并以铁路提速，特别是动车组列车运行作为交通基础设施改善的代表性事件，分析其对企业出口行为的影响效应。在考察企业出口行为时，按照 Heckman 两阶段模型将其细分为出口选择和出口规模两个维度，构建选择方程和出口方程，进而分析铁路提速对企业出口二元边际的影响效应。在这一过程中，同时引入异质性贸易理论，从企业生产率视角初步探析了铁路提速对企业出口行为的影响机制。最后，考虑到不同地区、不同行业、不同企业之间存在的差异性，将研究样本进一步细分为沿海地区和内陆地区、国有企业和非国有企业、劳动/资本/技术密集型企业等子样本，进而分析铁路提速对不同子样本企业出口行为影响效应的差异。

第八章总结全书并提出相应的政策建议。该章主要梳理概括了全书研究所得出的主要结论，并针对相关回归结果提出多方面的政策建议，同时提出了未来研究可以进一步展开的方向。

# 第二章 交通基础设施与国际贸易发展：文献综述

交通基础设施是一国在经济发展过程中所必需的重要公共品，是实现经济增长的先行要素，其数量和质量的提升在一定程度上降低了社会经济活动所需的时间成本和物流成本，对于经济发展具有不可忽视的推动作用。然而，在西方主流经济学的经济增长分析框架中，交通基础设施仅仅是个助推性因素，一直以来在主流经济学研究框架中并未受到足够的重视，仅能扮演配角的角色（冯伟和徐康宁，2013）。然而，随着近年来现代化交通体系的迅速发展，特别是城市迅速扩张带来的公路、铁路、地铁、机场等交通基础设施的大量投资建设，交通基础设施对经济发展的溢出效应日益凸显。交通基础设施作为基础设施的一种基本要素，直接或间接地有助于增加产出水平、提高生产效率、促进要素流动，引发了学界的广泛关注，有关交通基础设施建设的研究成果越来越多。

本章按照以下三条线索对既有研究文献进行梳理：一是交通基础设施的定义及衡量，主要通过整理既有文献采用的定性和定量方法，总结归纳出交通基础设施的显著特征以及概念定义，从学理上明确交通基础设施的概念以及内涵界定，为进一步探讨交通基础设施改善提供理论支撑及研究切入点；二是重点分析既有文献关于交通基础设施改善产生的影响效应，梳理归纳出经济增长效应、技术进步效应、效率改进效应以及空间溢出效应等4个类别的相关研究，对这些富有价值的研究成果进行梳理，进而为探究交通基础设施对国际贸易特别是出口贸易高质量发展的影响效应提供研究思路；三是从不同维度视角综述交通基础设施与国际贸易发展的研究现状，形成"国际—区域—企业"的研究框架，探讨既有文献已获得的研究成果，为全书后续研究主题，即"交通基础设施改善与出口贸易高质量发展"，提供经验和学理依据。

# 第一节　交通基础设施的定义及衡量

## （一）交通基础设施的定义

交通基础设施是基础设施的重要组成部分，对交通基础设施准确定义首先需要明晰基础设施的概念。既有研究认为基础设施一般具有基础性强、投资规模大、建设周期长、直接效益低、正外部性广等多个特点，为整个经济社会发展提供了巨大的便利性，是经济发展的重要基石，并可以将基础设施分为广义和狭义两类（钱家骏和毛立本，1981；高新才，2002）。广义的基础设施可以泛指一切为保障生产和生活供应而提供服务的设施，并可以进一步细分为生产性基础设施和非生产性基础设施。生产性基础设施包括交通运输、通信、能源、水利等有形的设施，非生产性基础设施则包括科研、教育、文化、卫生等。狭义的基础设施则指可以为生产直接提供服务的部门，有时可以特指生产性基础设施。从以上的定义可知，本书所要探讨的交通基础设施属于狭义的基础设施，能够直接服务于生产活动和居民生活。

与人类出行相关的一切形式均可纳入交通的范畴，其中与汽车、火车、轮船以及飞机为代表的交通工具所对应的运输形式分别为公路运输、铁路运输、水路运输以及航空运输，并形成了相应的通用、专用交通基础设施和运输线路。虽然以上各种运输方式的形式迥异，但仍具有共有和特有特征，共有特征指不同运输方式具有相同的组成单元，即运输对象、运输工具、运输通道和服务区域。特有特征是指不同运输方式具有独特的运输特点，例如，由于地理环境的特殊性，水路和航空所涉及的交通基础设施较为稳定，与公路和铁路需要大量的前期建设资本不同，针对水路和航空的投资集中在码头或机场建设上，而码头和机场是相对稀缺的资源，具有极大的排外性，一条航线上往往只需要几个具有极大扩散效应的关键点即可，并且这些关键点对地理环境的要求十分苛刻，并非航线上的任意点均可作为码头或机场进行建设。

按照不同交通基础设施的建设特点，可以将其分为两个大类，第一类以公路和铁路等陆路设施为主，主要特点是需要为相关交通工具运行规划严格的通行路径，形成了错综复杂的运输网络，相关数据较多且易得，这一类交通基础设施也是现有研究关注的主要对象。例如，刘生龙和胡鞍钢（2011）基于2008年中国省际货物运输周转量检验了交通基础设施对中国区域经济一体化的影响；Banerjee等（2012）基于中国陆路交通基础设施网络，分析了接入交通网络对区域经济产出的影响；张天华等（2018）将中国高速公路建设信息与微观企业数据相匹配，分析了中国高速公路建设对企业进入、退出和生产效率等核心演进要素的影响。

第二类以水运和航空为代表进行相关研究，但限于水运和空运的特殊性，其相关数据较难获取，故既有文献将研究重点集中于网络节点的建设，比如将港口效率、航空客运量等作为代理变量展开研究。例如，周一星和胡智勇（2002）基于航空港客运量和航班数分析了中国航空网络的结构特点，进而揭示出中国城市体系的结构框架；Blonigen和Wilson（2008）基于美国进口和相关进口成本的详细数据估计了港口效率，实证研究发现港口效率的提高会显著增加贸易量；逯建和李羿萱（2018）在估计中国2000～2006年港口效率的基础上，研究发现提升港口效率可使得交易规模分布更加平稳，更有利于小额贸易的发展；马学广和鹿宇（2018）基于中国180个地级市航空客运的大数据，采用社会网络分析法揭示了城市网络的联系特征。

目前而言，由于海洋运输具有单次运输量大、平均运费低等特点，占据了国际贸易货物运输的绝大部分比重，但通过海运的贸易货物仍然需要通过陆路运输至临近或特定的港口，进而运输至目的国，即陆路交通运输在国际贸易特别是出口贸易过程中同样具有重要地位。不妨以中国为例，考虑到中国特殊的地理地势，主要贸易港口均位于东部沿海地区，内陆地区货物通过陆路交通运输至相应港口时需要一定的运输费用和时间成本，这一情况造成了近年来沿海和内陆地区在国际贸易方面的发展具有不平衡、不对称、不充分的特征。客观而言，导致中国内陆对外贸易发展进程缓慢的主要因素至少有以下两方面：一是地理原因导致中、西部地区货物运输成本过高，其产品成本相比于沿海地区不具有竞争优势；二是国内现行的运输制度额外地推高了内陆地区的出口商品成本。这些因素导致中西部地区在参与国际分工时，既要考虑国际运输成本，更要考虑较东部地区所需花费更高的国内运输成本，交通因素无疑是影响国际贸易的重要因素。鉴于海运和空运所涉及的交通基础设施建设的重点集中于港口、机场等关键节点，建设周期、地理选址、维护成本等相对固定，而铁路、公路等陆路基础设施建设所需投资规模较大，且国内货物运输优先采用这两种运输方式，因而本书将其作为交通基础设施的代表性变量，探讨其对国际贸易特别是出口贸易高质量发展的影响效应。

## （二）交通基础设施改善的衡量

交通基础设施作为具体化的、实体化的物品，具有一定的物理属性，特别是以公路和铁路为代表的陆路交通基础设施，更兼有公共品的特殊属性，对经济社会有着较强的外部溢出作用。连接两个地区的交通基础设施并不会因其有具体的归属，而对属主有特殊倾向，因此其难以像资本、人口等被具体划分，对交通基础设施改善的衡量同样存在着一定的困难。虽然既有文献从不同视角和主题对交通基础设施与经济社会的关系展开了研究，但归结起来主要通过以下三种方式对交通基础设施改善进行衡量。

一是交通基础设施互联的便利性，关注的是交通基础设施建设所产生的网络效应，认为交通基础设施改善能够通过相邻效应、边界突破效应、空间溢出效应增加区域间的便利性，促进国际国内市场整合，提高区域间交流能力。既有研究一般采用交通基础设施里程总量、交通基础设施网络密度、交通基础设施投资或交通基础设施可达性等指标来衡量（Aschauer，1989；Demurger，2001；Deng 等，2015）。交通基础设施互利互通的增强可导致区域可达性、地理空间距离等区位条件的变化，进而影响消费者、生产者的区位偏好选择，由此对生产要素和商品流动产生重要影响。在国外研究中，既有文献针对交通基础设施的互联互通展开了分析，例如，Hansen（1959）首次提出了可达性的概念，指出可达性体现了交通系统的便利程度，交通网络中各节点相互作用机会的大小，决定了一个地区相对于另一个地区的区位优势；Murayama（1994）基于日本 1868～1990 年城市面板数据发现，日本高铁的发展与城市间的可达性具有相辅相成的关系。在中国的宏观层面，刘生龙和胡鞍钢（2010）利用中国 1987～2007 年 28 个省份的面板数据展开实证研究，其回归结果发现交通基础设施（包括铁路在内）对中国的经济增长起到显著的促进作用；许娆等（2016）关注"一带一路"经济走廊交通基础设施互联互通对相关国家国际贸易的影响，发现交通基础设施对进出口贸易及贸易地区结构改善具有积极作用；白重恩和冀东星（2018）以中国国道主干线规划形成的公路网络作为交通基础设施的代理变量，着重分析了交通基础设施对出口的影响效应，发现与国道主干线连接或邻近的地区具有更高的出口增长率。在微观层面，盛丹等（2011）采用Heckman 两阶段选择模型基于中国工业部门 1998~2001 年的企业数据展开研究，发现铁路基础设施建设能够显著地促进国内企业的出口决策和出口数量，但这种影响主要体现在扩展边际上，对集约边际的冲击较小；李涵和唐丽淼（2015）以邻接省份的交通干线数目为交通网络权重，分析了中国省级公路设施建设对企业库存的空间溢出效应；张天华等（2018）采用地理信息系统匹配了中国高速公路网络与中国工业企业数据库，分析了高速公路通过企业动态演化影响区域经济效率的作用机制。

　　二是贸易成本的降低，侧重交通基础设施对物流成本或运输距离的影响，认为交通基础设施改善能够显著降低贸易成本。国际贸易作为一国经济发展的重要组成部分，交通基础设施对其有着显著影响，既有研究主要从贸易成本角度展开分析。贸易成本是影响双边贸易的最重要因素之一，高昂的运输成本将显著减少因地理位置优势产生的贸易（Raballland 等，2005），交通基础设施是决定运输成本高低的关键（Venables，2001），既有文献研究结果中最持久稳健的经验结果之一就是引力模型揭示的贸易成本与双边贸易流量之间的负相关关系（Lawless，2010）。例如，Cairncross（1997）认为信息技术和交通运输工具的改进可以有效降低运输成本和市场信息收集成本，因此距离对贸易的阻碍作用越来越小；Glaeser 和 Kohlhase（2003）通过美国数据检验发现铁路技术的发展大大降低了陆运运输成本，而公路运输成本也从 1980 年开始平均每年下降 2%；Persson（2013）研究发现出口交易成本每下降 1%，异质性产品和同质性产品的出口将分别增加0.7%和 0.4%；刘生龙和胡鞍钢（2011）利用 2008 年中国交通部省际货物运输周转量的普查数据发现，交通基础设施的改善降低了国内贸易成本，对中国的区域贸易产生了显著的正向影响；刘建等（2013）基于 FGLS 模型发现交通基础设施显著降低了地理阻隔效应，交通基础设施的改善显著降低了空间距离所带来的地理阻隔，且不同交通基础设施的影响不同，其中铁路网密度的提高显著降低了贸易成本，公路网密度的提高却未能有效降低贸易成本。以上分析仅考虑了直接运输成本，倘若进一步考虑运输时间的缩短，则实际运输成本将下降更多（董桂才，2013），而运输成本下降致使距离效应下降，可进一步导致出口商品销售至更远的国家或地区。此外，便捷的公共基础设施则能够为企业节约库存，有利于企业及时有效地调整生产要素，从而降低调整成本（Moreno 等，2002；Shirley 和 Wintson，2004；Lai，2006；李涵和黎志刚，2009）。从交通基础设施的本质作用而言，其可在较大程度上降低贸易成本，促使企业与附近原本分割的市场形成有效的关联，从而吸引到更多优秀的企业设厂投资（Martin 和 Rogers，1995），也可以使区域间甚至国家间的运输成本大大降低，从而激发贸易的产生与增长。

三是时间成本的减少，交通基础设施改善不仅体现在投资总量、通行里程等数量方面，也能体现在质量方面，特别是速度提升导致运输过程所需时间成本的减少。既有研究针对高速公路或高速铁路所产生的时间成本效应分析了交通基础设施的影响效应。在这些研究中，铁路提速因大幅度降低了铁路运输所需的时间成本而极具代表性，既有文献围绕这一事件展开了丰富的讨论。例如，周浩和郑筱婷（2012）将铁路提速视为交通基础设施质量改善的一次自然实验，利用双重差分法系统考察了其对中国经济增长的影响，结果发现在整个铁路提速期间，提速站点较未提速站点的人均 GDP 增长率提高了约 3.7 个百分点；宋晓丽和李坤望（2015）选取中国国内 7 条铁路主要干线作为铁路提速的代表，考察其对沿途站点城市人口规模的影响，发现相对于未提速城市，铁路提速促使沿途站点城市人口规模增加了 35.2%；逯建等（2016）基于异质性企业理论分析了铁路提速对中国出口企业生产率省际分布的影响因素，研究发现铁路提速能够导致出口企业生产率分布集中度减少；龚静和尹忠明（2016）通过异质性随机前沿模型分析发现，铁路运输时间和运输距离的缩短均能够有效地提高中国各省份的出口贸易效率，且还可以减少非效率部分的不确定性，进而稳定提高出口的贸易效率；施震凯等（2018）将铁路提速视为中国交通基础设施质量提升的一次准自然实验，以首次开通的动车组列车为分组依据，通过倍差分析法研判铁路提速对企业全要素生产率的影响，发现铁路提速对沿途企业的技术进步和效率改进发挥了积极作用，促进了全要素生产率的增长。

## 第二节　交通基础设施改善的影响效应

回顾经济思想史可以发现，诸多理论在一定程度上探讨了交通因素对经济社会的影响作用，例如，威廉·配第认为发达的交通运输条件有利于资源配置，是一国经济繁荣的重要特征；亚当·斯密指出交通运输对于贸易发展和经济增长具有积极作用；李斯特将交通运输作为影响工业化的关键因素，认为交通运输发展既是工业化的结果也是工业化的原因；马歇尔探讨了交通工具改良对工业地理分布的影响；马克思则指出交通运输和货币是商品流通的两个车轮。虽然古典经济学明确指出了交通因素在经济发展中的关键作用，并定性地描述了这种作用的传导途径，但在新古典经济增长理论中，从索罗增长模型到拉姆齐增长模型均未将交通基础设施作为单独的经济变量纳入分析模型，而是将包含交通基础设施在内的基础设施与其他政策因素、技术因素等归入技术进步之中（王自锋等，2014），即认为交通等基础设施只是经济增长的必要条件，并不是现代经济增长的核心因素。

在现实贸易过程中，商品跨区域流动需要载体，而交通运输在其中发挥了重要作用，古典经济理论围绕交通运输对贸易联系的影响进行了一定程度的探讨，但主要集中在区域贸易联系的经济机理上。例如，李嘉图在两个区域、两种商品的研究框架中分析了区域贸易联系，提出了贸易交换的比较优势理论；配第认为交通基础设施有助于资源分配，是一国经济繁荣的重要特征；穆勒研究了生产成本对商品贸易比例的影响，并建立了相互需求理论，用几何方法来证明供给和需求如何决定国际交易比率；马歇尔进一步建立了区域供求决定的均衡贸易机制，认为价格较高的商品可以克服运输成本的增加而远销外地；马克思则指出良好的交通运输条件能够缩短产销的时空距离。总体而言，只要两个区域之间具有贸易的需求，就有发生贸易的可能，古典经济学认为区域间商品的贸易区间由相对生产成本和比价关系决定，但均假定生产要素和商品在不同区域间的转移不需要运输成本和时间成本，或者交易成本是外生给定的。

### （一）交通基础设施改善的经济增长效应

良好的交通基础设施是一国扩大对外贸易、发展开放型经济和吸引外资的重要基础条件之一，但凡工业化水平高、技术先进的国家都以发达便捷的交通体系作为对外贸易的支撑，交通基础设施在经济发展过程中发挥了不可忽略的作用。近年来，中国的交通基础设施建设在数量和质量两个维度上都获得了举世瞩目的成就，极大程度地优化了国内生产要素配置、劳动分工和商品交换。交通基础设施数量和质量的提高不仅能够有效带动劳动力流动、信息交流以及货物流通等多个重要方面，也能够带来更大的市场规模以及更充分的市场竞争，通过市场规律使得资源流向最有效率的地方。作为一种先行资本，交通基础设施是经济增长的关键前提条件，存在着显著的外部溢出效应和正外部性（张学良，2012；范欣等，2017）。既有文献重点关注交通基础设施与区域经济增长之间的关系，通过大量的实证研究证明交通基础设施改善对经济增长有着显著的正向促进作用。

既有文献从不同角度就交通基础设施改善对经济社会的影响展开研究，通过大量的实证研究证明交通基础设施改善对经济增长有着显著的正向促进作用。例如，Aschauer（1989）基于美国的时间序列数据考察了政府投资与生产率增长之间的关系，发现交通基础设施（包括铁路、公路、水路和民航基础设施等）改善对经济增长具有显著的促进作用，是经济发展的重要组成部分；Pereira 和 Roca-Sagales（2003）基于西班牙 1970~1995 年的面板数据研究发现交通基础设施改善对经济增长发挥了重要的促进作用，其溢出效应占总效应的 57%；Kamps（2006）基于 22 个 OECD 国家 1960~2001 年的面板数据，采用固定效应模型并进行一阶差分处理后，发现交通基础设施投资对经济增长的产出弹性为 0.22；范九利和白暴力（2004）、Fan 和 Zhang（2004）、刘生龙和武丽（2009）基于中国的相关数据，采用不同实证分析方法，研究结果均肯定了交通基础设施改善对经济增长的促进作用。

但同样有研究的实证结果并不支持交通基础设施对经济增长的促进作用，例如，Fogel（1962）认为美国铁路对经济增长的促进作用被过分夸大，除非经济发展需要，否则交通基础设施改善对经济增长并不具备显著的促进作用；Devarajan 等（1996）运用发展中国家的面板数据估算了交通和通信的经济增长效应，认为交通投资对经济增长具有负面或不显著的作用；张克中和陶东杰（2016）基于中国 2001~2012 年的地级市面板数据研究发现高速铁路存在"虹吸效应"，即高铁开通增强了中心城市的经济集聚，使经济要素由沿途地级市向中心城市转移，降低了沿途地级市的经济增长率；Qin（2017）采用倍差分析法结合中国县域数据分析了高速铁路对经济增长的影响作用，实证结果发现高铁开通推动了资本从乡镇涌至城市，降低了沿途地区的经济增长速度。

## （二）交通基础设施改善的技术进步效应

回顾经济思想发展史可以发现，虽然古典经济增长理论和新古典经济增长理论都意识到了交通基础设施改善对经济增长的影响作用，但从 Solow（1956）经济增长模型到 Ramesy 经济增长模型都未能将交通基础设施作为单独的变量引入模型分析框架中，而是将其与其他政策因素、技术因素一起纳入残差项中，统称为"技术进步"。但随着经济理论研究的不断推进，既有文献不仅仅停留在新古典经济增长理论的分析框架中，而是将交通基础设施从残差项中剥离出来，单独研究其对技术水平的影响，研究结果大多肯定了交通基础设施对经济发展具有技术溢出效应。例如，Hulten 等（2006）指出包括交通设施在内的基础设施对生产函数中的技术水平项具有正向溢出效应，从而促使整个生产函数外生移动；边志强和杜两省（2015）基于中国 1994~2012 年的省级面板数据，研究发现交通基础设施能够促进信息和技术跨区域扩散，使得一个地区的发展能够带动临近地区的发展，对提高国际 R&D 技术吸收能力的影响效应不容忽视；高洋和宋宇（2018）基于 2000~2013 年中国省级面板数据研究发现，交通运输业由多样化集聚产生的技术外溢效果要显著优于空间集聚水平和专业化水平，表明交通运输业作为经济发展过程中关联效应较强的产业，在集聚过程中对制造业产生了明显的技术进步效应，且西部地区的交通运输业集聚对制造业技术进步所产生的技术外溢效果更显著；马明等（2018）认为应当辩证地看待交通基础设施对技术创新的影响作用，若交通基础设施仅促进创新要素单向流动，则其对区域创新能力主要发挥集聚作用，表现为负的溢出效应，而当交通基础设施促进创新要素双向流动时，其对区域创新能力主要发挥扩散作用，表现为正的溢出效应。

一些文献在对交通基础设施对技术进步的影响效应展开分析的过程中，重点关注交通基础设施与其他要素的相互关系，即交通基础设施是通过提高现有生产要素的生产效率进而提高企业的技术效率，还是直接地作为一种独立的生产要素进入企业的生产过程，从而提高技术进步水平。例如，Aschauer（1989）基于美国数据的研究表明交通基础设施改善可以通过降低企业交易费用和技术外溢水平，进而提高技术进步水平；Nadiri 和 Mamuneas（1994）指出交通基础设施可以作为一个独立的生产要素，从而提高制造业的技术进步水平，但其影响效应随企业所在行业不同而存在差异；李平等（2011）指出交通运输作为物质性基础设施，可以作为资本投入直接参与生产活动，但与科教文卫、环境保护等社会性基础设施相比，还是存在着属性和功能上的区别；赖永剑（2013）认为交通基础设施不仅可以作为公共物品参与到技术创新活动中，更可以作为一种要素进入生产函数。

鉴于中国交通基础设施近年来的爆发式增长，国内学者围绕交通基础设施建设的阶段性特点和特征事实分析了其所引致的影响效应，即从 1998年为应对亚洲金融危机实施扩大内需政策到 2008 年的"四万亿计划"，中国政府先后实施了包含西部大开发战略、中部崛起战略等一系列国家经济发展战略，创造了中国"基础设施增长的奇迹"。既有文献探讨了在交通基础设施推动经济增长的过程中是否伴随着技术进步，发现交通基础设施具有显著的技术进步效应。例如，李文启（2011）基于中国 1998～2007 年的制造业面板数据研究了基础设施和企业技术效率的关系，研究结果发现交通基础设施的空间溢出效应显著提高了企业的技术效率，且中西部省份企业更能从交通基础设施改善中受益；赖永剑（2013）基于中国 2005～2008年的微观数据重点分析了基础设施与企业技术创新之间的关系，采用 Heckman 两阶段法的研究结果发现交通基础设施对企业创新可能性和创新数量均具有积极作用；郭鹰（2015）基于 1997～2012 年省际面板数据实证研究了交通基础设施对技术创新的影响，发现公路质量水平对创新产出水平有着显著的促进作用，但从内陆向沿海地区影响力逐渐降低，政府不应仅关注交通基础设施数量的增长，更应关注交通基础设施等级和质量的提高；梁双路和梁巧玲（2016）运用空间计量经济学分析了交通基础设施的区域产业创新效应，研究发现交通基础设施在全国层面上对产业创新具有显著的"本地效应"和"跨区域溢出效应"，但在区域层面上具有差异性，东部交通基础设施的产业创新效应高于中西部地区；马明等（2018）基于中国 1995～2015 年省级面板数据构建的动态空间杜宾模型研究发现，交通基础设施对技术创新能力产生了显著的正向溢出效应，但对技术创新能力进步速度的影响并不明显；黄苏萍和李燕（2018）选取长三角城市群中 20 个城市作为研究样本，实证回归结果发现高速铁路对沿线城市群技术创新具有显著的促进效应，但需要与人力资本、交通便利度等共同发挥作用。

还有一些文献则侧重分析交通基础设施改善促进技术进步的传导路径，发现交通基础设施改善导致的环境改善、成本降低等有助于提高技术进步水平。例如，王自锋等（2014）认为良好的交通基础设施可以为社会资本创造更好的经济环境，进而吸引这些资本进入生产领域，对技术进步产生直接的资本效应；李佳洺等（2016）指出交通基础设施改善在促进城市技术创新能力提高时，易受到中心交通可达性、对外交通枢纽可达性以及公共交通可达性等因素的影响；王希元（2018）认为良好的交通基础设施能够减少包括运输成本、沟通成本等在内的交易成本，进而提升产业关联和产业集聚程度，并有助于加深技术扩散的广度和深度，最终促进了技术进步。

### （三）交通基础设施改善的效率改进效应

生产效率是研究经济增长中不可或缺的一环，特别是随着劳动力等生产要素成本持续上升、环境承载能力接近上限，中国既往依靠要素低成本的粗放型、低效率、高污染的增长模式已不可持续，亟须提高生产效率。交通基础设施改善能够通过多种途径对经济社会产生广泛而深刻的冲击，在一定程度上释放了交通运输能力、拉近了时空距离、便利了人力资本流动以及信息交换，更拓宽了生产要素在区域间、产业间乃至企业间的流通渠道和提升了流通速度，显著改进了资源配置效率。虽然交通基础设施质和量的提高不能通过直接投资的方式促进产出增长，但其方便快捷的交通运输网络为劳动力流动、货物贸易以及信息交换提供了极大的保障。

从理论上看交通基础设施改善是一柄双刃剑，既能使资源通过市场的"配置效应"流向生产效率最高的地方，也能通过"学习效应"提高后进企业的生产效率，但既有研究围绕全要素生产率这一与生产效率紧密相关的因素，大多肯定了交通基础设施改善对生产效率的促进作用。既有文献基于理论分析，认为交通基础设施改善可以从降低运输成本、促进要素流动、推动新型共享等多个方面提高生产效率，具体可以分为以下几个方面。

首先，交通基础设施改善可以完善生产投资环境，降低生产成本。良好的交通基础设施从多个方面完善了生产投资环境，有效地降低了在生产过程中所花费的各项成本，在企业生产过程中发挥了"润滑剂"的作用，有效地减少了生产要素流动过程中存在的不必要摩擦，进而促进全要素生产率的提高（李平等，2011）。空间距离如同一层"保护性关税"，使得个别区域的落后行业获取新技术的成本高昂，交通基础设施质量的提高有利于促进区域通达性及降低运输成本，从而削弱了这一"保护性关税"的影响，提高周边区域经济的技术效率，改善生产投资环境（刘秉镰等，2010）。此外，从企业生产的经济角度看，稳定可靠的交通基础设施既可以降低产品在运输途中的破损率，减少产品的物流成本，也可以通过缩短运输时间减低库存成本，从而降低生产的平均成本，从另一个层面提高了全要素生产率（李涵和唐丽淼，2015）。

其次，交通基础设施改善能够加快生产要素流动，优化资源配置。与传统经济模型假定生产要素流动是瞬时完成的假设不同，现实经济中存在形式各异的摩擦，在一定程度上阻碍了生产要素的自由流动，且地理位置、空间距离对资本市场的交易结构和资产定价效率有着显著影响（Coval 和 Moskowitz，2001；Loughran，2008），降低了要素配置效率。良好的交通基础设施能够显著地减弱这些摩擦所带来的妨碍，使得包括劳动力、资本和技术信息等在内的生产要素能够更为便捷地进行传递（施震凯等，2018）。交通基础设施改善通过旅途时间的缩短以及可达性的增强，缩减了对外合作的空间距离，降低了信息搜寻成本以及代理成本，使项目考察、合同签订以及风险识别的过程中具有更多的信息优势，在一定程度上削弱了信息不对称问题。高速便捷的交通工具通过加强不同地理区域间的信息沟通，深刻提升了资本市场的效率（黄张凯等，2016），降低了企业在资本市场上的融资成本，提高了企业的全要素生产率。此外，新的生产技术往往产生于空间中的某一点，并表现为产品、技术以及人力资本等形式，发达的交通基础设施有利于将这些载体迅速传播至周围区域，从而扩大了知识和技术跨区域的交流（Keller，2002；符淼，2009）。另外，交通基础设施质量改善带来的"时间收敛"效应使得物流和人流的集散更为迅速，技术信息的共享更为方便，从而促使生产要素从原有状态向更优的配置状态转移，最终达到均衡状态（张光南等，2011）。

最后，交通基础设施改善能够扩大市场规模，深化分工与专业化水平。交通基础设施质量的改善通过缩减贸易距离，加快生产要素流动等直接途径，有效地拉近了各区域的时空距离，在极大程度上扩大了生产厂商对消费市场的可达性，有利于市场规模的扩张，而市场规模的扩张能够进一步带来包括规模效应、集聚效应以及竞争效应等在内的多种溢出效应，通过市场配置促使生产要素流向效率较高的生产部门（胡鞍钢和刘生龙，2009；刘生龙和胡鞍钢，2011）。交通运输条件的改善有助于削弱市场分割和地理边界效应，进而扩大市场规模，比如，海洋集装箱运输使日本在北美和欧洲市场具备竞争力，而韩国则将制造业投资不断扩散到东南亚（世界银行，2009；梁双陆和梁巧玲，2017）。市场规模的扩大，进一步深化了行业分工和企业内部分工水平，提高了企业的专业化水平，进而促进了企业全要素生产率的发展（陈丰龙和徐康宁，2012）。一些研究同时指出虽然铁路提速能够扩大区域市场的规模，但也会加剧不同市场、不同企业之间的竞争，加快了生产要素的转移（周浩和郑筱婷，2012），拉大了企业之间的发展差距，降低了企业生产率的分布集中度（逯建等，2016），导致部分企业的效率水平相对下降。

在理论探讨的基础上，不少学者从宏观和微观视角实证检验了交通基础设施对全要素生产率的影响。在宏观角度，Aschauer（1989）率先研究了基础设施对美国经济增长的影响作用，他运用1949~1985年的美国数据发现，以街道、高速公路等衡量的交通基础设施水平对美国全要素生产率的提高具有极强的解释力；Bonaglia等（2000）基于意大利1970~1994年的数据研究发现，交通基础设施促进了意大利全要素生产率的提高，但这种影响效应存在区域性，且铁路和公路对全要素生产率的影响效应存在区别；刘秉镰等（2010）基于1997~2007年中国省级面板数据，运用空间面板计量方法研究发现交通基础设施对中国的全要素生产率有着显著的正向影响，铁路和公路基础设施存量的增加在样本期间共带动中国全要素生产率增长了约11%；王自锋等（2014）基于中国1993~2008年的省级面板数据衡量了交通基础设施规模和利用效率对全要素生产率的直接"资本效应"和间接"溢出效应"，研究结果发现交通基础设施利用效率对全要素生产率具有显著的"资本效应"，并通过R&D和产业结构途径产生"溢出效应"；汪晓文和张凯（2018）基于"一带一路"沿线中国15个省份2001~2015年的面板数据，实证检验了基础设施对全要素生产率的直接与间接影响效应，回归结果显示交通基础设施对区域经济的间接溢出效应为负且不显著，未能有效促进全要素生产率的提高。

虽然交通基础设施可通过多种效应提高生产效率，但任何事物都有矛盾的两面性，交通基础设施对生产效率同样具有一定的负面作用，导致前者对后者的冲击作用存在着一些不确定性。比如，高铁站可成为城市对外开放的重要门户，促进城市之间的一体化程度（Garmendia 等，2008），带来以人口为代表的生产要素集聚，但也可带来"拥挤效应"，加剧了城市资源以及公共设施的竞争程度，导致生产成本和时间成本的上升，在一定程度上降低了城市的生产效率，这一效应在本已拥挤不堪的特大城市中表现得尤为显著。此外，高速铁路使得中心城市要素集聚的速度加快，通过汲取非中心城市的可移动要素造成落后地区经济不断衰退的负向效应（王雨飞和倪鹏飞，2016）。正是由于高速铁路对城市发展具有一定程度的不确定性，一些学者认为高速铁路是"城市的创造者和破坏者"，也并非所有城市都能从高速铁路中获益（Puga，2008；张克中和陶东杰，2016）。

在微观角度，交通基础设施对企业全要素生产率同样有着重要影响，既有文献主要针对公路，特别是高速公路对企业全要素生产率的影响展开研究。例如，Gibbons 等（2012）基于英国 1997~2008 年的数据研究公路基础设施与企业行为的关系，发现公路质量的改善能够对企业雇员、劳动者生产率等产生重要影响；龙小宁和高翔（2014）采用中国 2001~2006 年县级高速公路数据结合中国工业企业数据库展开研究，认为高速公路虽然在总体上对制造业企业生产率的影响很小，但是显著提高了小城市及距大城市较远地区企业的全要素生产率；高翔等（2015）基于中国第二次经济普查数据研究高速公路对服务业企业劳动生产率的促进作用，发现与高速公路相连的服务业企业拥有更高的劳动生产率；Holl（2016）通过 LP 法测算了西班牙制造业企业的全要素生产率，实证检验高速公路对企业全要素生产率的作用，发现高速公路可以通过增加区域密度和集聚效应来促进企业全要素生产率的增长；逯建等（2016）基于 1998~2007 年中国工业企业数据库分析了铁路提速对出口企业生产率分布的影响，回归结果显示铁路提速显著影响了出口企业的生产率分布状况，交通运输时间的缩短能够减少出口企业的生产率分布集中度；施震凯等（2018）将铁路提速视为中国交通基础设施质量提升的一次准自然实验，以首次开通的动车组列车为分组依据，通过倍差分析法研判铁路提速对企业全要素生产率增长的影响，研究发现铁路提速对沿途企业的技术进步和效率改进发挥了积极作用，两者的耦合作用促进了全要素生产率的增长，但在不同性质的企业之间存在异质性。

## （四）交通基础设施改善的空间溢出效应

虽然交通基础设施被认为是经济发展的前提条件，但限于数理模型和数学工具的缺乏，较早的经济理论或集中于定性描述，或在理论模型中剔除了交通因素的影响。具体而言，传统经济理论在构建模型探讨相关经济现象时，一般假设生产要素流动或商品贸易在地理空间上是瞬间完成的，忽略了在此过程中所产生的时间成本和运输成本，进而达到简化分析或推导的目的。在未考虑交通因素影响的经济模型中，忽视了交通因素对地理空间的影响作用，由此导致这些模型无法分析交通基础设施对经济发展存在的空间溢出效应。但生产要素和商品流动在现实社会中的运输成本和时间成本不可能为零，以公路、铁路等为代表的交通基础设施对产出增长的影响不应仅仅局限于交通基础设施经过的地方，还会影响到相邻区域，即存在空间溢出效应（张学良，2012），学界正逐渐重视交通基础设施的空间溢出效应。

随着新经济地理学和空间经济学的发展，既有研究认为各经济体的发展过程不是孤立的，而是与周边或者相邻经济体存在着紧密联系。特别是随着区域一体化和经济全球化进程的不断推进，各经济体在空间上存在着相互影响、相互依赖的关系（孙辉和黄亮雄，2018），以“中心—外围”理论为代表的新经济地理学理论将空间因素引入分析模型中，大量文献开始关注交通基础设施对区域经济或生产要素的空间溢出效应，认为交通基础设施对经济社会最为直接的影响在于其改变了既有空间的地理条件。例如，Graham 等（2003）探讨了城市轨道交通的规模经济和密度问题，发现交通基础设施是导致区域经济空间集聚力增强的重要因素；Cohen 和 Paul（2004）通过实证研究发现，基础设施水平的提高能够降低临近地区的运输成本，从而对临近地区产生了正向的空间溢出效应；Hulten 等（2006）基于美国、印度和西班牙 1972~1992 年的面板数据研究发现，加大基础设施投资会冲击经济增长模式，并通过外部溢出作用对经济发展起到正向促进作用，但随着经济体的发展阶段变化而存在异质性。但也有学者指出交通基础设施完善并不总是对经济发展具有积极效应，反而会在一定程度上对临近区域的经济增长造成负向影响。例如，Boarnet（1998）基于美国加利福尼亚州 1969~1988 年的数据研究发现，公路基础设施在各区域之间存在负向溢出效应，本地公路基础设施水平提高对其他地区产出造成了负向影响；Yu（2013）认为交通基础设施的溢出效应在不同时期具有差异性，在加快生产要素流动的同时，将减少临近落后地区的经济利益；Álvarezayuso 等（2016）指出交通基础设施相对完善的地区比相邻地区更具有区位优势，能够吸引临近空间的生产要素，进而抑制了其他地区的经济发展。

国内学者则围绕中国经济的发展实际，特别是结合中国日益发达的公路基础设施和初步形成的"四纵四横"客运专线从宏观上改变空间地理格局的这一典型事实，重点分析了交通基础设施对于中国经济发展的空间溢出效应。例如，张学良（2012）指出交通基础设施具有网络属性，可以将沿线区域的经济活动联系为一个整体，通过扩散效应使经济增长较快地区带动发展速度较慢区域的经济增长，呈现出正的空间溢出效应，但基于人口密度空间权重矩阵构建的模型中发现了交通基础设施负的空间溢出效应，抑制了落后地区的经济增长；王娇娥等（2014）基于地理信息系统构建了时间成本矩阵，从中国城市层面分析了对外经济联系总量和城市间经济联系强度的空间分布特征，并构建了无高铁、既有高铁和规划高铁的不同情景进行对比，发现城市空间相互作用呈现出明显的地带性和"廊道效应"；文嫣和韩旭（2017）分析了高铁开通对区域经济发展空间格局的影响，发现高铁拓宽了中国中心城市的空间辐射范围，呈现出以点带轴、以轴带面的扩散效应，推动了区域空间格局的形成和发展；范欣等（2017）基于新经济地理学理论探讨了中国交通基础设施建设与市场分割的关系，采用空间杜宾模型的实证研究发现交通基础设施可作为打破市场分割的物质基础，但交通基础设施建设在不同阶段的空间溢出效应效果并不相同。

以上研究主要从整体层面分析了交通基础设施的空间溢出效应，一些学者则针对这一话题展开了更深层次的研究，认为交通基础设施水平提高所带来的可达性提升是引致空间溢出效应的主要原因。例如，Gutiérrez 等（1996）指出交通基础设施的可达性分析具有较大的潜力，关于交通基础设施空间溢出效应的探索拓宽了可达性的应用领域；Henderson（2004）指出交通基础设施改善能够通过提升区域可达性、通行效率，产生正向的空间溢出效应；丁金学等（2013）通过探讨高铁与民航之间的竞争博弈，认为两者相争引致的空间可达性改变将显著影响区域空间结构和区域发展优势，有利于改善边缘地区的交通条件，促使区域经济发展更加均衡；蒋海兵等（2013）认为交通可达性可导致地理空间的时空变化，交通基础设施改善能够突破地理限制，在邻近地区产生空间溢出效应；蒋海兵等（2014）基于可达性分析方法探讨了交通基础设施对邻近地区造成的空间溢出效应，研究发现可达性的空间溢出效应随着距离增加而衰减，但空间溢出效应整体上有利于缩小区域发展差距。

此外，还有一些文献重点关注交通基础设施空间溢出效应的影响效果，发现交通基础设施改善可以通过改变空间格局对要素流动、经济集聚等产生影响，即交通基础设施对要素流动具有空间溢出效应，例如，Cohen（2007）研究发现交通基础设施能够促使联结区域的经济活动形成整体，进而降低空间临近地区要素流动的成本；符淼（2009）通过理论推导和实证检验研判了空间交通距离对技术集聚的影响作用，研究发现技术的溢出效应随着空间地理距离的增加而减弱，并且空间外部性主要通过误差冲击的空间传递实现；钟业喜等（2015）指出随着高铁时代的到来，中国已初步形成以中心城市为节点的生产力要素快速流动网络，而高铁网络的发展对改善城市可达性的作用正逐渐赶超城市空间区位对城市可达性水平的影响；覃成林和杨礼杉（2016）分析了铁路交通基础设施对城市空间及要素空间的作用关系，研究发现铁路基础设施可以通过时空压缩效应和边界突破效应增强城市间的空间经济联系，从而改变城市间原有的临近关系格局，进而影响沿线城市的要素空间依赖性，最终导致沿线城市的要素集聚空间格局产生变化；张在冉（2018）基于中国 2001~2015 年的地级市面板数据研究发现，交通基础设施改善会造成劳动力的净流出，但相邻地区交通基础设施改善则会对劳动力的净流入产生正的空间溢出效应。

还有一些研究则发现交通基础设施可以通过改变地理空间分布格局，对经济集聚或产业集聚产生影响。例如，Krugman 和 Venables（1995）认为交通运输成本和规模经济是产业经济的重要影响因素，而交通因素与产业集聚在空间上具有很强的一致性；Tabuchi 和 Thisse（2006）在基于新经济地理学构建的理论模型中同样指出交通运输成本是影响产业集聚的重要因素，并最终导致区域专业化现象的出现；尹希果和刘培森（2014）通过构建空间计量模型研究了 2000～2011 年中国交通基础设施对制造业集聚的空间效应，发现两者之间存在显著的空间效应，且呈现出 N 形；唐红祥等（2018）基于中国西部地区 2000～2016 年的面板数据实证研究发现，交通基础设施与产业集聚在空间分布方面具有一致性，但不同类型的交通基础设施具有异质性，公路设施对制造业集聚的促进作用大于铁路设施；刘越和闵路路（2018）指出交通基础设施能够促进经济资源的空间集聚，并产生空间溢出效应，他们基于中国省际面板数据研究发现交通基础设施不仅能够显著促进本地经济集聚，且对其他地区的经济集聚同样具有溢出作用。

## 第三节　交通基础设施与国际贸易发展

良好的交通基础设施既能够有效节约出口或进口产品所需的运输成本和时间成本，也能够通过降低市场信息的收集成本增加国内、国外合作者之间的沟通交流（Cairncross, 1997），通过提高贸易便利性减少空间距离对贸易行为的阻碍。虽然交通基础设施在国际、区域以及企业等宏微观的不同维度空间中都有着重要影响，但针对不同维度尺度的相关研究各有侧重，在不同维度视角下关注的主题有所区别，在相应维度分析交通基础设施对国际贸易的影响效应时应区别对待。比如，在国际维度视角下，特别是在经济全球化和世界市场已经逐渐形成的全球经济背景下，交通基础设施在经济发展中所起到的作用开始日益复杂。发达国家与地区依靠其比较完善的综合交通运输网络，吸引了人力资本、科学技术和其他生产要素的聚集，在这种情况下，落后地区发展交通基础设施可能会使本地区沦为单纯的原料产地和商品倾销地，也会使本地区的自然资源、劳动力等生产要素流向发达地区，导致交通基础设施的建设反而对本地区的发展起到负面的影响作用。因而，国内外众多学者针对该话题从不同的维度展开研究，可简单划分为"国家—区域—企业"三个角度，本节分别从以上三个层面就交通基础设施与国际贸易发展的研究文献进行梳理。

## （一）国际层面

在国际维度上，国际贸易是一国经济发展的重要组成部分，交通基础设施对其有着显著影响，既有研究主要从贸易成本角度展开分析。例如，Limao 和 Venables（2001）指出交通基础设施建设是运输成本的决定性因素，并基于公里、铁路等基础设施建设构建合成指标分析了其与贸易流量之间的相关性，研究发现交通基础设施是运输成本和双边贸易流量和数量的重要决定因素，出口目的地基础设施指标改进一个标准差可以减少相当于 6500 海里或 1000 公里的运输成本；Behrens（2004）论证了基础设施对一国国际贸易和区域经济的影响，研究发现跨国贸易的流量主要取决于交通成本的高低，那些具有良好交通基础设施条件的国家能够在对外贸易过程中获得较高的国际贸易流量，进而推动区域经济的均衡发展；Martínez-Zarzoso 和 Suárez-Burguet（2005）基于五个拉丁美洲国家从欧盟进出口的双边贸易数据，采用国际运输数据库（BTI）的运输成本数据估计运输成本，并将贸易运输成本作为内生变量构建联立方程组，实证结果发现进口国较差的交通基础设施显著增加了运输成本，对双边贸易流量起到了负向作用；Fujimura 和 Edmonds（2006）实证检验了湄公河流域内交通基础设施对经济发展的影响，回归结果发现跨境交通基础设施和国内交通基础设施改善均可以降低贸易成本，并直接导致贸易和投资的增加；Lawless（2010）认为贸易成本是影响双边贸易的最重要因素之一，其中最持久稳健的经验结果之一就是引力模型揭示的贸易成本与双边贸易流量之间的负相关关系；Francois 和 Manchin（2007）采用 104 个国家 1988~2002 年的双边贸易数据研究发现交通基础设施改善能够降低运输成本，不仅显著地促进了双边出口程度，还影响了贸易发生的可能性；Parpiev 和 Sodikov（2008）以 18 个亚洲公路网（Asian Highway Network）国家为研究样本，分析了公路质量提升对陆路贸易的影响作用，发现路网设施的完善能够大幅度降低运输费用；Iwanow 和 Kirkpatrick（2009）基于全球 124 个国家 2003~2004 年的数据探讨了贸易便利化和制造业出口之间的相关性，研究发现贸易便利化有助于非洲国家出口效率的增长；Donaldson 等（2010）分析了铁路基础设施对印度出口贸易的影响效应，发现铁路交通设施质量改善能够对贸易成本、贸易环境等因素产生影响，从而促进国际贸易发展；Kuştepeli 等（2012）运用土耳其 1970~2005 年的经济发展数据实证检验了交通基础设施投资对国际贸易的影响，研究发现两者在短期内存在着正相关性，但未能获得长期相关的结果；Portugal-Perez 和 Wilson（2012）以 100 个国家 2004~2007 年的面板数据为研究样本，主要探讨了不同基础设施对出口表现的影响，发现以交通基础设施为代表的硬件设施能够显著提高一国的贸易便利度，进而对出口贸易产生正向促进作用。

国内学者从国际维度重点探讨了交通基础设施对国际贸易的影响效应和传导机制，认为交通基础设施对国际贸易具有质量和数量的双重影响，但这种影响效应会因不同国家发展阶段的不同而存在差异。例如，王永进等（2010）在理论分析的基础上，使用 1995~2004 年 HS-6 分位贸易数据，分别采用 Hausmann 等（2007）和 Xu（2007）的方法测算了 101 个国家的出口技术复杂度，并运用工具变量两阶段最小二乘法和系统 GMM 方法进行了计量估计，其研究结果表明以公路里程为代表的基础设施改善对各国的出口技术复杂度具有显著的促进作用；蒙英华和裴瑱（2013）结合服务贸易特征探讨了基础设施对服务贸易出口品质的影响，发现交通基础设施规模与质量提升能够提高服务出口品质，具有较强的外部性；郑荷芬等（2013）在要素禀赋理论和动态比较优势理论的基础上，结合 1996~2010 年 80 个国家的面板数据，探讨了广义基础设施投入对服务贸易结构的影响，发现交通基础设施与服务贸易结构呈现出显著的正相关，但对不同收入水平国家具有差异性；Blyde（2013）通过地理信息系统（GIS）结合哥伦比亚公路基础设施发展探讨了公路质量对出口贸易的影响，基于 6-HS 贸易产品数据研究发现公路质量提升可以降低 12% 的贸易成本；于诚等（2015）基于 2000~2012 年跨国面板数据结合 "成本发现" 模型，研究发现基础设施规模与质量提升可以提高服务贸易的出口复杂度；许娇等（2016）采用 GTAP 模型结合 140 个国家或地区 57 个产业的相关数据，实证模拟研究交通基础设施建设对于 "一带一路" 倡议的经济贸易效应，研究结果发现交通基础设施改善对于中国和各大经济走廊的进出口贸易、经济增长以及贸易结构改善具有积极作用；陈少铭和邱婉馨（2017）基于 "一带一路" 沿线 18 个国家的面板数据研究发现，基础设施排名较高的国家具有相对较高的出口产品质量，两者之间呈现出正相关性；张艳艳和于津平（2018）在回归模型中引入了空间因素，基于中国与 "一带一路" 沿线 64 国的贸易数据，采用似无关方法检验了交通基础设施对出口贸易的影响，发现邻国交通基础设施改善有助于促进中国出口贸易发展，中国应加强对中等收入国家交通基础设施的建设。

## （二）区域层面

在区域维度上，既有研究基于一国国内不同行政区划的面板数据，首要关注了交通基础设施对国际贸易数量和质量的影响效应，发现前者对后者具有促进作用。例如，盛丹和王永进（2012）结合中国 2007 年 29 个省份的面板数据在异质性贸易理论的框架下讨论了基础设施对地区出口的影响作用，研究发现基础设施水平较高的地区出口较多；Donaldson 等（2010）基于印度 1861~1930 年各地区的数据，发现铁路等交通基础设施改善对于降低贸易成本、改善贸易环境具有显著的影响作用，且铁路运输成本降低明显增加了印度的区域间贸易和国际贸易流量；彭丽琼和任华（2014）关注"一带一路"背景下新疆交通运输基础设施与国际贸易的关系，分析发现加大交通运输基础设施建设能够降低商品运输成本，促进新疆国际贸易流量的增加；Celbis 等（2015）采用 2002~2010 年土耳其 26 个地区对 180 个国家或地区的双边出口流量数据，重点分析了交通基础设施对土耳其出口表现的影响作用，发现陆地交通设施、空运能力和海洋运输工具的改善均有助于提高地区的出口表现；Bensassi 等（2015）认为地理因素和交通设施是影响国际贸易竞争力的重要因素，交通设施的数量、质量等均对出口贸易流量造成了显著影响，两者之间呈现出正相关性；谢婷婷和郭艳芳（2016）基于中国 1995~2014 年 28 个省份的面板数据，探讨了中国省域经济开放度的驱动因素，研究发现交通基础设施因素变动 1 个单位能够导致经济开放度增长 0.04 个单位，意味着交通基础设施改善有助于提升经济开放度；殷宝庆等（2016）认为交通基础设施能够促进贸易便利化，在测度中国各省份 2002~2014 年贸易便利化水平的基础上考察了其对出口技术复杂度的影响作用，研究发现贸易便利化有助于提高各省份的出口技术复杂度，但在东中西部地区存在较大的差异性；郭晓欣和钟昌标（2016）基于青海省 1987~2014 年的交通及通信基础设施等相关数据，探讨了交通基础设施建设对青海省国际贸易的影响，发现铁路货运量对青海省的国际贸易具有长期推动作用，但公路基础设施对国际贸易的影响相对较弱；龚静和尹忠明（2016）采用1998~2013年的中国省级面板数据，基于异质性随机前沿模型分析了铁路建设对中国"一带一路"倡议的贸易效应，研究发现铁路运输时间减少以及运输距离减少均能够有效提高出口贸易效率，并能够稳定贸易效率波动，当前中国各省份的平均出口贸易效率为67.3%，呈现自东向西递减的差异性特征；马淑琴等（2018）在异质性贸易理论框架下结合中国31个省份2006~2015年的面板数据，探究了基础设施与地区出口产品质量之间的联系，研究发现交通基础设施整体上对地区出口产品质量存在着显著影响，但仍存在着空间非对称性，在中部地区的影响效应与其他地区相反。

还有一些文献重点探讨了交通基础设施驱动国际贸易增长的影响机制，发现贸易成本降低、贸易便利化提升是主要的传导渠道。例如，Clark等（2004）认为对于大多数拉丁美洲国家而言，进入美国市场的运输成本比进口关税的阻碍作用更大，港口效率的提升能够降低12%左右的运输成本；魏浩和王宸（2011）利用空间计量模型分析了中国部分省份对外贸易的空间集聚效应以及相关的影响因素，其经验研究的结果表明地理位置对中国各地区对外贸易有着显著影响，应通过改善交通基础设施加强全国省份间的关联性，形成地区经济发展和国际贸易发展的联动局面；黄玖立和徐旻鸿（2012）基于新新贸易理论，使用2002年中国地级行政单位的海关出口数据考察了境内运输成本对地区出口模式的影响，研究结果发现境内运输成本显著地制约着地区出口贸易流量，这种制约作用主要是通过影响扩展边际尤其是产品数目的变化实现的，对集约边际的影响并不明显，减免公路通行费用等降低境内运输成本的措施有助于改善内陆地区的出口模式，从而改善中国整体的出口结构；Alamá-Sabater等（2013）基于西班牙15个地区2007年的截面数据，采用空间计量模型分析了交通便利性对贸易流量的空间溢出作用，发现各地区出口贸易能从邻接地区交通基础设施改善中获益；刘建等（2013）的研究结果发现交通基础设施的改善显著降低了空间距离所带来的地理阻隔，但不同交通基础设施的影响不同，铁路网密度的提高显著降低了贸易成本，而公路网密度的提高却未能有效降低贸易成本；Blyde和Iberti（2014）基于智利332个市2006~2008年的面板数据研究发现，公路基础设施质量改善能够降低约16%的贸易成本，从而有助于出口贸易增长；Duranton等（2014）关注公路和贸易之间的相关关系，基于美国各城市 1956~2007 年的面板数据研究后发现各城市的贸易数量和质量与运输距离成反比，每减少 1% 的运输距离可以提高 1.4% 的贸易总额和 1.9% 的贸易数量；陈丽丽等（2014）对中国对外贸易境内途经的省份基础设施与贸易总额关系进行了研究，发现沿途交通基础设施能够通过降低贸易成本，更加显著地影响到国际贸易水平；Cosar 和 Demir（2016）基于土耳其各省的国际贸易数据以及公路变化估计了贸易的距离弹性，研究发现高速公路上的平均运输成本比单车道公路低 70% 左右，良好的交通基础设施使各省能够积极参与到全球供应链中去，发挥各自的比较优势；白重恩和冀东星（2018）基于中国 1998~2007 年大规模建设的国道主干线数据，估算了 2356 个县级行政区划到重要港口的交通成本，研究发现交通成本下降显著促进了出口贸易增长，且出口产品价值比较高的地区受公路干线影响较大。

### （三）企业层面

在企业维度上，既有研究发现交通基础设施改善至少能从两个方面影响到企业的进出口贸易行为。一方面，交通基础设施能够显著降低企业在生产、贸易过程中所需的运输和时间成本，而贸易成本的降低有助于更多的企业进入国际市场，使出口沿着扩展边际增长，进而促进了贸易量的增长（Melitz，2003；Chaney，2008；Lawless，2010）。贸易成本的下降同时可促使中小城市的工业企业将财会、法律、营销等服务外包给大城市的专业服务业企业，这样既能够提高中小城市企业的生产效率，也能够提高大城市服务业的规模和企业生产率（McFetridge and Smith，1988）。另一方面，与国内贸易相比，国际贸易涉及更多的风险和不确定性（Rodrik，2000），这就要求企业根据外部市场状况对生产要素及时进行调整，而便捷的公共基础设施则能够为企业节约库存，有利于企业及时有效地调整生产要素，从而降低调整成本（Moreno 等，2002；Shirley and Wintson，2004；Lai，2015；李涵和黎志刚，2009），可在较大程度上降低贸易成本，促使企业与附近原本分割的市场形成有效的关联，从而吸引到更多优秀的企业设厂投资（Martin and Rogers，1995），激发贸易的产生与增长。

在实证研究方面，既有文献基于企业微观视角探究了交通基础设施对国际贸易的影响作用，研究结果大多肯定了前者对后者的积极作用，但这种影响作用可因相关发展条件的不同而存在差异性。例如，黄玖立和徐旻鸿（2012）使用中国2002年海关出口截面数据重点考察了境内运输成本对地区出口模式的影响，研究发现地区出口贸易流量显著受到境内运输成本的制约，并主要约束了企业的扩展边际，对集约边际的影响不明显；Martincus和Blyde（2013）采用倍差分析法结合智利企业数据探讨了国内交通基础设施对企业出口行为的影响，发现地震导致的国内交通基础设施破坏能够对出口贸易造成显著的负向冲击；Martincus等（2014）以乌拉圭和阿根廷企业2004~2007年的10-HS产品贸易数据为研究样本，重点分析了交通成本对企业出口的影响作用，基于模型回归结果发现运输成本每升高1%将导致企业出口下降6.5%；高翔等（2015）基于2008年中国第二次经济普查数据分析了交通基础设施对服务业企业劳动生产率的影响，研究发现高速公路连接显著提升了可贸易服务业的分工水平和劳动生产率；申亮等（2015）以铁路和高速公路路网密度作为交通基础设施的门槛变量，采用门槛回归模型研究发现交通基础设施在对外开放程度提升制造业生产效率这一运行机制上存在着非线性的调节作用；Martincus等（2017）基于秘鲁2003~2010年的企业数据探讨了公路对出口和就业的影响效应，研究结果发现新投资建设的公路对企业出口起到了积极作用；王永进和黄青（2017）结合中国1998~2007年工业企业数据，从时间敏感度视角分析了交通基础设施对出口贸易的影响，发现高等级公路对企业的出口参与和出口额具有显著的促进作用，外资企业相比于内资企业对交通基础设施的反应更敏感，且省内和邻省交通基础设施的改善能够促进企业出口。但也有一些研究结果并不支持以上结论，例如，刘晴和邵智（2018）根据中国工业企业数据探讨了交通基础设施对国内贸易和出口贸易的影响，基于二元经济框架的研究模型回归发现交通基础设施整体上抑制了企业出口，但推动了国内贸易发展。

## 第四节　本章小结

虽然交通基础设施是国际贸易过程中的重要组成部分，是经济发展的基础因素，但现有文献大多分析了交通基础设施对经济发展的溢出作用，鲜有文献关注交通基础设施对出口贸易高质量发展的影响。一个不可忽略的事实是，现实经济中存在着地理空间影响，一次国际贸易行为的完成必然会产生商品或服务的位移，交通运输在这一过程中发挥了载体作用。既有研究在分析跨国贸易时，一般将一国视为一个"点"，主要关注国家间运输成本，忽略了国内运输因素的影响。也有一些研究指出关于交通基础设施的文献应当侧重于"面"，需要考虑各地到边界、海关的运输成本（白重恩和冀东星，2018）。因而，在引入区域时空距离的贸易模型中，需要考虑以下几个相关因素的影响：一是运输模式，在贸易过程中可选择不同的交通运输工具，而不同运输方式的运输价格存在较大差异，不仅需要在交通运输工具方面抉择，也需要在整零运输、长短途运输等相关方面进行选择，最大限度地减少运输费用；二是运输费用，不仅对不同商品的需求可形成国际贸易行为，同一种商品也可因国家间商品存在价格差而形成国际贸易行为，此时交通运输费用在其中发挥了主要作用，只有当运输费用小于两地间商品的价格差时才可能达成贸易协议；三是运输时间，交通运输时间在国际贸易过程中同样发挥了重要作用，由于供给和需求是不断变化的，并不是均衡对等的，某一时点出现的供给和需求差距，在下一时点就可能消失，只有在运输时间小于临界时间点时，贸易行为才能形成；四是交易费用，由于信息具有不对称性，国际贸易双方达成协议需要支付搜索、谈判等交易费用，因此，即使两国存在贸易的可能，但也可因交易费用过高而阻碍贸易行为。

交通基础设施改善能够通过多种途径对经济社会产生广泛而深刻的冲击，在一定程度上释放了交通运输能力、拉近了时空距离、便利了人力资本流动以及信息交换，对经济活动区位选择、资源流动、区域产业结构和空间结构调整等产生了重大影响，更拓宽和提升了资源在区域间、产业间乃至企业间的流通渠道和流通速度，显著提高了资源配置效率。本章围绕交通基础设施对国际贸易影响效应这一研究主题，分别从交通基础设施的定义及衡量、交通基础设施的影响效应、交通基础设施与国际贸易的相关关系三个角度对既有文献进行梳理。本章在对既有文献进行梳理后发现，在针对交通基础设施展开研究时，目前的研究主要存在以下三个特点。

首先，虽然古典经济学、新古典经济学早已关注交通基础设施对经济发展的影响作用，但限于理论模型和数学工具的限制，未能在数理模型推导中单独引入交通基础设施这一变量，而将其归结到残差项中，但随着交通因素在实际经济社会中的影响作用日益深化，越来越多的文献开始关注其所产生的影响效应。然而，交通因素仅是经济发展过程中的一个重要组成部分，除交通因素外还有诸多因素可以对经济发展产生影响，如何识别和判断经济发展过程中交通因素所占的比重及解释力度，既有文献尚未针对该问题进行探讨。

其次，虽然已有文献针对交通因素对国际贸易的影响展开分析，但大多探讨了交通基础设施和国际贸易的相关性以及传导途径，分析交通基础设施改善所导致的贸易增长效应，鲜有研究从出口贸易高质量发展视角围绕交通基础设施改善的相关影响效应形成统一框架下点、线、面的全面考察。

最后，既有文献大多运用传统计量经济学方法展开实证化、定量化的研究，未见采用其他统计学派方法，特别是贝叶斯学派的检验方法。由于传统计量的限制，大多数文献需要按照显著性或统计检验的结果筛选解释变量，以达到明确解释变量的经济含义并减少回归模型中解释变量个数的目的，但这种数据处理的方式无疑会增加信息的丢失程度。除此以外，既有文献大多事前设定"最优"的单一模型，在一定程度上回避了模型及参数的不确定性问题。本书通过引入多种较为前沿的统计学方法，在一定程度上减弱了这一问题的影响。

# 第三章　交通基础设施改善
## 与出口贸易规模

　　交通运输是货物进行跨国传输的重要组成部分，一次完整的出口贸易过程涉及出口国国内运输、国际运输、进口国国内运输等内容。虽然出口贸易能否完成并不完全取决于交通基础设施，但交通基础设施改善无疑对出口贸易具有显著的促进作用。而交通基础设施作为一项重要的公共物品，能够通过外部性对经济社会发展产生积极作用。此外，出口贸易作为国民经济的关键要素，同样存在着众多其他因素对其产生影响。如何从诸多因素中准确识别出交通基础设施改善对出口规模的解释程度，以及前者对后者的影响作用，是本章研究的主要目的。

## 第一节　相关文献综述

　　近年来，在经济发展存在较大下行压力的背景下，基础设施投资是地方政府稳增长的主要着力点，学界研究的大量经验证据肯定了基础设施与经济增长之间显著的正向关系（闫先东和朱迪星，2017）。国际贸易是经济发展过程中的重要组成部分，既有研究围绕基础设施对国际贸易的影响从多个方面进行了探讨。

　　在交通基础设施方面，既有研究认为交通基础设施改善有助于降低出口产品在国内的运输成本或库存成本，进而增强出口产品的国际竞争力，促进贸易和经济增长（白重恩和冀东星，2018）。无论是进口国还是出口国交通基础设施质量的提升，均对国际贸易的开展有着不可忽略的作用。一国国内良好的交通基础设施不仅能够缩短贸易双方的谈判成本，减少旅途所需耗费的时间和成本，也能够通过降低货物在出口国国内运输的物流成本和配送时间，为资源、劳动力以及信息流动提供保障，使全球经济活动联系更加紧密，有助于国际经贸合作的开展（施震凯等，2018）。在实证研究方面，王永进和黄青（2017）基于中国工业企业数据库 1998~2007 年数据，从时间敏感度的视角考察了交通基础设施对出口贸易的影响，发现不同出口行业的时间敏感度存在很大差异，高新技术行业的时间敏感度最高；张鹏飞（2018）以"一带一路"亚洲国家的双边贸易数据为分析样本，发现交通基础设施和通信基础设施改善对出口国的贸易量都具有正向促进作用，但是当交通基础设施发展到一定水平后，通信基础设施的作用更加突出。

在信息基础设施方面，李坤望等（2015）指出信息化是国际贸易过程中一国比较优势的新来源，信息基础设施的改善不仅仅能够显著提高一国的出口绩效，并且信息化密度较高的企业更具出口倾向，即信息基础设施有助于促进企业的出口行为。在相关实证研究方面，Freund 和 Weinhold（2002）基于 1995~1999 年美国 14 个服务行业的面板数据，研究发现贸易伙伴国国内信息基础设施水平的提升能够显著拉动双方服务贸易规模的增长。在此研究基础上，Freund 和 Weinhold（2004）将研究进一步拓展至货物贸易，发现信息技术发展能够促进信息流动，降低了市场特定的沉没成本，促进国际贸易发展；Clarke 和 Wallsten（2010）基于 98 个国家 2008 年的截面数据，研究发现互联网发展有助于推动发展中国家向发达国家的出口规模增长；Vemuri 和 Siddiqi（2009）采用贸易引力模型结合 1995~2005 年 64 个国家的面板数据，发现信息基础设施改善以及互联网使用率提高能够显著促进国际贸易规模增长。何敏等（2015）基于中国和东盟国家 2004~2012 年的面板数据，运用贸易引力模型和边界效应模型探讨了基础设施互联互通对国际贸易的影响效应，发现通信基础设施在交通、通信和能源等三大领域中的影响作用最大。

在其他基础设施方面，既有研究发现港口效率、科教文卫基础设施均可以对国际贸易产生显著的影响效应。例如，Wilson 等（2010）从码头、关税、监管和电子商务四个层面研究了贸易便利化对 APEC 地区对外贸易的影响，发现整个区域内贸易量增加的 10% 可以归因于贸易便利化水平的提高，而码头效率提升的贡献度最高；郑荷芬等（2013）探讨了广义基础设施投入影响服务贸易结构的理论作用机制，研究发现能源和通信等经济性基础设施变量与服务贸易结构水平呈显著正相关，而医疗、教育和环保基础设施却呈负向作用，同时研发、医疗和教育基础设施变量均有显著的滞后效应；胡莉莉和周春林（2017）基于中国 2002～2008 年省级面板数据分析了广义基础设施对中国出口贸易的影响效应，研究发现社会性基础设施比经济性基础设施影响大；董银果和吴秀云（2017）基于中国与丝绸之路沿线 22 个国家 2010～2013 年的双边贸易数据研究发现，进口国基础设施质量、信息化水平和通关效率的提高，均能显著促进中国制造业产品的出口，其中通关效率的影响最大；王霞（2018）基于 2000～2016 年中国对 53 个非洲国家出口贸易数据研究发现，非洲电力基础设施的发展倾向于促进集约边际的增长，而饮用水和卫生基础设施的发展则倾向于推动扩展边际的增长。

以上研究大多基于传统计量方法，即在进行理论分析或数理推导的基础上挑选部分解释变量构建"最优"回归模型，并假设样本服从某个统计分布，且参数具有不确定性，属于目前主流的"频率学派"。由于传统计量的限制，既有文献大多按照显著性或统计检验的结果筛选解释变量，以达到明确解释变量的经济含义并减少回归模型中解释变量个数的目的，但这种数据处理的方式无疑会增加信息的丢失程度。而"贝叶斯学派"认为这种建模方式未能重视模型及参数的不确定性问题，也未能有效利用其他"次优模型"所包含的信息（Moulton，1991；Raftery，1996）。然而，如何在同一个研究框架中研判交通基础设施对出口贸易的作用大小，以及对比分析各种基础设施因素的解释程度，则是一个值得关注的话题。

## 第二节　影响机制分析

一般而言，出口贸易涉及多个环节，而交通基础设施无疑是货物由出口国运送至进口国的关键因素。一次完整的货物运输涉及出口国国内运输、国际运输、进口国国内运输三个阶段。目前而言，国际运输的主要方式是海洋运输，而影响该运输方式效率的主要因素是轮船航速、运输量和海关效率，故本书不对该运输方式进行讨论。与之相似，影响航空运输效率的关键因素在于飞行器、机场建设和航空路线。故本章在讨论交通基础设施改善对出口规模影响的传导机制时，主要集中于公路运输和铁路运输方面，即陆路交通基础设施，而这两个因素同样是国内运输的关键组成部分。

交通基础设施作为一项主要由政府投资的公共物品，以其独特的外部性对出口贸易行为产生着重要作用，本节着重从交通基础设施改善对出口贸易规模的影响机制展开讨论。理论上看，虽然对交通基础设施进行大规模的投资和建设并非单独为出口贸易服务，但能够基于其通行功能和送达功能完成批量运输和客货集散的任务，促进生产要素、信息流、技术流等在市场上的流动速度，进而在多种途径上对出口行为带来显著冲击。另外，便利发达的交通运输网络能够因直接或间接溢出效应产生诸多有形和无形的效益，从而降低出口贸易过程中在产品生产、运输以及销售过程中所需的时间成本和物流成本，进而推动出口贸易的发展。

## （一）促进贸易便利化，降低贸易成本

交通基础设施改善的突出特征主要表现在两个方面，一是里程增长导致的网络密度增加。空间距离如同一层"保护性关税"，使得个别区域在出口贸易过程中需要支付高昂的贸易成本，交通基础设施改善有利于促进区域通达性及降低运输成本，从而削减了这一"保护性关税"的作用，降低了这些区域的出口贸易成本，在国际市场竞争中获得更多的议价优势。二是运输效率提高降低了运输时间，从而促进了贸易便利化，通过影响贸易非效率因素降低出口贸易成本，进而提高了一国的出口贸易规模。交通基础设施改善能够提升出口企业在生产过程各阶段所需原材料或产成品的物流运营，也可以通过缩短运输时间减低库存成本，从而降低生产的平均成本。一般来说，制造业企业的库存以原材料、在制品和产成品等为主，企业为预防原材料或产成品缺货所带来的损失，会相应地提高再订购库存水平，因而原材料和产成品是企业库存的主要形式（刘秉镰和刘玉海，2011），交通基础设施改善导致的运输速度加快，可使企业增加订货频率，缩短对销售周期和销售波动的预期时滞，降低企业的贸易成本。

## （二）完善投资环境，减少贸易障碍

良好的交通基础设施有助于提升路网结构、完善城市的分区功能、推动物流体系的整体运行和布局调整，从多个方面优化生产投资环境，进而有效减少出口过程中所遇到的贸易障碍。交通基础设施在出口贸易过程中发挥了"润滑剂"的作用，有效地减少了生产要素流动以及货物运输过程中存在的不必要摩擦，减少贸易障碍。此外，从商品出口的经济角度看，

稳定可靠的交通基础设施既可以降低出口产品在运输途中的破损率，减少贸易双方的争议和误解，也可以通过缩短运输时间减低库存成本，从而降低贸易过程中的不确定性，从另一个侧面减少影响出口贸易的阻碍因素。例如，近年来物流公司跨国运输的蓬勃发展，就是依靠交通基础设施的质量改善减少了长距离运输所导致的不确定性。交通基础设施是与投资密切相关的外部物质条件，交通不便、信息闭塞的地区相比于交通便利、信息通达的地区对国际投资者的吸引力较弱，落后的交通基础设施无疑会抑制外国投资者的投资意愿，阻碍了出口贸易规模的增长。

### （三）加快要素流动，减少贸易信息不对称

与传统经济模型假定生产要素流动是瞬时完成的假设不同，现实经济中存在着形式各异的摩擦，阻碍了要素的自由流动。良好的交通基础设施能够显著地减弱这些摩擦所带来的妨碍作用，使得经济流、交通流、信息流等多种要素能够更为便捷地进行跨区域传递。此外，新的生产技术往往产生于空间中的某一点，并表现为产品、技术以及人力资本等形式，发达的交通基础设施有利于将这些载体迅速传播至周围区域，从而扩大知识和技术的跨区域交流。另外，交通基础设施质量改善带来的"时间收敛"效应使得物流和人流的集散更为迅速，技术信息的共享更为方便，降低了贸易双方的信息不对称程度，减少了"逆向选择"和"道德风险"出现的可能性，使得贸易协议更易达成，进而推动了出口贸易规模增长。

### （四）扩大市场规模，深化贸易分工

交通基础设施质量的改善通过缩短贸易距离、加快生产要素流动等直接途径，有效地拉近了各区域的时空距离，在极大程度上扩大了出口厂商对目的市场的可达性，有利于市场规模的扩张。市场规模的扩张能够进一步带来包括规模效应、集聚效应以及竞争效应等在内的多种溢出效应，通过市场配置促使生产要素流向效率较高的生产部门。此外，市场规模的扩大，进一步深化了全球贸易分工，提高了出口企业的专业化水平，进而推动了出口贸易的发展。

综上所述，发达便捷的交通基础设施既能通过减少运输时间、降低物流成本和缩短贸易距离等方式影响出口贸易成本，削弱出口贸易过程中存

在的障碍，也能通过加快要素跨区域流动减少贸易信息不对称，有助于利用市场调节优化资源配置，进而引致更大的市场规模以及更充分的市场竞争，深化了贸易分工，从而有效地促进出口贸易发展。为更直观地体现出上述传导机制，本节在图 3.1 中绘制了交通基础设施改善对出口贸易规模影响的传导机制。

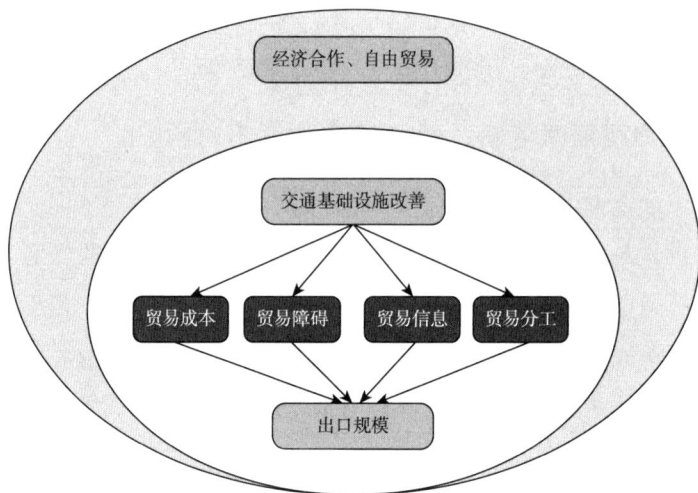

图 3.1　交通基础设施改善对出口贸易规模影响的传导机制

# 第三节　方法简介、模型构建及变量说明

## （一）模型构建及数据说明

在衡量双边贸易时，一般采用贸易引力模型。已有文献基于牛顿经典力学的万有引力公式，结合经济体之间的空间距离和经济总量，提出了一个与贸易流量相关的模型，即两国的单项贸易量与其各自的经济规模成正比，与两者之间的地理距离成反比。这一理论可转化为如下的标准数学公式：

$$Y_{ij} = A_{ij} \frac{GDP_i \times GDP_j}{Dist_{ij}}$$

$$\ln Y_{ij} = \ln A_{ij} + \ln GDP_i + \ln GDP_j + \ln Dist_{ij}$$

其中，$Y$ 为贸易量，$GDP_i$ 和 $GDP_j$ 分别为 $i$ 国和 $j$ 国的国内生产总值（也可用人均 GDP），$Dist$ 为两国之间的地理距离，$A$ 为其他相关变量。贸易引力模型在既有研究中得到了广泛运用，例如分析出口贸易潜力、对外投资区位选择、边境效应等（盛斌和廖明中，2004；程惠芳和阮翔，2004；史朝兴和顾海英，2005）。

基于标准的贸易引力模型以及本章的研究主题，本章构建的涵盖所有解释变量的一般回归模型具有如下形式：

$$lnexport_{i,j,t} = lnigdp_{i,t} + lnjgdp_{j,t} + lndist_{i,j} + roadrate_{i,t} + railrate_{i,t} + Z_{i,t} + cons_{i,t} + \varepsilon_{i,t}$$

其中，$export$ 为出口规模，$igdp$ 为出口国的 GDP，$jgdp$ 为进口国的 GDP，$dist$ 为两国地理距离，$roadrate$ 和 $railrate$ 为公路和铁路密度，$Z$ 为控制变量，$cons$ 为常数项，$\varepsilon$ 为扰动项。需要特别指出的是，贝叶斯模型平均方法要从众多解释变量中挑选出对被解释变量解释程度较高的解释变量，上述模型中的解释变量较多，但上式绝不是研究交通基础设施建设对出口规模影响效应的最终模型，仍需要通过比较模型的后验概率来进行评估。本章对模型中的各变量进行分类并进行详细说明，具体说明如下。

（1）被解释变量 $export$，主要表示为 $i$ 国对 $j$ 国的出口贸易总额。本章根据 BACI 数据库提供的 HS-92 分类下 6 位编码贸易产品数据，首先将其划分至相应行业，并根据盛斌（2002）一文的相关内容进行匹配，仅保留了制造业的数据，以其作为本书的研究样本。进而对制造业贸易数据进行加总，计算整理出各国的出口规模数据，将其作为本章回归模型的被解释变量。表 3.2 中显示 lnexport 的均值为 7.3032，标准差为 3.7154，最小值为 0，最大值 19.6822，观测量为 515646。既有研究采用 BACI 数据库探讨了出口二元边际、出口技术质量等话题（孙天阳等，2018；陈保启和毛日昇，2018），BACI 数据库是目前研究出口贸易较为常用的数据库。

（2）以铁路和公路衡量的交通基础设施建设情况是本章重点关注的解释变量，具体的，以公路密度（$roadrate$）以及铁路密度（$railrate$）衡量出口国交通基础设施的发展情况，而这两个变量能够最为直观地体现政府在交通基础设施方面的投入及成果，以密度数据衡量则能缩小国土面积差异所带来的总量差异，从而较好地反映各国交通基础设施建设水平。这两个指标均为陆路交通基础设施，是本章研究重点关注的解释变量，既有研究认为这两个变量对国际贸易具有不可忽略的影响作用（龚静和尹忠明，2016；亢梅玲和马丹，2017；刘晴和邵智，2018），本章以两者里程与国土面积之比作为各国交通基础设施建设的代理变量，并分别将 $i$ 国和 $j$ 国的数据引入回归模型。表 3.2 中显示 $roadrate$ 的均值为 84.4489，标准差为 106.8021，最小值为 1，最大值为 546，观测量为 151216；$railrate$ 的均值为 0.0305，标准差为 0.0293，最小值为 0.0004，最大值为 0.1213，观测量为 250125。

（3）贸易引力模型相关的解释变量主要包含贸易双方的国内生产总值（$gdp$）以及两国的直线地理距离（$dist$）。既有研究指出，自贸易引力模型被提出以来，得益于理论基础的研究，贸易引力模型在国际贸易检验中被大量应用（罗来军等，2014），而贸易双方的经济发展状况以及地理距离无疑是贸易引力模型中最为基础的解释变量，故在基准模型中加入相关变量。表 3.2 中显示 $i$ 国的国内生产总值，即解释变量 $\ln igdp$ 的均值为 24.6258，标准差为 2.3093，最小值为 16.2158，最大值为 30.5281，观测量为 461183；解释变量 $\ln jgdp$ 的均值为 24.4069，标准差为 2.3962，最小值为 16.2158，最大值为 30.5281，观测量为 461538；解释变量 $\ln dist$ 的均值为 8.6450，标准差为 0.8422，最小值为 4.0879，最大值为 9.8987，观测量为 481449。[①]

（4）与国内经济发展状况相关的解释变量，包括产业协同度（$sd$），净易货贸易条件指数（$tot$）、一般政府最终消费支出占 GDP 比重（$grate$）。本章将两国的产业结构差异也纳入模型之中，为了更好地比较两国之间三大产业之间的差异程度，采用 Krugman 等（1995）的绝对值指数构建产业结构差异指数，以间接衡量产业结构相似程度，该指数的数值越大表明两国之间产业结构的差异越大，两国产业结构之间的相似性越低，即 $SD_{ij} = |AGR_i - AGR_j| + |IND_i - IND_j| + |SER_i - SER_j|$。表 3.2 显示解释变量 $sd$ 的均值为 41.4611，标准差为 29.6609，最小值为 0.0999，最大值为

---

① CEPII-Geo Dist 数据库提供的距离包括两类：一是根据人口规模选择最主要城市然后取距离的平均值；二是以首都为测量点衡量两国地理距离。本章选取第二种方式作为衡量两国地理距离的代理变量。

414.7281，观测量为385539。既有文献指出，发展中国家贸易条件的持续恶化和自由贸易下南北收入差距的扩大，在一定程度上影响了基于比较优势的贸易战略的有效性（徐建斌和尹翔硕，2002）。表3.2显示 $tot$ 的均值为111.7937，标准差为45.7573，最小值为21.3967，最大值为810.6498，观测量为441524。虽然政府在一国对外贸易中的作用定位一直是国际贸易理论中比较有争议的问题，但既有研究认为，既要认识到政府在一国经济发展和国际贸易中的作用所在，又要将政府作用界定在适宜的范围内，本章以政府最终消费支出占GDP的比重作为政府行为的代理变量。表3.2显示 $grate$ 的均值为16.0544，标准差为6.2039，最小值为2.0471，最大值为156.5315，观测量为412341。

（5）其他基础设施，包括每100人互联网用户数量（$www$）、航空运输量（$air$）、通电率（$ele$）等与网络基础设施、航空基础设施、电力基础设施相关的解释变量。除交通基础设施外，其他的基础设施对出口贸易发展也具有不可忽略的影响。本章以 $www$ 作为信息基础设施的代理变量，表3.2显示其均值为26.4251，标准差为27.7293，最小值为0，最大值为98.16，观测量为434150。ln$air$ 作为航空基础设施的代理变量，表3.2显示其均值为10.7089，标准差为1.8526，最小值为4.2852，最大值为16.1276，观测量为382183。将这两个解释变量纳入基准回归模型，从而可以根据回归结果对比交通基础设施对出口贸易规模所造成的影响以及解释力度的差异。通电率在一定程度上反映了一国经济发展的基础条件状况，表3.2显示解释变量 $ele$ 的均值为83.1241，标准差为28.2234，最小值为0.0155，最大值为100，观测量为443776。

在数据来源方面，出口规模 $export$ 和地理距离 $dist$ 的数据主要来源于法国国际经济研究中心官方网站，公路里程数据来源于同花顺数据库，其余变量的数据均来自WDI数据库。研究样本共涵盖全球222个国家，时间跨度为1995~2015年。表3.1列出了本章模型涉及相关变量的解释说明，表3.2则给出了所有变量数据的描述性统计结果。

表 3.1 变量说明

| 变量 | 变量说明 | 变量 | 变量说明 |
|------|---------|------|---------|
| export | $i$ 国对 $j$ 国出口贸易总额 | sd | $i$ 国和 $j$ 国的产业协同度 |
| roadrate | $i$ 国公路密度 | tot | $i$ 国净易货贸易条件（2000 年＝100） |
| railrate | $i$ 国铁路密度 | grate | $i$ 国政府最终消费支出占 GDP 比重 |
| igdp | $i$ 国国内生产总值 | www | $i$ 国互联网用户数量（每 100 人） |
| jgdp | $j$ 国国内生产总值 | air | $i$ 国航空运输量 |
| dist | 两国直线地理距离 | ele | $i$ 国通电率（占人口的百分比） |

表 3.2 变量描述性统计结果

| 变量 | 均值 | 标准差 | 最小值 | 最大值 | 观测量 |
|------|------|--------|--------|--------|--------|
| lnexport | 7.3032 | 3.7154 | 0.0000 | 19.6822 | 515646 |
| roadrate | 84.4489 | 106.8021 | 1.0000 | 546.0000 | 151216 |
| railrate | 0.0305 | 0.0293 | 0.0004 | 0.1213 | 250125 |
| lnigdp | 24.6258 | 2.3093 | 16.2158 | 30.5281 | 461183 |
| lnjgdp | 24.4069 | 2.3962 | 16.2158 | 30.5281 | 461538 |
| lndist | 8.6450 | 0.8422 | 4.0879 | 9.8987 | 481449 |
| sd | 41.4611 | 29.6609 | 0.0999 | 414.7281 | 385539 |
| tot | 111.7937 | 45.7573 | 21.3967 | 810.6498 | 441524 |
| grate | 16.0544 | 6.2039 | 2.0471 | 156.5315 | 412341 |
| www | 26.4251 | 27.7293 | 0.0000 | 98.1600 | 434150 |
| lnair | 10.7089 | 1.8526 | 4.2852 | 16.1276 | 382183 |
| ele | 83.1241 | 28.2234 | 0.0155 | 100.0000 | 443776 |

数据来源：作者计算。

## （二）贝叶斯模型平均方法简介

经济理论与自然科学理论相比具有极大的开放性，这就导致研究者在构建计量模型时无法确定影响被解释变量的具体变量，即同一个研究主题可存在多个形式迥异的实证模型，需要在不断"试错过程"中寻找尽可能拟合现实经济运行的"真实模型"。这就意味着，传统计量方法需要研究者从众多解释变量中主观选择部分变量构造一个形式"最优"的回归模型，在一定程度上忽视了模型形式以及解释变量的不确定性问题，也导致估计参数值时未能有效利用其他"次优模型"所提供的信息（Moulton，1991；Raftery，1996），因此一些研究通过稳健性检验来解决这一问题。随着计量经济模型的迅猛发展，模型不确定性所导致的矛盾逐渐凸显，而贝叶斯模型平均方法为解决这一矛盾提供了有益的思路。

Leamer（1978）在 Barnard（1963）以及 Bates 和 Granger（1969）关于模型平均的思想基础上，提出了贝叶斯模型平均的理论框架，并同时提出了 BMA 方法在解决模型不确定性问题上的思路，即通过"极值边界"（Extreme Bounds）的分析方法识别出稳健的实证模型关系式。然而受限于随着变量增加而呈指数倍膨胀的计算量以及严格的假设检验，其在理论和应用方面的发展速度均较为缓慢。已有研究进一步规范了贝叶斯理论分析框架，并为研究"模型不确定性"提供了一个值得信赖的理论基础。另外，有学者进一步提出了经典估计贝叶斯平均（Bayesian Averaging of Classical Estimates，BACE）方法。随着近代信息技术的迅猛发展，求解 BMA 已不再困难重重，许多领域都将其纳入研究框架，从一般线性模型推广到了广义线性模型和生存分析，并衍生出了多个扩展模型（施震凯和王美昌，2016）。

具体来说，假设一共存在 $K$ 个潜在解释变量 $X_i = \{X_1, X_2, \cdots, X_K\}$ 与研究主题相关，这些变量会在不同程度上对被解释变量造成影响，将这些潜在解释变量进行组合，可以形成 $2^K$ 个潜在的单一模型，将这些互不相同的模型定义为 $M_i = \{M_1, M_2, \cdots, M_{2K}\}$。不妨假设每个潜在单一模型的一般形式为：

$$y_i = \alpha + \beta X_i + \varepsilon_i$$

同时定义样本数据为 $y_i = (y_1, y_2, \cdots, y_T)^T$，其中 $y_T$ 表示 $T$ 时刻的观测值，并进一步假设第 $i$ 个模型 $M_i$ 中的先验概率为 P$(M_i)$，则其后验概率定义为 P$(M_i \mid y)$，即 P$(M_i \mid y)$ 为在给定样本数据下模型 $M_i$ 为最优单一模型的概率，这个后验概率的值可以通过计算获得。

$$P(M_i \mid y) = \frac{P(M_i y)}{P(y)} = \frac{P(y \mid M_i)P(M_i)}{P(y)} = \frac{P(y \mid M_i)P(M_i)}{\sum_{i=1}^{2^K} P(y \mid M_i)P(M_i)}$$

其中，$P(y \mid M_i) = \int P(y \mid \theta_i, M_i)P(\theta_i \mid M_i)d\theta_i$ 是模型 $M_i$ 的似然积分函数（the intergrated likelihood），$\theta_i$ 是模型 $M_i$ 的参数向量，从而 $P(\theta_i \mid M_i)$ 就是模型的先验分布，而 $P(y \mid \theta_i, M_i)$ 就是基于样本数据的似然值。可以看出，模型先验概率的加权平均就是模型后验概率。在得出 $P(M_i \mid y)$ 之后，随即可以计算各个解释变量对应回归系数的后验包含概率、后验均值和后验方差，其中 $\beta = (\beta_0, \beta_1, \cdots, \beta_K)$ 为模型 $M_i$ 中各回归系数的向量。

后验包含概率：$P(\beta \mid y) = \sum_{i=1}^{2^K} P(\beta \mid M_i, y)P(M_i \mid y)$

后验均值：$E[\beta \mid y] = \sum_{i=1}^{2^K} E(\beta \mid y, M_i)P(M_i \mid y)$

后验方差：$Var = [\beta \mid y] = \sum_{i=1}^{2^K} (Var[\beta \mid y, M_i] + E^2[\beta \mid y, M_i])P(M_i \mid y)E[\beta \mid y]^2$

估计 BMA 方法的主要难点在于随着解释变量的数目增多，所需估计的模型数量呈指数倍增长，即 $K$ 增加一个解释变量时，模型集 $M_i$ 中的数量将增加 $n = 2^{K+1} - 2^K$ 个。当模型中的解释变量个数较少时，可以通过穷举法列出所有可能的模型，并通过相对简单的计算获得所需要的后验分布。但当解释变量过多时，穷举法则难以实现研究目的，特别是在现代信息技术大规模发展之前，计算能力方面的限制导致实现 BMA 方法存在着多方面的困难，这也是 Leamer（1978）提出 BMA 方法后并没有得到学术界充分关注的原因所在。随着计算技术的不断发展，目前能够通过多种统计软件获得 BMA 的解析解，也从一般线性模型推广到了广义线性模型，并衍生出了多个扩展模型。但无论如何演变，求解模型的关键一直是如何精确估计单项模型的权重，也就是估计 $P(M_i \mid y)$ 的值，特别是在保留数据信息的基础上尽可能减少运算次数。

一般来说，可以通过"奥卡姆窗口"（the Occam's Window Method）或者"马尔可夫链蒙特卡洛"（Markov Chain Monte Carlo，MCMC）运算法则来解决模型估计数量过大的问题。这两种方法在处理高维空间的问题上具有较高的效率，但这两种方法都会在一定程度上舍弃一些后验概率较低的单一模型，比如陈伟和牛霖琳（2013）在研究中国通货膨胀的建模中共涉及了 28 个解释变量，这导致其可能的模型个数为 $2^{28} = 268435456$，但在实际分析中利用 MCMC 算法只抽取了 10010000 个后验概率较高的单一模型，占单一模型总数的 3.73%。

贝叶斯模型平均方法在自然科学中，特别是在水利、气象以及航空等领域得到了广泛运用，能够在极其复杂的机制和众多影响因素中剔除无关信息，提取出对研究主体解释程度较高的变量，但该方法在经济学中的运用尚不多。相比于传统的经济学计量方法，采用 BMA 方法建模的优势在于可以对所有可能的模型将各自的后验概率作为权重进行平均，并以潜在解释变量的后验包含概率作为判断是否选入最优模型的标准，从而能够充分利用各"次优模型"中所包含的信息，避免人为筛选解释变量造成的信息损失，达到客观有效选择以及评估各解释变量作用的目的。不少学者采用贝叶斯模型平均方法结合中国实际经济问题展开了较为详尽的研究，通过与传统计量模型对比，认可了这种建模方式对于解释经济现象的有效性和预测过程中的优势（陈伟和牛霖琳，2013；余壮雄和杨扬，2014；施震凯和王美昌，2016）。

## 第四节　回归结果及分析

### （一）基准模型

根据上文的模型，本章首先采用贝叶斯模型平均方法针对研究样本进行回归，探讨交通基础设施改善对出口规模的影响作用，所得结果在表 3.3 中列出。上文模型中共包含 11 个解释变量，如果将其全部视为影响被解释变量的潜在因素，则一共存在 $2^{11} = 2048$ 个潜在的单一模型，本章采用"奥卡姆窗口"算法对上文模型进行估计，该运算方法能够在减少运算次数的基础上尽可能保留数据信息。与此同时，本章以各模型的后验概率为基础，进一步估计各解释变量的后验包含概率以及后验均值，具体结果在表 3.3 中列出。

表 3.3  贝叶斯模型平均回归结果

| 变量 | EV | SD | PIP | 变量 | EV | SD | PIP |
|---|---|---|---|---|---|---|---|
| *roadrate* | 0.0029 | 0.0001 | 100 | *tot* | -0.0131 | 0.0003 | 100 |
| *railrate* | 0.0107 | 0.0043 | 45 | *grate* | -0.0365 | 0.0017 | 100 |
| ln*igdp* | 0.8405 | 0.0099 | 100 | *www* | 0.0001 | 0.0001 | 1 |
| ln*jgdp* | 0.8750 | 0.0029 | 100 | ln*air* | 0.3321 | 0.0103 | 100 |
| ln*dist* | -1.1798 | 0.0078 | 100 | *ele* | 0.0053 | 0.0005 | 100 |
| *sd* | -0.0066 | 0.0002 | 100 | 常数项 | -25.9339 | 0.1872 | 100 |

注：PIP、EV 和 SD 分别表示变量的后验包含概率、后验均值和后验标准误。

观察表 3.3 可以发现，BMA 方法不仅给出了各解释变量的后验包含概率 PIP，还给出了相应的后验均值 EV 和后验标准误 SD。观察表 3.3 中与交通基础设施建设对出口贸易影响相关的解释变量，可以发现在公路密度（*roadrate*）这一指标上，出口国国内公路基础设施改善有助于促进出口贸易总额增长，且具有较高的解释力，表明随着出口国国内公路基础设施改善，其出口规模会有所扩大。通过贝叶斯模型平均方法估计的 *roadrate* 项的后验均值为 0.0029，后验标准误为 0.0001，后验包含概率为 100。在铁路基础设施方面，出口国铁路密度（*railrate*）的增加对其出口贸易总额的解释程度较弱（PIP = 45），且呈现出正向促进作用（SD = 0.0043）。产生以上现象的原因在于货物运输方式的限制，现阶段铁路基础设施在跨国货物运输中所占的比例不高，对现有出口贸易行为的解释能力有限，但仍应肯定交通基础设施改善对出口规模的积极作用。

进一步观察表 3.3 中的回归结果可以发现，在贸易引力模型的基准变量中，ln*igdp*、ln*jgdp* 以及 ln*dist* 的后验包含概率都为 100，即在采用 BMA 方法估计模型后，与贸易引力模型相关的三个变量均具有较高的解释力度，且贸易双方国内生产总值的后验标准误都为正值，表明良性的经济发展有助于双边贸易活动的开展。但随着贸易合作国之间的地理距离增加，出口贸易额也呈现下降的趋势，表明地理距离的增加在一定程度上妨碍了双边贸易的开展，不利于出口贸易的增长。以上结论均与贸易引力模型的理论判断一致，即表 3.3 的初步分析结果契合了贸易引力模型。

在其余变量对被解释变量的解释力上，贸易合作国之间产业协同度 *sd*

的提高并未有助于出口规模的增长，其后验均值为-0.0066，后验标准误为0.0002，产业差异仍是现阶段国际贸易行为的重要驱动力。贸易条件 tot 对双边贸易开展有着极为重要的影响，其后验包含概率为100，后验均值为-0.0131，后验标准误为0.0003，这一情况表明出口国贸易条件的改善，并未有助于其出口规模的扩大，在一定程度上解释了一些国家以出口贸易条件恶化来换取出口份额增加的现实状况。政府消费占比 grate 项在整体上抑制了出口贸易增长，其后验均值为-0.0365，后验标准误为0.0017，后验包含概率为100，政府消费在产品类似的情况下倾向于扶持本国企业，容易引致贸易扭曲现象，从而导致出口贸易下降。网络基础设施 www 对出口贸易的影响作用相对较弱，其后验包含概率在模型中仅为1，但具有正向促进作用，其后验均值为0.0001。航空基础设施发展 lnair 对双边贸易的开展具有一定的促进作用，跨国合作需要合作双方进行面对面商谈，而航空无疑是商务谈判的重要旅行方式，航空运输量反映了一国的对外开放水平。电力基础设施 ele 的后验均值为0.0053，后验标准误为0.0005，后验包含概率为100，表明电力基础设施的改善在一定程度上促进了出口国对外贸易的开展。从以上分析可以发现，各解释变量均较好地说明了现实经济的运行状况。

总体来看，在本章模型所包含的11个解释变量中，贸易引力模型的基准变量的后验均值和后验包含概率与理论分析相一致，出口国国内交通基础设施建设对其出口贸易具有一定的溢出效应，虽然铁路基础设施和公路基础设施对于出口贸易的影响效应存在一定的差异，但仍对出口贸易发展具有较高的解释力。无论如何，交通基础设施对各国的出口贸易规模都有着较强的影响作用，各国政府应当进一步加强国内交通基础设施建设，良好的交通基础设施既能引致更多的贸易合作，也能加快国内企业走出去的步伐。

## （二）行业异质性

本章进一步参考谢建国（2003）的方法将总样本中的制造业各行业划分为劳动密集型、资本密集型和技术密集型等三个类型，并采用贝叶斯模型平均方法针对相应的子样本进行回归，相关结果在表3.4中列出。

表3.4中第2~4列是采用贝叶斯模型平均方法结合劳动密集型产品出口数据的回归结果，可以发现解释变量 roadrate 项的后验均值为0.0078，后

验标准误为 0.0001，后验包含概率为 100，这一结果表明出口国公路交通基础设施改善对提高其劳动密集型产品的出口规模具有积极效应，造成以上结果的原因在于劳动密集型产品的出口议价能力有限，对公路基础设施的依赖较重，而交通基础设施改善所带来的信息流动加快，降低了企业库存压力，从而促进了劳动密集型产品出口规模的增长。在铁路设施方面，出口国铁路基础设施密度提高未能有效促进劳动密集型产品的出口，其后验均值为 -16.6094，且 *railrate* 的后验包含概率为 86，表明铁路基础设施改善对出口的促进作用相对有限，可能原因在于铁路基础设施建设尚未形成网络效应，未能显现出强力的疏导作用，在劳动密集型货物运输中所占比例较低。一国在发展对外贸易的过程中更需要注重内功修炼，良好的基础设施条件才是吸引国际合作的重要竞争力。在贸易引力模型涉及的解释变量方面，ln*igdp*、ln*jgdp* 以及 ln*dist* 的后验均值分别为 0.5816、0.7689 以及 -1.3578，且 3 个解释变量的后验包含概率均为 100，表明该子样本同样符合贸易引力模型理论。在国内经济因素方面，两国的产业协同度 *sd* 提高对劳动密集型产品的出口起到了负向作用，其后验均值为 -0.0060，贸易条件 *tot* 以及政府消费占比 *grate* 对劳动密集型产品出口的影响为负，其后验均值分别为 -0.0119 以及 -0.0740，且后验包含概率均为 100，表明这些因素对劳动密集型产品出口发挥了显著的负向影响。在其他基础设施方面，通信基础设施 *www* 的后验均值为 -0.0087，同样为负向影响。而航空基础设施 ln*air* 对劳动密集型产品出口的影响效应显著为正，其后验均值为 0.4589，后验包含概率为 100。电力基础设施 *ele* 的后验均值为 0.0079，且具有较高的后验包含概率（PIP = 100），表明电力基础设施改善有助于劳动密集型产品的出口。

表 3.4 中第 5~7 列为资本密集型产品出口的贝叶斯模型平均方法回归结果。在公路基础设施方面，出口国国内公路设施密度 *roadrate* 的增长有助于提高出口国资本密集型产品的出口，其后验均值为 0.0039，且具有较高的后验包含概率（PIP = 100），表明公路基础设施改善对资本密集型产品出口规模的增长发挥了显著的积极作用。在铁路基础设施方面，出口国国内铁路基础设施改善不能促进其资本密集型产品的出口，*railrate* 项的后验均值为 -2.9504，后验包含概率为 100。在贸易引力模型涉及的关键解释变量中，ln*igdp*、ln*jgdp* 以及 ln*dist* 在资本密集型产品模型中的后验均值分别为

0.7206、0.8802 以及 −1.2325，且均具有较高的后验包含概率（PIP = 100），这一结果表明贸易引力模型涉及的解释变量是影响资本密集型产品出口的重要因素。在国内经济发展影响因素方面，贸易双方产业协同度 $sd$ 的提高未能对资本密集型产品出口产生促进作用，其后验均值为 −0.0074，而贸易条件 $tot$ 改善对资本密集型产品出口起到了抑制作用，其后验均值为 −0.0073，这一结果意味着在现阶段仍然以产品间贸易为主，一些国家不惜恶化自身贸易条件以换取出口规模的增长。政府消费提升同样未能对资本密集型产品出口起到积极影响，其后验均值为 −0.0176。在其他基础设施方面，通信基础设施 $www$ 的后验均值为 −0.0057，表明该基础设施改善未能对资本密集型产品出口产生积极作用。而航空基础设施 $lnair$ 和电力基础设施 $ele$ 改善则显著推动了资本密集型产品出口规模的增长，其后验均值分别为 0.3752 和 0.0220，且后验包含概率的数值均为 100。

表 3.4　行业异质性回归结果

| 变量 | 劳动密集型 | | | 资本密集型 | | | 技术密集型 | | |
|---|---|---|---|---|---|---|---|---|---|
| | EV | SD | PIP | EV | SD | PIP | EV | SD | PIP |
| $roadrate$ | 0.0078 | 0.0001 | 100 | 0.0039 | 0.0001 | 100 | 0.0011 | 0.0001 | 100 |
| $railrate$ | −16.6094 | 0.4172 | 86 | −2.9504 | 0.3966 | 100 | 8.2536 | 0.3985 | 86 |
| $lnigdp$ | 0.5816 | 0.0127 | 100 | 0.7206 | 0.0121 | 100 | 0.8607 | 0.0121 | 100 |
| $lnjgdp$ | 0.7689 | 0.0034 | 100 | 0.8802 | 0.0033 | 100 | 0.8095 | 0.0033 | 100 |
| $lndist$ | −1.3578 | 0.0089 | 100 | −1.2325 | 0.0086 | 100 | −1.1762 | 0.0087 | 100 |
| $sd$ | −0.0060 | 0.0003 | 100 | −0.0074 | 0.0003 | 100 | −0.0048 | 0.0003 | 100 |
| $tot$ | −0.0119 | 0.0003 | 100 | −0.0073 | 0.0003 | 100 | −0.0185 | 0.0003 | 100 |
| $grate$ | −0.0740 | 0.0020 | 100 | −0.0176 | 0.0019 | 100 | 0.0001 | 0.0003 | 1 |
| $www$ | −0.0087 | 0.0004 | 100 | −0.0057 | 0.0004 | 100 | 0.0085 | 0.0004 | 100 |
| $lnair$ | 0.4589 | 0.0128 | 100 | 0.3752 | 0.0122 | 100 | 0.3711 | 0.0123 | 100 |
| $ele$ | 0.0079 | 0.0006 | 100 | 0.0220 | 0.0006 | 100 | 0.0138 | 0.0006 | 100 |
| 常数项 | −16.2705 | 0.2376 | 100 | −26.5651 | 0.2289 | 100 | −27.9052 | 0.2230 | 100 |

注：PIP、EV 和 SD 分别表示变量的后验包含概率、后验均值和后验标准误。

表 3.4 中第 8~10 列为基于贝叶斯模型平均方法估计技术密集型产品出口的回归结果，可以发现公路基础设施改善对技术密集型产品出口起到了正向促进作用，出口国国内公路基础设施改善能够加快技术信息的流动，

从而产生正向影响，roadrate 项的后验均值为 0.0011，且后验包含概率为 100，表明公路基础设施有效地促进了技术密集型产品的出口。既有研究指出，技术密集型产业相比于劳动密集型产业对时间具有更高的敏感性，且公路运输是现阶段要素流动的主要方式，因此公路基础设施改善对技术密集型产品出口具有特别明显的促进作用。而铁路基础设施对技术密集型产品出口同样具有显著的影响，出口国铁路基础设施 railrate 改善对技术密集型产品出口起到了促进作用，其后验均值为 8.2536。在贸易引力模型涉及的变量方面，3 个基准变量（lnigdp、lnjgdp、lndist）均具有较高的后验包含概率，其后验均值分别为 0.8607、0.8095 和 −1.1762，这一结果契合了相关的理论模型。在国内经济发展变量方面，产业协同度 sd 的后验均值为 −0.0048，意味着产业间差异加大有助于技术密集型产品出口贸易的开展，贸易条件 tot 对技术密集型产品出口的影响为负，其后验均值为 −0.0185，表明贸易条件改善显著降低了出口国技术密集型产品的出口规模，而政府消费占比 grate 项的后验均值为 0.0001，对技术密集型产品出口发挥了积极效应，但其后验包含概率仅为 1，表明这种正向促进作用相对有限。在其他基础设施方面，通信基础设施 www 对技术密集型产品出口起到了正向促进作用，其后验均值为 0.0085，与其对劳动密集型和资本密集型产品出口的作用方向相反，表明技术密集型产品出口对通信基础设施的依赖程度更大，且呈现出显著的正相关性。航空基础设施 lnair 和电力基础设施 ele 同样对技术密集型产品出口发挥了积极作用，其后验均值分别为 0.3711 和 0.0138，且后验包含概率均为 100，这一结果意味着基础设施改善有助于技术密集型产品出口规模的增长。

## （三）国别异质性

前文采用 BMA 方法在整体层面研判了交通基础设施对出口贸易的影响作用，但各国经济发展水平是否会对上文结果造成干扰，特别是交通基础设施在发达国家和发展中国家的建设水平对出口贸易的影响是否存在差别，仍需进行更多的经验检验。具体而言，本部分进一步将样本出口国区分为发达国家和发展中国家、进口国区分为发达国家和发展中国家，进而探讨交通基础设施对出口规模影响的国别异质性。表 3.5 报告了相关的回归结果，全部样本可以被细分为"发达—发达""发达—发展""发展—发达"

"发展—发展"等 4 个子样本。

表 3.5 第 2~4 列为发达国家对发达国家出口样本的回归结果,可以发现公路基础设施改善对其出口贸易发挥了积极作用,出口国公路基础设施的后验均值为 0.0024,且具有较高的后验包含概率(PIP = 100),表明公路设施改善有助于促进发达国家对发达国家的出口贸易发展。虽然出口国国内铁路基础设施改善提高了其对发达国家的出口规模,其后验均值为 0.0339,但后验包含概率仅为 4,意味着铁路基础设施在发达国家对发达国家出口过程中并未发挥显著的影响作用。在该模型的回归结果中,通过贝叶斯模型平均方法获得的其余控制变量的结果与前文基本一致,产业间协同度 sd、贸易条件 tot、政府消费占比 grate、航空基础设施 lnair 以及电力基础设施 ele 在发达国家对发达国家出口过程中均为负值,这一结果产生的可能原因在于发达国家的经济发展条件和基础设施条件均位于较高水平,其中交通设施对出口贸易的影响更大,进一步从侧面体现了交通基础设施改善对扩大出口规模的积极作用。

表 3.5 国别异质性回归结果

| 变量 | 发达—发达 | | | 发达—发展 | | | 发展—发达 | | | 发展—发展 | | |
|---|---|---|---|---|---|---|---|---|---|---|---|---|
| | EV | SD | PIP | EV | SD | PIP | EV | SD | PIP | EV | SD | PIP |
| roadrate | 0.0024 | 0.0001 | 100 | 0.0045 | 0.0001 | 100 | 0.0042 | 0.0016 | 100 | 0.0072 | 0.0010 | 2 |
| railrate | 0.0339 | 0.2037 | 4 | 3.9878 | 0.5111 | 100 | 19.9775 | 2.0919 | 94 | 7.6745 | 1.8566 | 99 |
| lnigdp | 1.0365 | 0.0079 | 100 | 1.1247 | 0.0255 | 100 | 0.5928 | 0.0278 | 100 | 0.6297 | 0.0231 | 100 |
| lnjgdp | 0.9472 | 0.0050 | 100 | 0.8752 | 0.0047 | 100 | 0.9942 | 0.0077 | 100 | 0.7776 | 0.0073 | 100 |
| lndist | −0.9514 | 0.0112 | 100 | −1.1336 | 0.0140 | 100 | −1.1339 | 0.0215 | 100 | −1.6044 | 0.0180 | 100 |
| sd | −0.0043 | 0.0003 | 100 | −0.0097 | 0.0004 | 100 | −0.0043 | 0.0006 | 100 | −0.0079 | 0.0007 | 100 |
| tot | −0.0072 | 0.0007 | 100 | −0.0060 | 0.0007 | 100 | −0.0155 | 0.0007 | 100 | −0.0115 | 0.0006 | 100 |
| grate | −0.0552 | 0.0037 | 100 | −0.0459 | 0.0031 | 100 | −0.0805 | 0.0048 | 100 | 0.0000 | 0.0005 | 94 |
| www | −0.0027 | 0.0007 | 99 | −0.0017 | 0.0009 | 83 | 0.0039 | 0.0020 | 86 | 0.0037 | 0.0014 | 1 |
| lnair | −0.0001 | 0.0020 | 1 | 0.0138 | 0.0243 | 28 | 0.7795 | 0.0313 | 100 | 0.7093 | 0.0278 | 100 |
| ele | −0.0186 | 0.0481 | 15 | −0.1551 | 0.0581 | 93 | −0.0065 | 0.0010 | 100 | 0.0005 | 0.0011 | 21 |
| 常数项 | −28.4650 | 4.8075 | 100 | −14.4147 | 5.8258 | 100 | −26.5946 | 0.5306 | 100 | −19.0385 | 0.4008 | 100 |

注:PIP、EV 和 SD 分别表示变量的后验包含概率、后验均值和后验标准误。

表 3.5 第 5~7 列是基于贝叶斯模型平均方法估计的发达国家对发展中国家出口样本的回归结果，可以发现 *roadrate* 项在该模型中的后验均值为 0.0045，后验包含概率为 100，表明发达国家国内公路基础设施改善有助于促进其对发展中国家的出口贸易发展，导致这一结果的可能原因在于发达国家在向发展中国家出口时，公路基础设施发挥了积极作用。在铁路基础设施方面，出口国铁路基础设施改善对其出口起到了推动作用，其后验均值为 3.9878，后验包含概率为 100。以上结果表明，在发达国家对发展中国家出口的过程中，出口规模的扩大更依赖于发达国家国内交通基础设施水平的提高。在控制变量方面，不仅发达国家国内经济发展涉及的变量促进了其对发展中国家的出口规模水平，且除交通基础设施以外的其余基础设施均在发达国家对发展中国家出口过程中发挥了积极作用。对比交通基础设施和通信基础设施、航空基础设施以及电力基础设施的后验均值和后验包含概率可以发现，虽然它们均有效地促进了发达国家对发展中国家的出口贸易，但交通基础设施的后验包含概率要高于其余基础设施，表明交通基础设施改善是推动出口规模增长的重要因素。

表 3.5 第 8~10 列是发展中国家对发达国家出口贸易样本的回归结果，可以发现，发展中国家国内公路基础设施改善能够在一定程度上促进其对发达国家的出口，*roadrate* 项的后验均值为 0.0042，后验包含概率为 100。在铁路基础设施方面，发展中国家铁路设施改善可大幅度提高出口贸易规模，其后验均值为 19.9775，且具有较高的解释力，其后验包含概率为 94。贸易引力模型相关的解释变量均符合理论预期，而发展中国家国内经济发展对其向发达国家出口的影响均为负值，*sd*、*tot* 以及 *grate* 项的后验均值分别为 -0.0043、-0.0155 以及 -0.0805。在通信基础设施、航空基础设施、电力基础设施的回归结果中，各解释变量的后验均值分别为 0.0039、0.7795 和 -0.0065，且均具有较高的后验包含概率，意味着发展中国家通信基础设施和航空基础设施在其与发达国家的出口贸易中发挥了积极作用，但电力基础设施的影响作用为负。

表 3.5 第 11~13 列为发展中国家对发展中国家出口贸易的贝叶斯模型回归结果，可以发现公路基础设施在这一样本中对出口贸易的解释力较弱，出口国公路基础设施 *roadrate* 项的后验包含概率仅为 2，但后验均值大于 0，表明公路基础设施在这一过程中发挥了较小的积极效应。在铁路基础设施方面，

*railrate* 项的后验均值为 7.6745，且均具有较高的后验包含概率（PIP = 99），意味着铁路基础设施在发展中国家之间开展国际贸易的过程中起到了正向的影响作用。对比其他基础设施，虽然通信基础设施、航空基础设施以及电力基础设施在该模型中也对出口贸易具有促进作用，但除航空基础设施具有较高的后验包含概率之外，通信基础设施和电力基础设施的后验包含概率仅为 1 和 21，表明这些基础设施对发展中国家与发展中国家出口贸易的影响程度有限。

　　总体来看，交通基础设施对出口贸易的影响因国情差异而存在区别，发达国家受益于自身较高的经济发展水平，可通过良好的交通基础设施所发挥的溢出效应，深刻影响其与伙伴国之间的合作水平，但同时也会引致更为明显的市场竞争，从而对出口贸易产生一定的抑制作用。而发展中国家则限于自身落后的经济发展水平，其交通基础设施对出口贸易的解释力度不及发达国家，但其国内交通基础设施密度的增加，将提高其与其他国家的双边贸易合作水平。中国在走出去的过程中，不妨选择那些重点建设交通基础设施的发展中国家，寻求更高水准的国际合作。

## 第五节　稳健性检验

### （一）稳健性检验 I：行业异质性

　　前文运用贝叶斯模型平均方法探讨了交通基础设施对国际贸易的影响，本节进一步采用传统面板模型针对研究主题展开分析，作为稳健性检验。表 3.6 报告了交通基础设施对出口贸易规模影响的回归结果，可以发现在采用传统计量方法重新估计模型后，Hausman 检验结果表明各模型均在 1% 的统计水平上显著，表明固定效应模型相比随机效应模型更好地拟合了样本数据。但在固定效应模型中，由于两国之间的地理距离在样本期间未存在显著变动，故固定效应模型未能估计出其回归结果。此外，各模型的拟合优度均位于 [0.4，0.8] 之间，表明回归模型较好地拟合了样本数据的观察值。

　　进一步观察各模型解释变量系数的估计结果，可以发现这些结果并未对前文主要结论造成显著冲击，意味着前文基于贝叶斯模型平均方法所获取的结果是稳健的。具体来看，表 3.6 第 2 列报告了固定效应模型下全部样本的回归结果，可以发现 *roadrate* 项的回归系数值为 0.0005，且在 10% 的统计水平上显著为正，表明伙伴国国内公路基础设施改善有助于该国出口贸易规模的扩大。在铁路基础设施方面，*railrate* 项的回归系数为 7.5650，在 1% 的统计水平上显著，意味着出口国国内铁路设施改善有助于其出口规模的扩大，该结论与表 3.3 中基于贝叶斯模型平均方法的回归结果相一致。其余解释变量的回归系数值与前文相关模型的回归结果基本一致，表明前文基于总样本所获得的关于出口规模的结论具有稳健性。

表 3.6 第 4 列报告了采用固定效应模型估计劳动密集型行业出口规模的回归结果，可以发现 *roadrate* 项的回归系数为 0.0016，且显著水平较高，对被解释变量的作用效果明显，这一结果意味着出口国国内公路建设水平的提高，能够扩大其劳动密集型产品的出口规模。*railrate* 项的回归系数为 −4.9789，在 1% 的统计水平上显著，表明出口国铁路基础设施的改善对其劳动密集型产品的出口造成了明显冲击，且存在抑制作用。总体而言，出口国公路基础设施建设水平的提高能够推动其劳动密集型产品出口；而出口国铁路设施改善则抑制了其劳动密集型产品的出口规模。以上关于交通基础设施对劳动密集型产品出口规模的影响效应，与前文基于贝叶斯模型平均方法所获得的结论相一致，表明本章的主要结论具有稳健性。

表 3.6 第 6 列报告了固定效应模型下交通基础设施对资本密集型行业出口贸易规模影响的回归结果，可以发现在公路基础设施方面，*roadrate* 项系数的估计值为 0.0051，表现出一定的正向促进作用，且具有较高的显著性，表明公路基础设施对资本密集型行业的出口贸易具有显著的推动作用。在铁路基础设施方面，*railrate* 项的回归系数为 −7.0693，在 1% 的统计水平上显著为负。以上结果意味着，出口国公路基础设施的改善在现阶段对资本密集型行业出口贸易规模的影响为正且显著，即公路设施有助于资本密集型产品的出口，该结论与前文一致；而在铁路基础设施方面，出口国铁路密度的增加对出口国出口规模的作用方向为负，这一结果与表 3.4 中的相关回归结果相一致，表明前文结论是具有稳健性的。

表 3.6 中第 8 列报告了基于传统计量模型所得的交通基础设施对技术密集型行业出口规模影响效应的回归结果，该模型中 *roadrate* 的回归系数为 0.0011，在 10% 的统计水平上显著，表明出口国公路设施改善有助于其技

表 3.6　传统计量回归结果：行业异质性

| 变量 | 全部样本 | | 劳动密集型 | | 资本密集型 | | 技术密集型 | |
|---|---|---|---|---|---|---|---|---|
| | FE | RE | FE | RE | FE | RE | FE | RE |
| roadrate | 0.0005* (0.0003) | 0.0038*** (0.0003) | 0.0016*** (0.0005) | 0.0047*** (0.0003) | 0.0051*** (0.0006) | 0.0052*** (0.0003) | 0.0011* (0.0006) | 0.0034*** (0.0003) |
| railrate | 7.5650*** (1.6537) | 3.5006*** (0.8077) | -4.9789*** (1.7434) | -7.3199*** (0.8852) | -7.0693*** (1.8223) | -2.2551** (0.9005) | 12.6497*** (1.8718) | 10.1838*** (0.8980) |
| lnrjgdp | 0.4237*** (0.0204) | 0.8128*** (0.0126) | 0.2177*** (0.0226) | 0.6350*** (0.0142) | 0.4665*** (0.0233) | 0.7668*** (0.0142) | 0.5186*** (0.0243) | 0.8707*** (0.0144) |
| lnsjgdp | 0.8192*** (0.0167) | 0.7911*** (0.0066) | 0.7066*** (0.0179) | 0.7107*** (0.0075) | 0.7899*** (0.0188) | 0.7864*** (0.0074) | 0.8111*** (0.0194) | 0.7084*** (0.0073) |
| lndist | | -1.2197*** (0.0217) | | -1.2931*** (0.0244) | | -1.2882*** (0.0238) | | -1.2312*** (0.0232) |
| sd | -0.0002 (0.0003) | -0.0022*** (0.0003) | 0.0002 (0.0004) | -0.0014*** (0.0003) | -0.0004 (0.0004) | -0.0025*** (0.0003) | -0.0006 (0.0004) | -0.0025*** (0.0003) |
| tot | -0.0023*** (0.0003) | -0.0063*** (0.0002) | -0.0017*** (0.0003) | -0.0055*** (0.0003) | -0.0018*** (0.0003) | -0.0046*** (0.0003) | -0.0036*** (0.0003) | -0.0077*** (0.0003) |

续表

| 变量 | 全部样本 | | 劳动密集型 | | 资本密集型 | | 技术密集型 | |
| --- | --- | --- | --- | --- | --- | --- | --- | --- |
| | FE | RE | FE | RE | FE | RE | FE | RE |
| $grate$ | -0.0257*** (0.0026) | -0.0181*** (0.0023) | -0.0302*** (0.0030) | -0.0353*** (0.0026) | -0.0290*** (0.0031) | -0.0157*** (0.0026) | -0.0258*** (0.0031) | 0.0007 (0.0026) |
| $www$ | -0.0004 (0.0005) | -0.0083*** (0.0003) | -0.0013*** (0.0005) | -0.0100*** (0.0004) | -0.0023*** (0.0005) | -0.0088*** (0.0004) | 0.0001 (0.0005) | -0.0052*** (0.0004) |
| $lnair$ | 0.0597*** (0.0117) | 0.2383*** (0.0106) | 0.0823*** (0.0130) | 0.2481*** (0.0118) | 0.0511*** (0.0134) | 0.2105*** (0.0121) | 0.0955*** (0.0136) | 0.2739*** (0.0123) |
| $ele$ | 0.0116*** (0.0023) | 0.0068*** (0.0008) | 0.0328*** (0.0025) | 0.0000 (0.0010) | 0.0198*** (0.0028) | 0.0163*** (0.0010) | 0.0093*** (0.0030) | 0.0108*** (0.0010) |
| 常数项 | -22.3843*** (0.4488) | -23.2022*** (0.3340) | -18.5104*** (0.4899) | -16.8914*** (0.3749) | -25.0269*** (0.5141) | -23.3455*** (0.3753) | -25.3284*** (0.5358) | -25.0190*** (0.3741) |
| Hausman | 1652.72*** | | 1492.66*** | | 1010.13*** | | 1193.44*** | |
| 观测量 | 76702 | 76702 | 66987 | 66987 | 69930 | 69930 | 70261 | 70261 |
| $R^2$ | 0.5567 | 0.7413 | 0.4106 | 0.6324 | 0.5764 | 0.6934 | 0.4148 | 0.7035 |

注：*、**和***分别表示在10%、5%和1%统计水平上显著，括号内为标准误。

术密集型产品的出口，该结论与前文关于出口国公路基础设施改善对技术密集型行业出口贸易的影响效应相一致，表明该结果具有较高的稳健性。在铁路基础设施方面，出口国铁路基础设施密度的增长有助于促进其与贸易伙伴国之间技术密集型行业的贸易合作，*railrate* 项的回归系数为12.6497，且有较高的显著程度，该结果与前文关于铁路设施对技术密集型产业出口贸易影响作用的结论相一致，意味着前文结论具有稳健性。

## （二）稳健性检验Ⅱ：国别异质性

表 3.7 报告了传统计量模型下交通基础设施改善对不同经济发展阶段国家出口规模影响效应的回归结果。具体而言，在区分"发达—发达""发达—发展""发展—发达""发展—发展"等 4 个子样本后采用固定效应模型和随机效应模型分别对这些样本进行了回归，Hausman 检验结果显示，各模型均具有较高的显著性，表明固定效应模型的检验结果要好于随机效应模型。观察 4 个子样本固定效应模型的拟合系数，分别为 0.6991、0.5695、0.4553、0.3284，可见当发达国家为出口国时模型的拟合优度要高于以发展中国家为出口国的结果，但两者均较好地拟合了样本数据。

表 3.7 的第 2 列为发达国家对发达国家出口样本的回归结果，可以发现，出口国公路和铁路密度的增加与其对发达国家的出口规模之间具有一定的相关性，*roadrate* 和 *railrate* 的回归系数分别为 0.0021 和 −9.8334，意味着在发达国家对发达国家出口的过程中，出口国公路基础设施改善增加了其出口规模，但铁路基础设施改善却未能展现出积极效应，说明出口国交通基础设施对贸易合作国的出口影响作用有限。表 3.7 中第 4 列报告了发达国家对发展中国家出口样本的回归结果，在该模型中出口国公路基础设施对出口规模的影响虽然为负，但显著程度较低，这与表 3.5 的结论不一致，基于贝叶斯模型平均方法，公路设施在发达国家对发展中国家出口时具有较强的解释作用，这一点也与实际观察结果相符。在铁路基础设施方面，*railrate* 项的回归系数的作用方向与前文一致，且具有较高的显著性。表 3.7 中第 6 列是发展中国家对发达国家出口的样本回归结果，限于发展中国家相对落后的交通基础设施建设，发展中国家在向发达国家出口的过程中，公路和铁路基础设施改善对出口规模的影响效应并不显著，表明交通基础设施在这一样本中所发挥的作用不明显。表 3.7 第 8 列报告了发展中国家对发

表 3.7　传统计量回归结果：国别异质性

| 变量 | 发达—发达 | | 发达—发展 | | 发展—发达 | | 发展—发展 | |
|---|---|---|---|---|---|---|---|---|
| | FE | RE | FE | RE | FE | RE | FE | RE |
| $roadrate$ | 0.0021<br>(0.0022) | 0.0033***<br>(0.0004) | -0.0007<br>(0.0021) | 0.0045***<br>(0.0003) | -0.0007<br>(0.0008) | 0.0027***<br>(0.0008) | 0.0014*<br>(0.0007) | 0.0023***<br>(0.0007) |
| $railrate$ | -9.8334***<br>(2.0793) | -2.7322**<br>(1.2600) | -6.7325***<br>(1.9761) | -4.3737***<br>(1.0277) | 25.5155*<br>(15.3282) | 17.3681***<br>(3.9547) | 47.8222***<br>(15.1820) | 6.8551**<br>(3.0873) |
| $lnigdp$ | 0.5778***<br>(0.0437) | 0.9227***<br>(0.0237) | 0.4589***<br>(0.0416) | 0.9810***<br>(0.0205) | 0.2649***<br>(0.0480) | 0.6313***<br>(0.0302) | 0.3500***<br>(0.0441) | 0.7018***<br>(0.0268) |
| $lnjgdp$ | 0.7391***<br>(0.0336) | 0.9035***<br>(0.0128) | 0.7860***<br>(0.0240) | 0.8298***<br>(0.0106) | 0.9099***<br>(0.0557) | 0.9004***<br>(0.0170) | 0.8401***<br>(0.0417) | 0.7008***<br>(0.0142) |
| $lndist$ | | -1.0000***<br>(0.0326) | | -1.1018***<br>(0.0381) | | -0.9907***<br>(0.0545) | | -1.6202***<br>(0.0418) |
| $sd$ | -0.0006*<br>(0.0004) | -0.0007*<br>(0.0003) | 0.0012<br>(0.0008) | -0.0038***<br>(0.0006) | -0.0017***<br>(0.0007) | -0.0028***<br>(0.0006) | 0.0023*<br>(0.0012) | -0.0035***<br>(0.0009) |
| $tot$ | -0.0030***<br>(0.0008) | -0.0047***<br>(0.0007) | -0.0028***<br>(0.0007) | -0.0044***<br>(0.0006) | -0.0027***<br>(0.0005) | -0.0071***<br>(0.0005) | -0.0032***<br>(0.0005) | -0.0063***<br>(0.0004) |

续表

| 变量 | 发达—发达 FE | 发达—发达 RE | 发达—发展 FE | 发达—发展 RE | 发展—发达 FE | 发展—发达 RE | 发展—发展 FE | 发展—发展 RE |
|---|---|---|---|---|---|---|---|---|
| grate | -0.0597*** (0.0057) | -0.0467*** (0.0050) | -0.0472*** (0.0056) | -0.0342*** (0.0045) | -0.0070 (0.0051) | -0.0280*** (0.0047) | -0.0166*** (0.0051) | -0.0126*** (0.0043) |
| www | -0.0021** (0.0009) | -0.0112*** (0.0005) | -0.0002 (0.0009) | -0.0108*** (0.0005) | 0.0021 (0.0013) | -0.0125*** (0.0011) | 0.0047*** (0.0013) | -0.0049*** (0.0010) |
| lnair | 0.0057 (0.0170) | 0.0664*** (0.0163) | 0.0381** (0.0164) | 0.1077*** (0.0153) | 0.0834** (0.0347) | 0.4720*** (0.0307) | 0.1026*** (0.0337) | 0.4311*** (0.0281) |
| ele | 0.0875 (0.0533) | 0.0518 (0.0482) | 0.2217*** (0.0516) | 0.1293*** (0.0442) | -0.0082** (0.0041) | -0.0033** (0.0017) | 0.0162*** (0.0039) | 0.0041*** (0.0014) |
| 常数项 | -29.3851*** (5.2123) | -31.8286*** (4.7537) | -42.4368*** (5.0669) | -39.5404*** (4.3706) | -20.0674*** (1.1198) | -25.1080*** (0.8104) | -23.7069*** (0.8603) | -16.9051*** (0.6412) |
| Hausman | 223.36*** | | 416.19*** | | 686.68*** | | 359.44*** | |
| 观测量 | 13969 | 13969 | 29064 | 29064 | 11923 | 11923 | 21746 | 21746 |
| R² | 0.6991 | 0.8330 | 0.5695 | 0.7401 | 0.4533 | 0.7262 | 0.3284 | 0.6254 |

注：*、**和***分别表示在10%、5%和1%统计水平上显著，括号内为标准误。

展中国家出口的样本回归结果，无论出口国还是进口国的公路基础设施或铁路基础设施改善，均促进了发展中国家对发展中国家出口规模的增长，表明交通基础设施改善对两者之间的出口贸易产生了积极作用。

综合以上分析结果来看，表3.7中基于国别差异探讨交通基础设施改善对出口规模影响所获得的结论与前文一致，表明前文基于贝叶斯模型平均方法得出的交通基础设施对不同经济发展阶段国家出口规模影响效应的结论在一定程度上是稳健的。

### （三）稳健性检验Ⅲ：变量替换

前文采用公路和铁路基础设施里程与国土面积的比作为交通基础设施的衡量变量，当两者的密度增加时则意味着一国交通基础设施存在着改善现象。但交通基础设施最为主要的作用是促进生产要素的跨地区流动，里程数据不一定能完全反映交通基础设施改善对经济社会的影响效应，而运输量则能够从另一个角度反映交通基础设施的改善对经济社会的影响效应。基于以上分析，本节将铁路基础设施和公路基础设施货物运输量，即指通过公路或铁路运输的货物总量（按吨乘以行驶的公里数计算），作为衡量交通基础设施改善的代理变量，并采用普通面板模型重新估计前文构建的计量模型，以期检验前文结论的稳健性，表3.8报告了采用货物运输量替换基础设施密度后的估计回归结果。

观察表3.8可以发现，由于Hausman检验结果均在1%的统计水平上显著，本节依然选择固定效应模型进行检验，故表3.8仅列出了固定效应模型的估计结果，而lndist因为在所有年份中均未有变化，故表3.8未报告其回归结果。各模型的拟合优度$R^2$位于区间[0.4，0.8]之内，表明各回归模型均较好地拟合了样本数据。观察表3.8中第2列基于全部样本数据的回归结果可以发现，在进行变量替换重新估计回归模型后，出口国公路基础设施和铁路基础设施对出口规模的影响效应基本为正，意味着出口国交通基础设施改善有助于出口规模的增长，但铁路基础设施却未能显现出相应的积极效应。产生以上现象的原因可能在于现阶段公路基础设施仍然是各国国内货物运输的主要方式，其数量和质量的改善有助于促进出口规模的增长，而铁路基础设施的作用相对有限，对于出口国而言，良好的铁路基础设施对其出口贸易发挥了积极作用。综合表3.8中的回归结果可以发现，各解释变量对被解释变量的作用效应基本与前文结论一致，可以认为本章的主要结论具有稳健性。

表 3.8　传统计量回归结果：变量替换

| 变量 | 全部样本 | 劳动密集 | 资本密集 | 技术密集 | 发达—发达 | 发达—发展 | 发展—发达 | 发展—发展 |
|---|---|---|---|---|---|---|---|---|
| roadgoods | 0.0841*** (0.0160) | 0.0932*** (0.0176) | 0.1097*** (0.0182) | 0.0536*** (0.0188) | 0.1605*** (0.0354) | 0.0726** (0.0342) | −0.0319 (0.0333) | 0.1114*** (0.0332) |
| railgoods | 0.0982*** (0.0135) | −0.0091 (0.0147) | 0.0634*** (0.0151) | 0.1164*** (0.0153) | 0.0089 (0.0185) | 0.0115 (0.0179) | 0.2199*** (0.0543) | 0.2348*** (0.0512) |
| lnigdp | 0.3972*** (0.0254) | 0.2574*** (0.0286) | 0.4365*** (0.0287) | 0.5441*** (0.0297) | 0.4020*** (0.0467) | 0.3104*** (0.0448) | 0.2730*** (0.0647) | 0.3084*** (0.0605) |
| lnjgdp | 0.7780*** (0.0175) | 0.6711*** (0.0190) | 0.7817*** (0.0194) | 0.7015*** (0.0199) | 0.7520*** (0.0333) | 0.7542*** (0.0235) | 1.0939*** (0.0700) | 0.7510*** (0.0503) |
| sd | −0.0008** (0.0004) | −0.0006 (0.0004) | −0.0007* (0.0004) | −0.0014*** (0.0004) | −0.0008* (0.0004) | 0.0010 (0.0008) | −0.0019** (0.0009) | 0.0005 (0.0013) |
| tot | −0.0048*** (0.0003) | −0.0034*** (0.0004) | −0.0044*** (0.0004) | −0.0065*** (0.0004) | −0.0045*** (0.0008) | −0.0019** (0.0007) | −0.0044*** (0.0007) | −0.0054*** (0.0007) |
| grate | −0.0206*** (0.0026) | −0.0175*** (0.0030) | −0.0217*** (0.0031) | −0.0208*** (0.0031) | −0.0750*** (0.0063) | −0.0629*** (0.0062) | −0.0037 (0.0052) | −0.0068 (0.0052) |
| www | −0.0006 (0.0005) | −0.0039*** (0.0006) | −0.0027*** (0.0006) | 0.0009 (0.0006) | −0.0001 (0.0009) | 0.0035*** (0.0008) | −0.0010 (0.0017) | −0.0019 (0.0017) |
| lnair | 0.1277*** (0.0128) | 0.1459*** (0.0146) | 0.1218*** (0.0145) | 0.1897*** (0.0147) | −0.0046 (0.0189) | 0.0112 (0.0186) | 0.2054*** (0.0407) | 0.3263*** (0.0386) |
| ele | 0.0220*** (0.0030) | 0.0348*** (0.0032) | 0.0263*** (0.0033) | 0.0402*** (0.0035) | −0.1553*** (0.0052) | −0.1677*** (0.0081) | 0.0075 (0.0065) | 0.0560*** (0.0114) |
| 常数项 | −24.2636*** (0.4510) | −20.5287*** (0.5007) | −26.7979*** (0.5082) | −29.3361*** (0.5273) | −17.8266*** (1.0846) | −16.5993*** (0.9892) | −29.0585*** (1.3147) | −27.2498*** (1.0224) |
| Hausman | 2061.06*** | 1362.50*** | 1084.08*** | 2025.64*** | 456.87*** | 921.47*** | 292.30*** | 189.32*** |
| N | 66141 | 57464 | 61151 | 62087 | 14074 | 29390 | 8310 | 14367 |
| $R^2$ | 0.6372 | 0.4633 | 0.6114 | 0.6168 | 0.7165 | 0.5947 | 0.5158 | 0.4866 |

注：*、**和***分别表示在10%、5%和1%统计水平上显著，括号内为标准误。

# 第六节　本章小结

出口贸易在一国经济增长中具有极其重要的地位，涉及多层次多方位的经济行为，因此影响出口贸易的因素众多。但限于传统计量方法建模时对变量的制约，既有文献在通过经验研究分析一国的出口贸易行为时，需要按照显著性或统计检验的结果筛选适宜的解释变量，以达到明确解释变量的经济含义并减少回归模型中解释变量个数的目的。然而，传统计量方法对数据的这种处理方式无疑会增加信息的丢失程度，无法利用到被筛选剔除掉的变量的信息。除此以外，既有文献大多事前设定"最优"的单一模型，在一定程度上回避了模型及参数的不确定性问题。为克服上述问题，本章采用贝叶斯模型平均方法作为主要回归方法，在国际层面上分析了以公路设施和铁路设施为代表的交通基础设施改善对出口贸易规模的影响效应。

本章研究在以下三个方面存在边际贡献：第一，基于全球222个国家1995~2015年的贸易数据，在一个统一的框架中同时考虑了出口国与进口国交通基础设施改善对出口贸易规模的影响作用，探讨两者的作用差异；第二，本章构建的实证模型不仅关注衡量交通基础设施的单一指标，而且同时考虑除交通基础设施以外的其他基础设施对出口贸易的影响，并在同一个框架中分析这些因素对国际贸易的解释程度；第三，进一步按照行业性质将研究样本的出口行业细分为劳动密集型、资本密集型以及技术密集型三个类别，并按照出口国和进口国的经济发展阶段分为"发达—发达""发达—发展""发展—发达""发展—发展"等4个类别，从行业异质性和国别异质性两个层面探讨了交通基础设施改善对出口规模影响的差异。

基于本章构建模型的回归结果，可以得出以下几点结论：首先，基于贝叶斯模型平均方法的回归结果显示，出口国公路基础设施和铁路基础设施改善对其出口规模增长具有较高的解释作用，交通基础设施是影响一国出口贸易规模的重要因素；其次，公路基础设施改善对出口贸易规模扩大具有积极作用，出口国公路基础设施的后验均值显著为正，且具有较高的后验包含概率，与其他影响出口贸易的因素相比，铁路基础设施尚未表现出强力的疏导作用，对出口贸易的积极作用尚未显现；再次，区分行业异质性的分样本回归结果显示，虽然出口国交通基础设施改善对劳动密集型行业的出口规模具有负向作用，但促进了资本密集型和技术密集型行业出口规模的增长，表明交通基础设施改善对于出口贸易结构升级具有积极作用；最后，基于国别异质性的回归结果发现，发达国家交通基础设施改善对出口规模的影响效应要大于发展中国家，发展中国家在与发达国家进行贸易的过程中处于劣势地位，但交通基础设施改善在发展中国家与发展中国家的贸易合作中发挥了积极作用，应当鼓励发展中国家通过交通基础设施互联互通，实现互利共赢。

# 第四章　交通基础设施改善与出口复杂度

在当前逆全球化思潮泛滥、贸易保护主义渐有抬头之势的国际背景下，各国出口贸易发展，特别是发展中国家在对外开放过程中，遭受到了较强的阻碍作用。既往以低价低质取胜的贸易模式已难以为继，出口产品技术质量亟待提高，促进出口产品的技术水平不断进步已成为保障出口贸易长期可持续增长的关键。既有文献运用出口复杂度衡量了出口产品的技术水平，并以此为切入点就出口贸易技术水平的决定因素展开了广泛的探讨，但鲜见关于交通基础设施改善对出口复杂度影响效应的研究。本章基于 CEPII 中的 BACI 数据库，从 6 位 HS 编码的出口产品层面测算了 1995~2015 年 176 个国家制造业的出口复杂度，并结合各国的交通基础设施数据，重点分析了交通基础设施质量改善对出口复杂度的影响作用，同时探究了在考虑国别异质性和行业异质性时所存在的差异，以期研判交通基础设施对出口贸易的技术溢出效应。

## 第一节　交通基础设施改善与出口复杂度：文献综述

随着以跨国公司为主导的全球生产网络体系的迅速发展，学界对国际贸易的关注点逐渐由贸易数量转向贸易质量，特别是全球价值链分工条件下的出口产品质量和技术含量研究正日益成为国内外学者研究的热点话题。出口复杂度与全球价值链升级之间具有显著的相关性，既有研究认为一国出口产品复杂度越高，就越容易实现产品价值链的升级。但与采用产品贸易总额或贸易数量作为出口规模的数量指标不同，出口质量难以简单的通过单一指标衡量。鉴于出口产品的质量或技术水平难以通过直接的数量形式进行衡量，Hausmann 等（2007）开创性地构建了一个能够衡量一国贸易篮子生产率水平的指数——出口复杂度，作为评估一国出口贸易质量的指标。出口复杂度的提出为分析一国出口结构、出口竞争力以及全球布局等内容提供了一种全新的研究方法，从而受到了广泛关注（Lall 等，2006；黄永明和张文洁，2012）。

在相关概念方面，既有文献指出复杂度（Degree of Sophistication）可用来衡量产品、行业或一国的技术含量水平，一国出口复杂度越高表明该国出口产品的技术水平越高，同时可反映一国在全球分工体系中所处的地位，出口复杂度越高的国家在全球价值链中的位置越高，在全球贸易体系中具有的话语权越多。因此，出口复杂度为分析一国的贸易结构、国际竞争力、全球生产布局提供了一种全新的方法，在提出之后就获得了学界的广泛关注（Lall 等，2006）。Hausmann 等（2007）开创性地构建了一个能衡量一国贸易篮子生产效率水平的指数，并将其称为出口复杂度，该指标由六位数分类法分类的商品贸易数据结合一国的加权平均收入计算获得，并被学界广为接受。

根据 Hausmann 等（2007）提出的概念与测算方法，相关文献基于不同数据集对不同经济体的出口复杂度特征进行了广泛研究，既有文献基于不同样本估计了中国的出口复杂度并进行了特征事实分析。例如，Rodrik（2006）在测算中国 1999~2001 年出口复杂度的基础上，结合相关指标发现中国的出口复杂度远高于其经济发展水平，并证明中国独辟蹊径地发展了一种不同于其他发展中国家的出口模式，而非按照比较优势安排生产；樊纲等（2006）估计了中国 1995 年和 2003 年出口贸易和进口贸易的技术高度指数以衡量出口复杂度水平，研究发现中国出口贸易的技术水平在这段时间内得到了提高；杜修立和王维国（2007）基于 1980~2003 年 SITC 三位码商品贸易数据，建立了测度产品技术含量的指标并进行国际比较，发现虽然中国出口贸易的整体水平在样本时期得到了很大提高，但向世界水平收敛的趋势不显著；姚洋和张晔（2008）以中国各省份为研究对象，基于投入产出表测算了中国出口品的国内技术含量，发现全国以及江苏省的出口品国内技术含量迅速下降，但广东省的出口品国内技术含量呈现出 V 形变化，并推测中国出口品国内技术水平下降只是一个暂时现象。Xu（2010）认为 Hausmann 等（2007）构建的出口复杂度计算模型高估了中国的出口复杂度，需要引入产品价格因素，改进的出口复杂度计算模型研究发现中国出口复杂程度对产品质量尤其敏感；李小平等（2015）利用 1998～2011 年行业数据测算了中国制造业的出口复杂度，研究发现其变动特点与中国的要素禀赋和经济发展阶段相符合，虽然劳动密集型行业的出口复杂度较低，但呈稳步上升态势，资本与技术密集型行业的出口复杂度较高，但有下降趋势。

随着对出口复杂度的研究不断深入，既有文献将其与经济增长纳入同一分析框架，发现出口复杂度有效地促进了经济增长，例如，Jarreau 和Poncet（2012）基于 1997～2009 年中国 30 个省份的出口复杂度与经济增长数据，研究发现那些专门生产更复杂产品的地区的经济增长速度更快；Poncet 和 Felipe（2013）基于 1997～2009 年中国 200 个以上城市面板数据研究发现，产品升级和国内嵌入性是经济增长的关键因素；伍业君等（2013）基于产品空间与比较优势演化理论结合中国 2002～2007 年 31 个省级区域的面板数据，实证研究发现地区经济复杂度与经济增长之间存在着稳定且显著的正相关关系；郭娟娟和李平（2016）在采用 29 个国家 1996～2013 年SITC 三位码产品贸易数据测算出口复杂度的基础上，运用超越对数生产函数研究发现，控制出口复杂度与偏向型技术进步的交互项后，出口复杂度对经济增长呈现出显著的促进作用。

近年来，中国特色社会主义进入新时代，国际政治经济环境更为复杂多变，对外开放程度进一步深化，当前发展阶段下中国开放型经济高质量发展的确切内涵，就必须在剖析高质量出口的基础上加以深入探讨，此前中美贸易摩擦的爆发更是凸显了中国开放型经济发展向质量型跃变的紧迫性。随着关注出口复杂度的研究不断增多，学界逐步将关注焦点由出口复杂度的测算转向研判相关的影响因素，探讨提升一国出口产品技术水平的可行路径，发现经济发展水平、人力资本、基础设施、金融制度等众多因素均可对一国的出口复杂度造成冲击。例如，Amiti 和 Freund（2008）认为出口复杂度受一国经济基本面的影响，即一国经济发展水平越高，其出口复杂度越高；王永进等（2010）探讨了基础设施影响出口复杂度的微观机制，发现基础设施稳健地提高了各国的出口复杂度；戴翔和金碚（2014）基于 62 个国家 1996～2010 年的 HS-92 六分位产品贸易数据，研究发现制度的完善对提升出口复杂度具有显著的正向作用；张雨和戴翔（2017）重点关注服务贸易，指出服务部门利用外资对服务出口复杂度产生了显著正向影响；张美云等（2018）采用系统 GMM 法重点分析了 2000~2014 年新海上丝绸之路出口复杂度的影响因素，发现技术创新、人力资本、基础设施等因素均可对出口复杂度造成显著影响；刘威等（2018）在测算中国制造业 26 个行业出口复杂度的基础上，结合股市发展数据分析了金融发展对中国出口复杂度的影响，发现金融发展能够通过技术溢出和人力资本积累渠道影响中国出口复杂度。

另一个令人瞩目的事实是，在出口复杂度迅速提升的同时，各国交通基础设施也取得了卓越成绩。虽然既有文献针对交通基础设施建设与贸易流量、贸易二元边际以及外商直接投资等国际贸易因素的相关关系展开了详尽的讨论（Bougheas 等，1999；Demurger，2001；Li 等，2013；盛丹等，2011），例如，Donaldson 等（2010）基于印度铁路基础设施和贸易流量数据，研究发现前者对后者具有促进作用；王霞等（2018）基于 2002~2006 年中国对非洲国家的产品贸易数据，发现非洲国家交通基础设施建设对集约边际的影响比扩展边际更显著；陈海波和陈赤平（2018）认为交通运输能力是促进 FDI 流入和效应发挥的重要基础，也是加速 FDI 推动制造业发展的重要条件。少量研究关注了基础设施改善对出口复杂度的影响，例如，王永进等（2010）研究发现基础设施稳健地提高了 1995~2004 年间 101 个研究样本国家的出口技术复杂度；卓乘风和邓峰（2018）基于 2004~2015 年的中国省级面板数据，探讨了不同类型基础设施投资对出口技术复杂度的影响作用。但这些研究主要停留在全国或制造业的整体层面，而各行业的产品技术、产品类型等方面存在着异质性，交通基础设施改善对出口复杂度的影响是否会因这些差异而存在区别，是本章分析的重点内容之一。

针对交通基础设施改善对出口复杂度的影响效应这一话题展开分析具有一定的理论和现实意义：一方面，交通基础设施建设是一国实现经济发展和快速增长的重要因素，而出口复杂度对经济增长的影响关系已被大量文献验证，特别是一些较新的研究发现出口复杂度对于长期经济增长具有重要的战略意义，甚至认为一国的经济增长就是生产或出口更复杂产品的过程（Rodrik，2006；王永进等，2010；李小平等，2015）。因此，从理论上研判交通基础设施改善对出口复杂度的影响效应，既有助于明晰交通基础设施对出口贸易产生影响的渠道和微观机制，更有助于理解交通因素影响经济增长的可能效应（王永进等，2010）；另一方面，基于全球宏观经济发展状况，考察交通基础设施改善对出口复杂度的影响机制和影响效果，为研究新时期下中国出口贸易扩张和全球价值链升级提供了新的思考方向，这对进一步推进贸易结构和产业结构升级具有重要的政策意义。

## 第二节 交通基础设施改善与出口复杂度：影响机制

本节借鉴王永进等（2010）研究的相关内容，并结合 Chaney（2008）的相关研究，构建了一个包含需求函数、生产函数以及出口决策等因素在内的分析框架，从理论上探讨了交通基础设施改善对出口复杂度影响的微观机制。

根据 Chaney（2008）一文构建需求函数，假设整个经济体将劳动 $L$ 作为唯一的生产要素，且每个劳动者的需求偏好符合 $CES$ 函数形式：

$$U = q_0^{1-\mu} \left[ \int_{\omega \in \Omega} q(\omega)^{\frac{\sigma-1}{\sigma}} d\omega \right]^{\frac{\sigma}{\sigma-1}\mu}, \sigma > 1$$

其中，劳动者对同质产品的需求为 $q_0$，同质产品的生产满足规模收益不变函数，且投入产出系数为 1；劳动者对异质性产品 $\omega$ 的需求为 $q(\omega)$，其价格为 $p(\omega)$；$\Omega$ 代表劳动者可以用于消费的商品的集合，$\sigma$ 表示异质性产品之间的需求替代弹性。$\mu$ 则代表消费者对异质性产品的支出比重。从而生产异质性产品 $\omega$ 的企业的总收益为：

$$r(\omega) = \mu L \left| \frac{p(\omega)}{P} \right|^{1-\sigma}$$

假设企业的生产效率水平为 $x$，即企业每投入一单位中间产品就能够生产出 $x$ 单位的最终产品，进一步假设企业为进入国际市场需要投入一定的固定成本 $f_e$ 来获取消费者信息。借鉴有关学者的方法，假设生产异质性产品可以采用任意一种中间投入 $m$，将所有中间投入的集合记为 $a_l$，其中 $l \in \{1, \cdots, m\}$，由此每一种产品类型都有一种特定的中间投入对应，例如生产类型为 $k$ 的产品需要使用中间投入 $a_k$。鉴于这样的设定，与之对应的经济环境就存在 $m$ 种可能状态 $s_j$，其中 $j \in \{1, \cdots, m\}$，即当经济环境状态处

于 $s_j$ 时，其最优的生产状态是投入 $a_j$ 的中间投入。进一步假定经济环境的每一种状态发生的概率为 $1-V$，其中 $0<V<1$，那么每一期与滞后一期经济环境状态相一致的概率为 $V^m$。从而，出口企业在预期利润最大时的目标函数为：

$$E(\pi_e(x)) = V^m \left| p_1(x)\, q_1(x) - \frac{\tau q_1(x)}{x} \right| + (1-V^m) \left| p_2(x)\, q_2(x) - S(\varphi)\frac{\tau q_2(x)}{x} \right| - f_e$$

其中，$\tau$ 为产品在国际贸易运输过程中所需的运输成本，$p_i(x)$ 和 $q_i(x)$ 分别表示出口企业在第 $i$ 期出口产品的价格和数量，对上式求一阶导数可得出口企业预期的出口数量为：

$$E(q_e(x)) = \left| V^m + (1-V^m) S(\varphi)^{1-\sigma} \right| q(x)$$

其中，$q(x) = \mu L^* \left| \dfrac{\sigma}{\sigma-1}\dfrac{\tau}{xP^*} \right|^{-\sigma}$，表示交通基础设施完善条件下的出口数量，进一步推导可知，企业的预期利润函数为：

$$E(\pi_e(x)) = \lambda\frac{r_e(x)}{\sigma} - f_e$$

$$r_e(x) = \mu L^* \left| \frac{\sigma}{\sigma-1}\frac{\tau}{xP^*} \right|^{1-\sigma} = x^{\sigma-1}\delta^*$$

其中，$\lambda = V^m + (1-V^m)\varphi$，$\varphi = S(\varphi)^{1-\sigma}$。进一步结合 Melitz（2003）的新新贸易理论可知，存在劳动生产率的某一临界点 $\bar{x}_e$，使得 $E(\pi_e(\bar{x}_e)) = 0$，将其代入前文等式并整理可得：

$$v = \bar{x}_e^{\sigma-1} = \frac{\sigma}{\delta^*}\left(f_e + \frac{1}{\lambda}\right) = \frac{\sigma}{\delta^*}\left(f_e + \frac{1}{V^m + (1-V^m)\varphi}\right)$$

对上式关于 $\varphi$ 求一阶偏导数后可以发现：（1）$\partial v/\partial \varphi < 0$，即交通基础设施质量改善会降低国内企业进入国际市场的门槛，从而提高不同技术水平企业的出口参与度，进而提升了一国的出口复杂度；（2）$\dfrac{\partial \left| \partial v/\partial \varphi \right|}{\partial m} > 0$，这一结果表明交通基础设施对那些技术复杂度较高的产品具有更为明显的影响效应。结合以上理论推导的分析内容可以发现，交通基础设施质量的改善可以同时提高企业的出口深度和出口广度，并且交通基础设施对高技术复杂度产品的影响更为显著。因此，交通基础设施质量的改善能够从深度和

广度两个方面提高一国的出口产品复杂度，表现为出口复杂度水平的增加，这种表现在高技术行业中更为显著。基于以上分析内容，本章提出假说 4-1 和假说 4-2。

假说 4-1：交通基础设施改善有助于提升国内企业的出口参与度，从而在整体层面上有助于一国出口复杂度的提升。

假说 4-2：相比于低技术行业，交通基础设施改善对高技术行业出口复杂度的提升作用更为显著。

# 第三节　特征事实、模型构建及变量说明

## （一）出口复杂度的衡量

本章借鉴 Rodrik（2006）以及 Hausmann 等（2007）的方法，认为较高的出口价格意味着较好的产品质量，并且一国出口商品的复杂度和其自身经济发展水平正相关，可用人均 GDP 作为权重进行加权。通过上述方式构建的出口复杂度计算方法可知，对于某个特定的贸易商品来说，其所有出口国的加权平均价格越高，该商品的出口复杂程度越高，具体计算公式如下：

$$PRODY_k = \sum_i \frac{\left(x_{i,k} / \sum_k x_{i,k}\right)}{\sum_i \left(x_{i,k} / \sum_k x_{i,k}\right)} Y_i$$

其中，$PRODY_k$ 表示出口商品 $k$ 的出口复杂度，$x_{i,k}$ 为 $i$ 国 $k$ 商品的出口额，$Y_i$ 为 $i$ 国人均 GDP。基于上式计算获得商品 $k$ 的出口复杂度，结合一国某一年出口的商品集合，可以通过下式计算加总获得一国的出口复杂度指数：

$$EXPY_i = \sum_k \frac{x_{i,k}}{\sum_k x_{i,k}} PRODY_k$$

由上式可知，$EXPY$ 越大表明 $i$ 国出口商品的复杂程度越高。本章在计算出口复杂度时，采用 CEPII-BACI 数据库 1995～2015 年的数据，共包含 176 个国家或地区，该数据库包含了出口国、进口国、出口商品 6 位 HS 编

码、出口商品价格和出口商品数量等信息，充分满足了出口复杂度的计算需求。在数据处理过程中，本章首先将 CEPII-BACI 数据库中的 6 位 HS 编码商品划分至相应行业，并根据盛斌（2002）一文的相关内容，保留了制造业的数据，以其作为本章的研究样本。

### （二）出口复杂度的特征事实

从出口复杂度的计算公式可知，出口复杂度指数综合考虑了出口商品在出口国国内和全球贸易的横向和纵向影响因素，可从特定方面估计出口产品的技术质量水平，是一个比较理想的国际比较窗口，并可较为准确地评估一国出口产品在全球市场中所处地位以及发展趋势，既有研究对各国的出口复杂度进行了测算（Rodrik，2006；Hausmann 等，2007；李小平等，2015）。本章基于 Hausmann 等（2007）构建的衡量方法结合 CEPII-BACI 数据库的 6 位 HS 编码数据，估计了全球 176 个国家在 1995~2015 年制造业的出口复杂度，并进一步借鉴谢建国（2003）一文的分类，将制造业细分为劳动密集型、资本密集型以及技术密集型三个子样本，并分别估计了样本国家三大类行业出口商品的出口复杂度，作为本章的被解释变量。

基于上述步骤处理过的数据样本，依照出口复杂度的计算公式，本章在表 4.1 中列出了 1995~2015 年全球出口复杂度的平均值，用以分析全球出口复杂度发展的平均趋势。观察表 4.1 可以发现，全球出口复杂度整体上呈现出波动上升的增长趋势，并大致可以划分为三个阶段。第一阶段为 1995~2001 年，全球出口复杂度在这一阶段主要呈现出逐年缓慢上升的趋势，由 1995 年的 5656.694 上升至 2001 年的 6022.734，数值大小增加了 366.04；第二阶段为 2002~2008 年，全球出口复杂度呈现出较快的增长趋势，并在 2008 年达到 12726.250，为该段时间内的最大值，相比于 1995 年增加了 7069.556，增长幅度达到了 1.25 倍，表明在这一阶段全球的出口产品平均技术水平有了极大程度的提升；第三阶段为 2009~2015 年，全球经济受次贷危机的影响，出口复杂度均值在 2009 年出现了一个较大幅度的下降，但在此后恢复了上升趋势，并在 2013 年达到了 13286.590，为整个样本期间的最大值。

表 4.1　1995～2015 年全球出口复杂度平均值

| 年份 | 均值 | 标准差 | 观测量 | 年份 | 均值 | 标准差 | 观测量 |
|---|---|---|---|---|---|---|---|
| 1995 | 5656.694 | 3094.336 | 173 | 2006 | 10281.550 | 4834.336 | 176 |
| 1996 | 6001.964 | 2969.687 | 173 | 2007 | 11530.810 | 5652.785 | 176 |
| 1997 | 5833.939 | 2819.271 | 173 | 2008 | 12726.250 | 5980.387 | 176 |
| 1998 | 5753.118 | 2722.913 | 173 | 2009 | 11165.720 | 5057.213 | 176 |
| 1999 | 5874.921 | 2760.997 | 173 | 2010 | 11888.800 | 5500.938 | 176 |
| 2000 | 6159.341 | 3146.588 | 175 | 2011 | 13052.540 | 6366.896 | 176 |
| 2001 | 6022.734 | 3114.969 | 175 | 2012 | 12938.300 | 6241.430 | 176 |
| 2002 | 6538.567 | 3249.425 | 175 | 2013 | 13286.590 | 6411.312 | 176 |
| 2003 | 7440.169 | 3868.485 | 175 | 2014 | 13157.010 | 6222.484 | 176 |
| 2004 | 8491.022 | 4346.979 | 175 | 2015 | 11575.300 | 5350.289 | 176 |
| 2005 | 9376.366 | 4561.885 | 176 | | | | |

数据来源：本章计算。

为更为直观地描述各国出口复杂度在 1995～2015 年波动的特征事实，特别是中国出口复杂度的变化情况，本章在图 4.1 中绘制了全球部分国家出口复杂度变化趋势曲线。为简化分析，图 4.1 选取了中国、美国、日本、韩国和全样本的出口复杂度，根据计算结果绘制了这些样本在 1995～2015 年之间的波动曲线。为获得更为细致的结果，本节同时在图 4.2 至图 4.4 中分别绘制了这些国家劳动密集型、资本密集型以及技术密集型等三个行业的出口复杂度变动曲线，以期分析其中的差异性。

观察图 4.1 可以发现，图中所绘制的各条曲线在 1995～2015 年整体呈现出逐步上升的趋势，且大致可以分为三个阶段：第一个阶段为 1995～2001年，各曲线在该期间内的波动趋势较为平缓，仅日本的出口复杂度曲线存在着轻微的下降趋势，表明该阶段内全球出口产品的技术水平增长并不显著，而是维持着较为稳定的发展水平；第二阶段为 2002～2008 年，所有出口复杂度曲线均呈现出快速的增长趋势，这一现象出现的可能原因在于受益于 21 世纪以来全球信息技术的飞速发展，各国制造业的技术水平获得了跨越式增长，促使出口产品的技术水平含量同步增长，表现为出口复杂度的迅速提高；第三阶段为 2009～2015 年，这一阶段相比前一阶段的发展趋

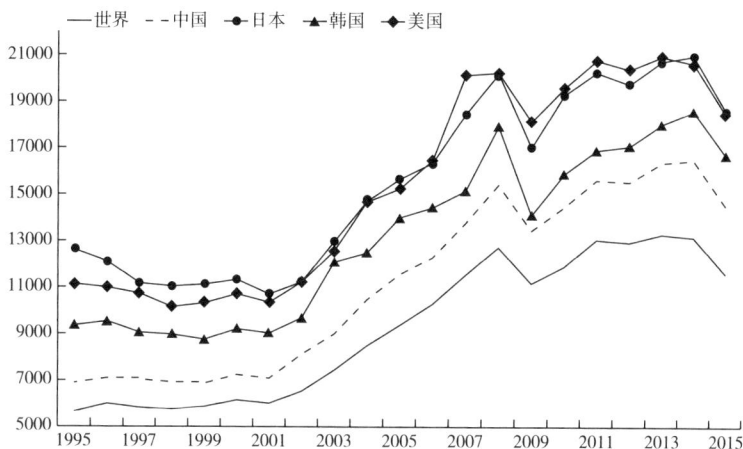

**图 4.1 全球部分国家出口复杂度变化趋势**

势较为缓和，这一现象出现的主要原因在于受全球金融危机的负面影响，各国的出口复杂度在 2009 年出现了一个短暂的下降，但在之后的一段时间内又回归到上升通道中，所选样本的出口复杂度逐渐上升，在 2015 年后又有所下降。进一步观察部分国家出口复杂度的变化趋势可以发现，美国和日本的曲线位于较高位置，且与世界均值的差距较大，表明这两国的出口产品具有较高的技术含量，但美国和日本之间的差距并不明显。韩国的出口复杂度曲线紧跟美国和日本之后，但差距被逐渐拉大。观察中国的出口复杂度波动曲线可以发现，虽然该曲线位于全球均值之上，呈现出逐渐上升的趋势，并且在 2001 年开始展现出较快的增长速度，但中国的出口复杂度仍处于较低水平，与美国、日本以及韩国等产品技术发达国家存在较大的差距，中国出口产品在技术水平方面仍然存在着较大的进步空间。

图 4.2 绘制了全球部分国家劳动密集型行业出口复杂度在 1995~2015 年的变化趋势，可以发现各国之间的差距较大，不具有一致的波动趋势。在发达国家中，日本劳动密集型行业的出口复杂度在样本期间波动较为平缓，这一现象也契合了劳动密集型产品在日本出口贸易中所占比例不高的现实。韩国劳动密集型行业出口复杂度呈现出逐渐下降的趋势，表明韩国虽然在工业化发展初期依靠劳动密集型行业实现了经济起步和崛起，但由于近年来行业转型获得了一定成效，出口的主要贸易产品已逐渐转向高技

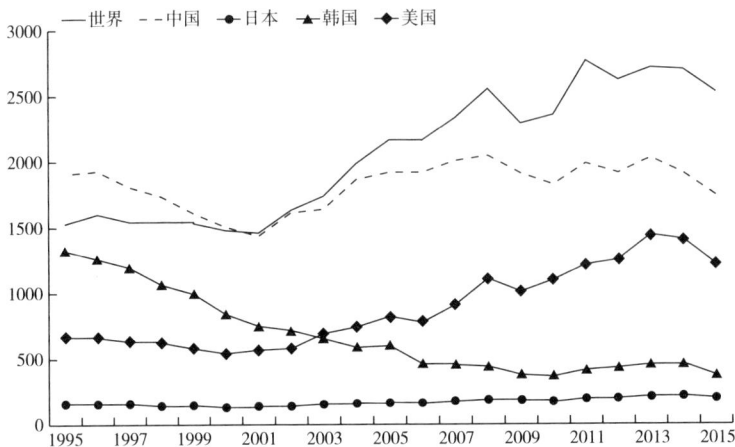

图 4.2 全球部分国家劳动密集型行业出口复杂度变化趋势

术行业。而美国劳动密集型行业出口复杂度在经过平稳发展阶段后，在
2001 年整体步入了上升阶段，但仍显著低于全球平均水平，这一现象产生
的原因在于 20 世纪后期以来美国将大量劳动密集型产品转移至海外生产，
导致其在劳动密集型产品上并不具备显著的优势。在中国方面，劳动密集
型行业的飞速发展是中国改革开放以来实现经济增长的重要因素，特别是
加入 WTO 后更是成为"世界工厂"，导致其在劳动密集型行业的复杂度水
平远高于美国、日本以及韩国等发达国家。但中国在劳动密集型行业中仍
存在着较为粗放的发展方式，对技术进步的重视程度较低，导致中国劳动
密集型行业出口复杂度增长趋势较为平缓，并与全球平均水平的差距逐渐
拉大。

图 4.3 绘制了全球部分国家资本密集型行业出口复杂度变化趋势，对比
图 4.2 和图 4.3 的纵坐标可以发现，资本密集型行业的出口复杂度水平整
体上要高于劳动密集型行业，并且除美国外各曲线所处的位置较为集中，
表明这些国家在资本密集型行业出口复杂度上的差距不大，但仍与美国存
在着较大差距。具体而言，美国的资本密集型行业出口复杂度在 1995～
2015 年整体位于［2500，7000］之间，资本密集型行业技术的发展要求
有较高的物质基础和较为充裕的资金支持，而美国恰在这两方面具有远超
于全球其他国家的优势，因此其在资本密集型行业具有较高的技术水平。

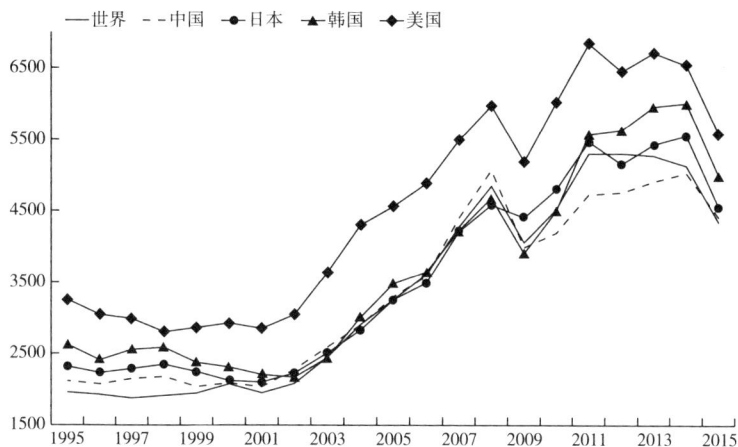

图 4.3　全球部分国家资本密集型行业出口复杂度变化趋势

也正是由于受到技术基础和资金能力的限制，其他国家在资本密集型行业的技术水平发展方面的差距并不显著，从而在图 4.3 中呈现出较为集中的趋势。

图 4.4 绘制了技术密集型行业在 1995~2015 年出口复杂度的变动趋势，可以发现各国呈现出较为相似的发展趋势。日本技术密集型行业的出口复杂度曲线位于最高位置，且与全球平均值之间存在着较大的差距。日本作为高度发达的资本主义国家，其国内资源匮乏且极端依赖进口，唯有依赖技术立国才能实现经济的稳定发展，而发达的制造业是其国民经济的主要支柱，这一事实导致其在全球贸易过程中处于技术领先地位。而美国紧跟其后，美国作为全球最为发达的资本主义国家，拥有全球最为顶尖的生产技术，但在技术出口过程中设置了大量壁垒，在一定程度上妨碍了其高技术产品的出口，从而导致其技术密集型行业的出口复杂度未能超越日本。中国技术密集型行业的出口复杂度变动曲线所处的位置相对较低，虽然其技术水平在加入 WTO 以后获得了迅速发展，与全球技术密集型行业出口复杂度的平均水平逐渐加大，但与美国、日本等发达国家之间仍存在着较大差距，且这一差距并未在近年来显著缩小，意味着中国的技术密集型行业在技术方面依然存在着较大的进步空间。

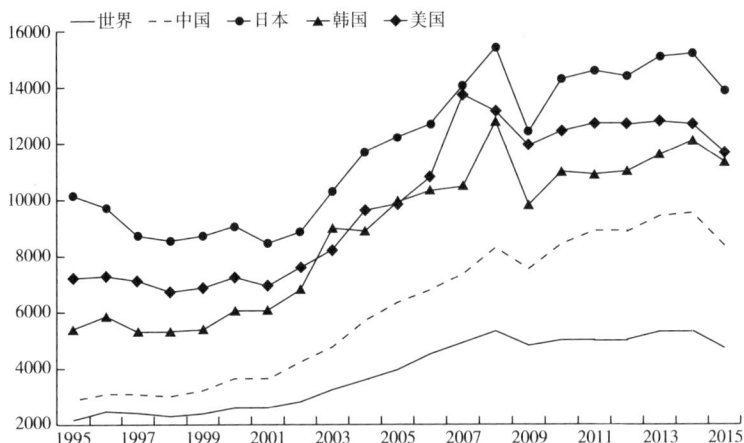

图 4.4　全球部分国家技术密集型行业出口复杂度变化趋势

## （三）计量模型及数据说明

基于相关理论，本章构建了如下形式的回归模型：

$$EXPY_{i,t+1} = \alpha + \beta roadrate_{i,t} + \gamma railrate_{i,t} + \lambda Z_{i,t} + year + region + \varepsilon_{i,t}$$

其中，$EXPY$ 为一国的出口复杂度（Export Sophistication Indicator），$Z$ 为控制变量，$year$ 为时间效应，$region$ 为地区效应，$\varepsilon$ 为随机扰动项。本章选用的控制变量共有 6 个，主要来自国内经济发展层面、基础设施建设层面以及国际贸易层面等 3 个基本方面，主要包括以下内容：

（1）各国国内经济的基本发展情况，包括人均 GDP（$pgdp$）以及产业结构等要素。一般而言，一国经济的基本发展情况能够显著影响该国的出口产品质量，拥有丰富物质和人力资本的高收入国家，倾向于生产高技术产品，而低收入国家倾向于生产低技术产品。从人均 GDP 的定义可知其同时涵盖了生产和人口两个方面，能够较好地反映一国经济发展的基本情况，故本章将人均 GDP 纳入回归模型中。表 4.3 显示 $pgdp$ 的均值为 10318.440，标准差为 15424.130，观测量为 3613。产业结构反映了一国国内生产的基本情况，是衡量一国经济发展技术水平的重要变量，通过产业结构升级可增强制造业的综合实力，实现向制造强国的转变，提高出口产品质量。从另一方面来看，进口国产品质量管制政策可促使出口国被动地推动行业升级（巫强和刘志彪，2007），即产业结构优化对出口产品质量有着显著的提升作用。本章采用第三行业增加值占 GDP 的百分比（*third*）来衡量一国产业结构的发展情况，并将其纳入回归模型中。表 4.3 显示 *third* 的均值为56.174，标准差为 16.030，观测量为 3276。

（2）良好的基础设施能够为一国的生产提供充足的能源、丰裕的人力资本，节约企业生产与出口的固定成本，提高一国出口的比较优势（盛丹和王永进，2012）。王永进等（2010）在企业异质性分析框架的基础上，从理论上探讨了基础设施影响出口复杂度的微观机制，发现前者对后者有着显著的促进作用。本章以教育（*edu*）、人均耗电量（*elec*）等要素衡量一国的基础设施建设情况，良好的教育水平意味着一国具有较高的人力资本，也意味着该国在产品生产和创新过程中可拥有更高的技术水平，电力基础设施对制造业各类行业比较优势的提升具有重要作用（薛漫天，2010）。表4.3 显示 *edu* 的均值为 34.552，标准差为 25.930，观测量为 2327；表 4.3 显示 *elec* 的均值为 3852.401，标准差为 5262.174，观测量为 2617。

（3）各国参与国际贸易的情况反映了一国参与国际分工合作的程度，无论是产品出口的干中学效应、示范效应，或是产品进口过程中的技术溢出效应，均可显著提升出口国的出口产品技术水平。既有研究通过实证检验发现，存在出口干中学的质量升级效应（亢梅玲和和坤林，2014），出口企业在开发和生产高技术水平产品的过程中，能够吸引生产要素向相关行业转移，带动总体生产率的提高（Hausmann 和 Rodrik，2013）。此外，一国既可通过进口所带来的技术溢出效应提升本国生产能力，也可通过进口中间产品并对其进行再加工，进而出口技术含量更高的最终产品，即存在"为出口而进口"的现象（巫强和刘志彪，2010；邢斐等，2016），故本章将出口（*txgdp*）和进口（*tmgdp*）均纳入回归模型之中。表 4.3 显示 *txgdp* 的均值为 29.574，标准差为 26.258，观测量为 3569；*tmgdp* 的均值为37.249，标准差为 22.977，观测量为 3569。

为更直观地反映模型所涉及各变量的具体情况，本章在表 4.2 中列出了基准模型涉及相关变量的解释说明，并在表 4.3 中列出了各变量的描述性统计结果。本章所构建模型中各解释变量的数据主要来源于世界银行的 World Development Indicators 数据库，公路密度来源于同花顺数据库，被解释变量

*EXPY* 则根据出口复杂度的相关公式结合法国 CEPII 中的 BACI 数据库计算获得。

表 4.2　相关变量说明及数据来源

| 变量 | 变量说明 | 数据来源 |
|---|---|---|
| *EXPY* | 出口复杂度 | 根据 BACI 数据库计算所得 |
| *roadrate* | 公路密度，公里每百平方公里 | 同花顺数据库 |
| *railrate* | 铁路密度，公里每百平方公里 | World Development Indicators |
| *pgdp* | 人均 GDP | World Development Indicators |
| *third* | 第三行业增加值（占 GDP 的百分比） | World Development Indicators |
| *edu* | 入学率，高等院校（占总人数的百分比） | World Development Indicators |
| *elec* | 耗电量（人均千瓦时） | World Development Indicators |
| *tmgdp* | 商品进口（占 GDP 的百分比） | World Development Indicators |
| *txgdp* | 商品出口（占 GDP 的百分比） | World Development Indicators |

表 4.3　描述性统计

| 变量 | 均值 | 标准差 | 观测量 |
|---|---|---|---|
| *EXPY* | 9291.155 | 5536.835 | 3676 |
| *roadrate* | 75.926 | 103.332 | 987 |
| *railrate* | 2.647 | 2.791 | 1532 |
| *pgdp* | 10318.440 | 15424.130 | 3613 |
| *third* | 56.174 | 16.030 | 3276 |
| *edu* | 34.552 | 25.930 | 2327 |
| *elec* | 3852.401 | 5262.174 | 2617 |
| *tmgdp* | 37.249 | 22.977 | 3569 |
| *txgdp* | 29.574 | 26.258 | 3569 |

数据来源：本章计算。

# 第四节　回归结果及分析

## （一）基准回归结果

表 4.4 报告了本章构建的交通基础设施改善影响各国出口复杂度模型的

基准回归结果。具体来看，第（1）列仅针对交通基础设施指标（*roadrate* 和 *railrate*）以及出口复杂度指标 *EXPY* 进行回归，可以发现 *roadrate* 项的回归系数数值为 20.5534，在 1% 的统计水平上显著，表明一国公路基础设施的改善在整体上有效地推动了其出口复杂度的提高；而 *railrate* 项系数的回归值为 912.1723，同样在 1% 的统计水平上显著，意味着铁路基础设施改善也对一国出口复杂度发挥了积极作用。结合模型（1）中 *roadrate* 和 *railrate* 项的回归结果可以认为，交通基础设施改善显著提高了一国的出口复杂度，是促使出口贸易质量改善的重要因素。表 4.4 第（2）列在第（1）列回归模型的基础上加入与经济发展基本情况相关的控制变量进行回归，可以发现在加入 *pgdp* 和 *third* 项后，*roadrate* 项和 *railrate* 项的回归系数仍然显著为正，进一步验证了交通基础设施改善有助于促进出口复杂度提升这一结论的稳健性；*pgdp* 项的回归系数数值为 0.1470，且在 1% 的统计水平上显著，意味着良好的经济发展状况有助于出口复杂度的提升；*third* 项的回归系数数值为 8.5955，但显著程度不高，表明产业结构升级虽然有助于出口复杂度的提升，但这一影响效应相对不显著。表 4.4 中第（3）列在第（2）列模型的基础上进一步引入教育（*edu*）因素和电力设施（*elec*）因素，这两个变量的回归系数数值均为正，分别为 28.0694 和 0.0649，表明两者均有效地推动了出口复杂度的提高。表 4.4 中第（4）列在第（2）列的基础上加入了进出口贸易相关的控制变量，*tmgdp* 项的数值为 16.2115，在 10% 的统计水平上显著，*txgdp* 项的数值为 27.5163，在 1% 的统计水平上显著，表明参与国际贸易合作有助于一国出口复杂度的提高。表 4.4 第（5）列则针对所有控制变量进行回归，可以发现在加入所有控制变量后，*roadrate* 项和 *railrate* 项系数的回归数值为 12.3860 和 466.0115，均在 1% 的统计水平上显著，与表 4.4 中第（1）～（4）列模型所得的结论一致。而各控制变量的回归结果也表现出较高的稳健性，所得结论与其余模型一致。综合表 4.4 各模型的回归结果，可以发现 *roadrate* 项和 *railrate* 项系数的回归结果均显著为正，表明一国交通基础设施改善有助于其出口复杂度的提升，是推动出口贸易技术水平进步的重要因素，验证了假说 4-1。

表 4.4　基准模型回归结果

| 变量 | （1） | （2） | （3） | （4） | （5） |
|---|---|---|---|---|---|
| *roadrate* | 20.5534*** <br>（4.7847） | 13.4586*** <br>（3.8870） | 12.6608*** <br>（3.7297） | 13.2207*** <br>（3.8743） | 12.3860*** <br>（3.6857） |
| *railrate* | 912.1723*** <br>（208.2153） | 315.9735* <br>（171.5067） | 401.3354** <br>（167.7936） | 373.3918** <br>（171.8090） | 466.0115*** <br>（167.0335） |
| *pgdp* | | 0.1470*** <br>（0.0088） | 0.1389*** <br>（0.0088） | 0.1454*** <br>（0.0088） | 0.1337*** <br>（0.0089） |
| *third* | | 8.5955 <br>（16.6820） | 18.4150 <br>（17.7486） | 28.1235 <br>（18.0456） | 42.3039** <br>（18.8580） |
| *edu* | | | 28.0694*** <br>（6.4966） | | 26.1739*** <br>（6.4411） |
| *elec* | | | 0.0649 <br>（0.1090） | | 0.0166 <br>（0.1089） |
| *tmgdp* | | | | 16.2115* <br>（9.2661） | 32.9828*** <br>（10.3587） |
| *txgdp* | | | | 27.5163*** <br>（9.8534） | 37.0890*** <br>（10.5520） |
| 常数项 | 2914.9366*** <br>（806.3389） | 3445.7872*** <br>（1177.5020） | 1258.7724 <br>（1433.7654） | 1842.6362 <br>（1334.1626） | −11.3416 <br>（1533.6317） |
| 时间效应 | 控制 | 控制 | 控制 | 控制 | 控制 |
| 地区效应 | 控制 | 控制 | 控制 | 控制 | 控制 |
| 观测量 | 590 | 587 | 517 | 586 | 516 |
| $R^2$ | 0.9164 | 0.9461 | 0.9561 | 0.9469 | 0.9574 |

注：*、** 和 *** 分别表示在 10%、5% 和 1% 统计水平上显著，括号内为标准误。

　　总体而言，观察表 4.4 可以发现，在控制时间效应和地区效应后，所有回归模型中的 *roadrate* 项和 *railrate* 项的回归系数均为正，并均在 10% 的统计水平上显著，这一结果表明一国国内交通基础设施质量的改善可显著提高该国的出口复杂度。在一定程度上验证了前文影响机制部分的假说 4-1，即交通基础设施对出口复杂度具有正向的促进作用。并且，各模型中各控制变量对出口复杂度的影响方向具有异质性，表明本章所构建的基准模型具有较好的稳健性。此外，模型（1）~（5）的拟合优度均大于 0.9，表明回归模型较好地拟合了观测数据。从各控制变量的回归结果来看，人均 GDP（*pgdp*）对出口复杂度有着显著的正向促进作用，意味着比较富裕的国家所出口的产品具有更高的质量，这一结果与 Fajgelbaum 等（2011）的研究发现相一致。出口国第三行业发展状况（*third*）同样与该国的出口复杂度具有显著的正相关性，表明良性的第三行业发展对一国出口产品的技术升级提供了有力支撑。*pgdp* 和 *third* 的回归结果表明一国较好的经济发展可显著提高其对外出口的技术复杂度，保持本国经济持续稳定增长是提高本国出口产品复杂度的有效措施。在基础设施建设方面，教育（*edu*）对出口复杂度起到了显著的促进作用，表明教育水平提高所带来的人力资本能够有效地推动一国生产技术的进步，从而带动出口产品的技术复杂度提高。人均耗电量（*elec*）的系数未能显现出较高的显著度，但数值为正，表明电力基础设施的发展能给一国的出口复杂度带来良性影响。在对外贸易方面，进口（*tmgdp*）和出口（*txgdp*）都能提升一国的出口复杂度，国际贸易所带来的技术溢出效应能够有效促进东道国出口产品技术复杂度的提升。总体来看，各控制变量在基准模型中的回归结果均符合理论预期。

## （二）进一步讨论

由于本章的研究样本只保留了制造业数据，为进一步分析交通基础设施改善对不同行业出口复杂度的影响效应。本章根据盛斌（2002）一文所提出的方法结合相关分类标准将 6 位 HS 编码商品匹配至行业层面，进而参考谢建国（2003）一文的内容将制造业各行业划分为劳动密集型、资本密集型和技术密集型等三个类型，将按此分类后的相应样本纳入模型中进行回归，以期分析交通基础设施对不同行业出口复杂度影响的异质性，相应的回归结果分别报告在表 4.5 中。

观察表 4.5 可以发现，随着公路和铁路设施密度的增加，劳动密集型行业的出口复杂度呈现出较为显著的下降趋势。其 *roadrate* 项和 *railrate* 项的回归系数数值分别为 -9.2384 和 -217.9855，且均在 1% 的统计水平上显著，这一结果意味着交通基础设施改善未能有效促进劳动密集型行业出口复杂度的提升，反而在一定程度上起到了抑制作用。公路基础设施对资本密集型和技术密集型行业的出口复杂度则表现出显著的正向促进作用，两个模型中 *roadrate* 项的回归数值分别为 8.4046 和 13.2198。而铁路基础设施对资本密集型行业的出口复杂度表现出不显著的负向作用，对技术密集型行业则表现出显著的促进作用，两个模型中 *railrate* 项的回归数值分别为 -89.7489

和 773.7459，表明铁路基础设施对于技术密集型行业出口复杂度具有特别显著的促进效应。以上结果进一步验证了前文机制分析部分中的结论，即交通基础设施对技术复杂度较高的产品影响更为显著，从而有助于一国整体出口复杂度的提升，验证了假说 4-2。

以上结果具有两方面的含义，一方面，交通基础设施改善能够推动技术密集型行业出口复杂度的提高，但对劳动密集型行业产生了负向作用。而公路设施和铁路设施对资本密集型行业出口复杂度的影响存在差异性，进一步结合不同行业所含技术水平的差异，即技术密集型行业的技术含量往往代表着一国技术水平的高低，从而在一定程度上肯定了交通基础设施改善对出口复杂度提升的推动作用；另一方面也意味着，良好的交通基础设施能够在一定程度上带动一国的产业结构升级。具体表现为，交通基础设施质量的改善有助于提高资本密集型和技术密集型行业在整个出口贸易结构中所占的比重，降低劳动密集型行业的比重，从而以出口贸易结构升级推动一国产业结构的转型升级。

表 4.5 行业异质性

| 变量 | 劳动密集型 | 资本密集型 | 技术密集型 |
|---|---|---|---|
| *roadrate* | −9.2384 *** <br> （1.6405） | 8.4046 ** <br> （3.9037） | 13.2198 *** <br> （4.0637） |
| *railrate* | −217.9855 *** <br> （74.3470） | −89.7489 <br> （176.9122） | 773.7459 *** <br> （184.1611） |
| *pgdp* | 0.0117 *** <br> （0.0039） | 0.0260 *** <br> （0.0094） | 0.0960 *** <br> （0.0098） |
| *third* | −12.1541 <br> （8.3937） | −5.2970 <br> （19.9732） | 59.7550 *** <br> （20.7916） |
| *edu* | −1.2064 <br> （2.8669） | 22.2088 *** <br> （6.8220） | 5.1714 <br> （7.1016） |
| *elec* | −0.1374 *** <br> （0.0485） | 0.2674 ** <br> （0.1153） | −0.1135 <br> （0.1200） |
| *tmgdp* | 10.1334 ** <br> （4.6107） | −7.5209 <br> （10.9714） | 35.5953 *** <br> （11.4209） |
| *txgdp* | −15.8175 *** <br> （4.6967） | −27.9955 ** <br> （11.1761） | 80.9020 *** <br> （11.6340） |

续表

| 变量 | 劳动密集型 | 资本密集型 | 技术密集型 |
|---|---|---|---|
| 常数项 | 4358.7180*** (682.6232) | 1286.7238 (1624.3338) | −5656.7844*** (1690.8903) |
| 时间效应 | 控制 | 控制 | 控制 |
| 地区效应 | 控制 | 控制 | 控制 |
| 观测量 | 516 | 516 | 516 |
| $R^2$ | 0.5078 | 0.7647 | 0.8387 |

注:*、**和***分别表示在10%、5%和1%统计水平上显著,括号内为标准误。

从控制变量的回归结果来看,人均 GDP 在各分样本模型中的回归系数分别为0.0117、0.0260、0.0960,且均在1%的统计水平上显著,表明一国良好的经济发展状况有助于劳动密集型、资本密集型以及技术密集型等行业出口复杂度的提升。third 项回归系数在劳动密集型和资本密集型模型中的数值分别为−12.1541以及−5.2970,但在10%的统计水平上均不显著,而在技术密集型行业的数值为59.7550,且表现出较为显著的影响作用。这一结果表明第三行业在产业结构中所占比例的增加,有助于技术密集型行业出口复杂度的提升,但对劳动密集型和资本密集型的影响不显著为负,这一现象产生的可能原因在于劳动密集型和资本密集型行业以粗放型行业为主,产业结构的优化会对其发展造成一定的抑制作用,而高技术行业对时间的敏感度较高(王永进和黄青,2017),但现阶段来看,这种负向作用的影响效果尚不明显,仍应鼓励各国政府在经济发展过程中推动产业结构优化。edu 项在劳动密集型行业中的回归系数为−1.2064,即使在10%的统计水平上仍不显著,表明教育水平的提高并未对劳动密集型行业带来显著的冲击;而 edu 项在资本密集型行业中展现出较为显著的正向促进作用,其回归系数为22.2088,意味着教育水平提高能够有效推动资本密集型行业出口复杂度的提升;虽然 edu 对技术密集型行业的出口复杂度同样具有积极效应,但显著水平不高,可能原因在于技术密集型行业本身就需要高质量教育的支撑,教育水平的提高在现阶段对技术密集型行业出口复杂度提升的边际效应较弱。劳动密集型行业的 elec 项回归系数为−0.1374,且在1%的统计水平上显著,表明电力设施改善未能提高劳动密集型行业的出口复杂度,而对资本密集型行业的影响则显著为正,对技术密集型行业的影响不显著为负。以上结果也是易于理解的，相比于劳动密集型行业，资本密集型行业对电力有更大的需求，而技术密集型行业的需求相对较低。进口贸易 *tmgdp* 对劳动密集型和技术密集型行业的出口复杂度均造成了显著的正向冲击，表明进口贸易所带来的技术溢出作用对这两类行业技术水平的提高带来了明显的促进作用，但对资本密集型行业的影响较不明显，且呈现出负向效应。出口贸易 *txgdp* 则对劳动密集型和资本密集型行业出口复杂度造成了显著的负向冲击，其数值分别为 $-15.8175$ 和 $-27.9955$，而在技术密集型行业中其系数为 $80.9020$。

# 第五节 稳健性检验

## （一）稳健性检验 I：动态面板

一国的生产行为可能受到过往生产行为的影响，特别是在出口贸易过程中更倾向于进入既往已有合作的市场，即存在着一定的滞后性。基于这一分析，本章通过构建动态面板模型验证本章主要结论的稳健性，相应的回归结果报告在表 4.6 中。观察表 4.6 第 2 列可以发现，在采用动态面板模型分析交通基础设施对出口复杂度的影响作用时，滞后项的回归系数具有较高的显著性，表明一国出口复杂度的发展的确在一定程度上受到了之前行为的影响，但这并不影响本章的核心结论。公路和铁路基础设施的回归项系数均为正，其数值分别为 23.9666 和 1134.9712，并且在 1% 的统计水平上显著，表明本章的核心结论具有较高的稳健性，即交通基础设施促进了一国出口复杂度的提升。表 4.6 第 3~5 列的模型是区分劳动密集型、资本密集型和技术密集型行业后的回归结果，公路基础设施对劳动密集型行业出口复杂度的影响效应为正，其数值为 5.5064，在 1% 的统计水平上为正，而 *railrate* 项的回归系数为 $-524.8446$，在 1% 的统计水平上显著，表明公路和铁路设施对劳动密集型行业出口复杂度存在着截然相反的作用。但交通基础设施显著促进了资本密集型和技术密集型行业的出口复杂度，*roadrate* 项在资本密集型和技术密集型行业出口复杂度模型中的回归系数分别为 11.7361 和 11.7571，且均在 1% 的统计水平上显著；*railrate* 项在第 4~5 列模型中的回归系数分别为 588.1640 和 456.6593，均对出口复杂度具有显著的影响作用，表明一国铁路基础设施改善有效地推动了出口复杂度的提高。以上结果进一步验证了前文结论，即交通基础设施改善对高技术复杂度产品的影响更显著。

表 4.6 动态面板回归结果

| 变量 | 全部样本 | 劳动密集型 | 资本密集型 | 技术密集型 |
|---|---|---|---|---|
| 滞后项 | 0.3871 *** <br> (0.0153) | 0.6452 *** <br> (0.0160) | 0.5546 *** <br> (0.0051) | 0.4255 *** <br> (0.0078) |
| *roadrate* | 23.9666 *** <br> (4.4336) | 5.5064 *** <br> (0.8367) | 11.7361 *** <br> (2.1722) | 11.7571 *** <br> (2.1053) |
| *railrate* | 1134.9712 *** <br> (132.0015) | −524.8446 *** <br> (33.3010) | 588.1640 *** <br> (53.8371) | 456.6593 *** <br> (28.5422) |
| *pgdp* | 0.2330 *** <br> (0.0051) | 0.0317 *** <br> (0.0011) | 0.0454 *** <br> (0.0022) | 0.1268 *** <br> (0.0027) |
| *third* | 25.4578 ** <br> (10.8491) | −33.3238 *** <br> (2.8193) | −16.6688 *** <br> (4.6086) | 39.9167 *** <br> (12.4566) |
| *edu* | 46.2813 *** <br> (4.5262) | −8.3210 *** <br> (1.6725) | 25.5554 *** <br> (1.9170) | 31.5075 *** <br> (3.1940) |
| *ele* | −0.0153 <br> (0.0266) | −0.0256 *** <br> (0.0061) | 0.2246 *** <br> (0.0134) | −0.1825 *** <br> (0.0146) |
| *tmgdp* | 149.5869 *** <br> (7.8187) | 33.1156 *** <br> (1.7206) | 37.1827 *** <br> (3.0204) | 49.2510 *** <br> (3.5197) |
| *txgdp* | 48.6107 *** <br> (6.7758) | 33.3927 *** <br> (2.1939) | 16.0256 *** <br> (3.6515) | 16.2457 *** <br> (4.4005) |
| 常数项 | −3247.9481 *** <br> (513.6254) | −134.8197 <br> (122.4455) | 952.6986 *** <br> (299.4822) | −1761.7891 *** <br> (653.9485) |
| 观测量 | 516 | 516 | 516 | 516 |
| *Wald Chi2* | 2.04e+06 *** | 133152.92 *** | 8715.08 *** | 355644.21 *** |

注：*、** 和 *** 分别表示在 10%、5% 和 1% 统计水平上显著，括号内为标准误。

从控制变量的回归结果来看，表 4.6 中 *pgdp* 项的回归结果在各模型中均显著为正，其数值分别为 0.2330、0.0317、0.0454 以及 0.1268，且均在 1% 的统计水平上显著，这一结果表明在考虑了前期影响之后，良好的经济发展依旧是提高出口复杂度的重要因素，这一结论与前文一致。观察 *third* 项的回归结果可以发现，产业结构改善在整体上显著提高了一国的出口复杂度，但对劳动密集型和资本密集型行业出口复杂度的影响为负，对技术密集型行业出口复杂度的影响显著为正，以上结果仍与前文相关结论相一致。*edu* 项在总样本中的回归系数为 46.2813，表明其对一国出口复杂度整体上发挥了积极效应，而对劳动密集型行业的影响显著为负，表明教育水平的提高并未有效促进劳动密集型行业技术水平的进步，但对资本密集型行业和技术密集型行业的影响显著为正，应当肯定教育对出口复杂度的积极作用，该结论依然与前文相关结果一致。在表 4.6 的动态面板回归结果中，虽然 *elec* 项在全部样本中的回归结果不显著为负，但其对资本密集型行业出口复杂度的影响显著为正，而对劳动密集型和技术密集型行业的出口复杂度呈现出显著的负向作用，这一结果与前文基本一致。在进出口贸易因素方面，*tmgdp* 和 *txgdp* 项的回归系数在各模型中均显著为正，表明两者都对出口复杂度产生了促进作用，这一结果与前文一致。综合以上控制变量在动态面板中的回归结果可以发现，各控制变量对总样本和分样本出口复杂度的影响与前文相一致，表明本章的核心结论具有稳健性。

## （二）稳健性检验Ⅱ：变量替换

前文采用公路基础设施和铁路基础设施里程密度作为代理变量衡量了一国交通基础设施的发展情况，并将其作为核心解释变量分析了其对出口复杂度的影响效应。本节进一步将公路基础设施和铁路基础设施的货物运输量作为核心解释变量，对前文所采用的里程密度变量进行替换，并同样区分行业异质性，相应的回归结果报告在表 4.7 中。

表 4.7　变量替换回归结果

| 变量 | 全部样本 | 劳动密集型 | 资本密集型 | 技术密集型 |
|---|---|---|---|---|
| *roadgoods* | 0.0002<br>（0.0003） | −0.0006***<br>（0.0001） | 0.0005***<br>（0.0002） | 0.0003<br>（0.0002） |
| *railgoods* | 0.0038***<br>（0.0008） | 0.0001<br>（0.0002） | 0.0028***<br>（0.0005） | 0.0010<br>（0.0006） |
| *pgdp* | 0.3523***<br>（0.0107） | 0.0256***<br>（0.0026） | 0.1090***<br>（0.0062） | 0.2178***<br>（0.0085） |
| *third* | 152.4116***<br>（20.8973） | 5.9152<br>（5.1609） | 29.7666**<br>（12.0601） | 116.7298***<br>（16.5404） |

续表

| 变量 | 全部样本 | 劳动密集型 | 资本密集型 | 技术密集型 |
|------|---------|-----------|-----------|-----------|
| *edu* | 46.2786\*\*\*<br>（7.2980） | 7.1272\*\*\*<br>（1.8023） | 17.7806\*\*\*<br>（4.2117） | 21.3709\*\*\*<br>（5.7764） |
| *elec* | 0.4579\*\*\*<br>（0.1632） | −0.0938\*\*<br>（0.0403） | 0.3411\*\*\*<br>（0.0942） | 0.2106<br>（0.1292） |
| *tmgdp* | 7.6814<br>（13.6306） | −1.8222<br>（3.3663） | 4.6354<br>（7.8664） | 4.8682<br>（10.7887） |
| *txgdp* | 88.5955\*\*\*<br>（13.2544） | 7.2840\*\*<br>（3.2734） | 26.8293\*\*\*<br>（7.6493） | 54.4822\*\*\*<br>（10.4910） |
| 常数项 | −12296.6254\*\*\*<br>（1295.2070） | 759.3797\*\*<br>（319.8702） | −3793.0990\*\*\*<br>（747.4780） | −9262.9060\*\*\*<br>（1025.1684） |
| 时间效应 | 控制 | 控制 | 控制 | 控制 |
| 地区效应 | 控制 | 控制 | 控制 | 控制 |
| 观测量 | 567 | 567 | 567 | 567 |
| $R^2$ | 0.8780 | 0.3439 | 0.7113 | 0.8061 |

注：\*、\*\* 和 \*\*\* 分别表示在 10%、5% 和 1% 统计水平上显著，括号内为标准误。

　　观察表 4.7 可以发现，在控制了时间效应和地区效应后，各模型的可决系数除在劳动密集型行业中仅为 0.3439 外，在其余模型中均大于 0.7，表明各模型均较好地拟合了样本数据。进一步来看，*roadgoods* 项在各模型中的回归系数分别为 0.0002、−0.0006、0.0005 和 0.0003，虽然在全部样本和技术密集型行业模型中的显著程度不高，但影响方向一致，根据回归结果所获的结论基本与前文相关结论保持一致。可以认为在替换变量进行回归后，交通基础设施依旧对一国的出口复杂度发挥了正向促进作用，这一结果进一步验证了前文的核心结论，即交通基础设施改善显著促进了一国出口复杂度的提升。*railgoods* 项在各模型中的回归系数分别为 0.0038、0.0001、0.0028 和 0.0010，均为正数，且在全部样本和资本密集型模型中具有较高的显著性。

　　总体来看，表 4.7 中的分样本回归结果与表 4.5 的回归结果一致，进一步表明交通基础设施对资本密集型和技术密集型行业的出口复杂度具有积极作用，但在一定程度上降低了劳动密集型行业的出口复杂度。这一结果进一步表明，交通基础设施对技术复杂度较高的产品具有更为显著的影响作用，进一步验证了假说4-2，且最终有助于一国出口复杂度的提高，验证了假说4-1。

## 第六节　本章小结

近年来，在逆全球化思潮暗流涌动、贸易保护主义有所抬头的国际背景下，既往以低价格、低技术、低质量产品为主的出口贸易模式已难以为继。以出口复杂度为切入点，既有研究就出口贸易技术水平测算以及相关决定因素进行了广泛的研究。虽然这些文献意识到了交通基础设施对出口复杂度的影响，但鲜见关注交通基础设施改善对出口复杂度影响的文献，更未见探讨交通基础设施改善对异质性行业出口复杂度的差异性影响。鉴于这一情况，本章基于CEPII-BACI数据库的6位HS编码数据，首先从产品层面测算了1995~2015年176个国家制造业的出口复杂度，进而结合各国的交通基础设施发展数据，重点分析了交通基础设施质量改善对出口复杂度的影响效应，以期研判交通基础设施对出口贸易的技术溢出效应。

具体而言，本章做出了以下几方面工作：一是与既有文献相比，本章的研究视角更为微观、样本数量更为庞大，本章从CEPII-BACI数据库中提取出超过5000种产品的贸易数据，借鉴Rodrik（2006）和Hausmann等（2007）的计算方法测算了176个国家或地区1995~2015年的出口复杂度，并基于测算数据进行了特征事实分析；二是在检验假说的过程中将研究视角进一步拓展，分析了不同行业类型之间的差异性，从而有助于深入揭示交通基础设施对出口复杂度的异质性影响；三是通过多种稳健性检验方法对本章的核心结论进行了再检验，验证了核心结论的稳健性。

在具体研究内容上，本章基于特征事实分析结果，观察全球主要国家出口复杂度历年变动趋势后发现，虽然中国出口复杂度在加入WTO后获得了较大的进步，但与美国、日本等技术强国之间仍然存在着较大的差距。客观而言，中国开放型经济发展虽然在规模、增速等显性指标上表现突出，但与国外高质量开放型经济体相比，开放型经济的治理体系建设仍存在差距，开放制度设计缺乏引领性和创新性的问题突出。以要素投入与技术创新为核心的硬实力要素是经济增长的关键动力，但其作用范围最终受到制度边界的约束，制度安排与规则体系的创新和优化是扩张生产可能性边界的前提，要素投入的优势尚未能跃变为制度优势。

本章基准模型回归结果显示，交通基础设施对各国的出口复杂度起到了显著的促进作用，这一结果意味着对各国而言，加强交通基础设施建设有助于一国实现出口产品的技术升级，提升在全球市场的国际竞争力。从分样本检验结果来看，交通基础设施对出口复杂度的影响效应因行业差别而存在异质性。限于不同类型行业自身的发展特点，交通基础设施质量改善对劳动密集型行业出口复杂度的影响方向显著为负，但促进了资本密集型和技术密集型行业的出口复杂度增长，且对高技术行业的影响效应比低技术行业更为明显，表明交通基础设施对技术复杂度较高的产品影响更大，从而有助于一国出口复杂度的提升。

研究结论的政策含义是非常直接的，交通基础设施改善能够显著提高一国的出口复杂度，对出口贸易发挥了技术进步效应。仍需要指出的是，当前中国出口贸易在整体上仍存在着附加值较少、技术层次较低、竞争力较弱等突出问题，支撑对外贸易持续增长的基础并不稳固，一国产品技术的升级进步仍然需要依靠创新，交通基础设施的改善提高了一国的硬件设施水平，但最强大的驱动力仍应是技术创新。

# 第五章 交通基础设施改善与出口二元边际

以异质性模型为代表的新新贸易理论认为，能够依靠集约边际和扩展边际这两条相互关联的途径实现出口贸易的增长，即出口的二元边际。一般而言，集约边际和扩展边际分别代表了出口的专业化和多样化程度，是分析一国出口贸易发展状况和进步方向的重要指标。从这一角度看，传统国际贸易理论主要关注的是集约边际，认为一个国家出口增长的主要路径就是原有出口产品在数量上的增长，而新新贸易理论在关注集约边际的基础上，同时关注了贸易的扩展边际，着重从生产效率、技术差距等不同层面分析国际贸易的发展与动因。本章在梳理二元边际理论及实证研究的基础上，采用已有文献的方法结合 222 个国家 1995~2015 年的双边贸易数据测度了各国的出口二元边际，进而探讨了交通基础设施改善对出口二元边际的影响效应。

## 第一节 相关文献综述

既有文献指出贸易增长的二元边际是对贸易流量的结构性分解，深入剖析二元边际的结构、作用机制和影响因素对理解贸易增长的性质、福利含义以及贸易政策的制定等贸易实践都具有指导意义（陈勇兵和陈宇媚，2011）。既有研究一般从三个方面对二元边际进行探讨：一是出口二元边际的概念鉴定，主要探讨扩展边际和集约边际的定义；二是在明晰相关定义的基础上，构建方程估计扩展边际和集约边际，并分析两种边际对贸易增长的影响作用；三是分析影响出口二元边际的现实因素。

在概念鉴定方面，传统国际贸易理论在构建理论模型解释一国的对外贸易行为时，往往暗含了两条重要假设：一是出口国可以将产品出口至全球所有国家；二是初始的出口贸易形态不会随价格、贸易壁垒或其他阻碍因素的改变而改变。但这两点假设有悖于现实发展状况，一个国家既往的贸易联系可因突发或偶然因素而断绝，也可因对外贸易的扩展而寻得新的贸易合作伙伴。鉴于这一现象，新新贸易理论认为一国消费者从封闭转向开放过程中购买到来自国外的新品种，由此导致的贸易增长被称为扩展边际增长，而在消费者已经得到所有可获得品种时，贸易增长就只能依靠消费量的增加，即集约边际增长（邵军和冯伟，2013）。Melitz（2003）认为集约边际是指出口贸易增长主要来源于现有出口企业和出口产品在单一方向上量的扩张，扩展边际则是指出口贸易增长主要是新出口企业的进入以及出口产品种类的增加。既有文献进一步指出剖析二元边际对分析一国经济风险防范能力的作用，Hausmann 和 Klinger（2006）指出如果一国的出口贸易增长主要依靠集约边际，那么该国的出口对外部冲击的抵御能力较弱，可能会导致出口波动加剧、贸易条件恶化以及贫困化增长等现象出现，而如果出口贸易增长主要依靠扩展边际实现，多元化的出口结构将有利于增强该国抗击外部冲击的能力。

在测度方法上，按照研究样本属性的区别，可以将其区分为国家层面、行业层面、产品层面以及企业层面的二元边际，虽然在不同层面上的衡量方式存在一定的差别，但都离不开 Hummels（2013）所带来的开创性贡献。具体而言，Hummels（2013）借鉴前人的研究成果，构建了一个包含出口产品价格、数量、种类的计算模型，提供了测算出口扩展边际和出口集约边际的可行方法，即 H-K 法。虽然此后有大量文献对贸易的二元边际测算方式进行了改进，但对集约边际的界定基本是一致的，主要指现有出口企业和出口产品在单一方向上的扩张，即旧有出口产品贸易数量上的扩张（钱学锋和熊平，2010），而对扩展边际的衡量存在一定的差异，但均离不开出口产品种类或者出口目的地数量上的扩张。

既有文献通过高位数级的产品贸易数据，描述了出口贸易的二元边际增长结构，并分析了相关特征事实。例如，Amiti 和 Freund（2008）基于中美贸易的 10 位 HS 编码数据测算了中国对美国出口的二元边际变化，发现虽然中国对美国出口产品的种类增加了 40%，并主要通过集约边际促进出口增长，但扩展边际所占比例较低；钱学锋和熊平（2010）基于企业异质性贸易理论框架，结合 1995～2005 年中国的 6 位 HS 编码数据描述了中国出口二元增长的发展状况，发现中国的出口增长主要沿着集约边际实现，而扩展边际的占比较低；有学者指出 H-K 法关于出口国的产品种类是其他国家出口种类子集的假设并不完全符合现实经济，若选取除出口国以外的国家或地区作为参照系，可出现部分国家扩展边际大于 1 的极端情况。他们采用修正的 H-K 法结合 CEPII-BACI 数据库测算了中国出口的二元边际，发现贸易伙伴自身经济总量增加、国际经济关系恶化以及外部冲击会降低中国出口的集约边际，但会提高扩展边际。

由于二元边际理论具有独特的经济和福利含义，是评估一国出口贸易利得的新来源和出口结构的新维度，因而引起了学界的广泛关注。既有研究针对出口二元边际的影响因素展开了广泛讨论，发现贸易成本、环境成本、国家声誉等因素对其有着显著的影响作用。例如，Melitz（2003）认为贸易成本的下降会对二元边际产生两种作用，扩展边际和集约边际都会对贸易成本的变化进行调整，较低的贸易成本会增加出口商的出口规模，从而提高平均出口额，而一些原来处于生产率门槛的出口商也能够获得足够的利润来支付出口固定成本；王孝松等（2014）探讨了中国出口产品遭遇反倾销时二元边际的变化情况，研究发现反倾销措施显著抑制了中国出口贸易的增长，且对集约边际的影响强于扩展边际；Chaney（2016）在 Melitz框架内引入了不同部门、不同国家的设定，发现贸易成本下降可导致既有出口企业增加出口、获得更大的市场份额，而之前未能出口的企业也能因贸易成本降低进入出口市场，从而增加了总出口额；王晓莉等（2018）基于 2001~2016 年中国对 100 多个国家农产品出口的贸易数据进行研究，发现环境成本内部化对出口集约边际的影响要大于对出口扩展边际的影响；刘洪铎等（2018）采用 2005~2013 年的跨国面板数据分析了国家声誉对出口二元边际的影响作用，发现良好的声誉对出口国扩展边际增长具有显著的促进作用，但对集约边际的影响不显著。

综合上述分析可以发现，基于新新贸易理论的开创性工作，既有文献将出口贸易增长进一步分解为扩展边际和集约边际，为促进一国出口贸易增长提供了可行路径。虽然学界对出口贸易二元边际的测算存在一定争议，但普遍基于 H-K 法或扩展的 H-K 法进行测度，H-K 法依然为目前测算二元边际较为便捷可行的方式。此外，虽然既有文献基于理论或实证研究分析了影响二元边际的潜在因素，但主要集中于贸易成本、环境成本等因素。而交通基础设施改善可通过缩减商品运输时间，降低商品出口所需的时间成本和贸易成本，但鲜有文献探讨交通基础设施改善对出口二元边际的影响效应。鉴于这一研究现状，本章将通过 H-K 法测算全球多国出口二元边际并结合各国铁路设施和公路设施的发展状况，重点分析交通基础设施改善对出口二元边际的影响效应，并进一步针对行业异质性和国别异质性展开讨论。

## 第二节　交通基础设施改善与出口二元边际：影响机制

本章在 Lawless（2010）的理论基础上引入交通基础设施因素，探讨交通基础设施改善对出口二元边际的影响作用，并结合相关推导结果提出待验证的假说。

假设 $x_{jk}(i)$ 为进口国 $j$ 的消费者对出口国企业 $k$ 生产的产品 $i$ 的消费量，以 $n_k$ 表示企业 $k$ 生产的异质性产品种类，以 $X_j(k) = \left[ \int_0^{n_k} x_{jk}(i)^{\frac{\sigma-1}{\sigma}} di \right]^{\frac{\sigma}{\sigma-1}}$ 表示所能生产的产品种类，而 $\sigma$ 表示同一企业生产的不同产品间的相互替代弹性。进一步假设消费者具有的 CES 效用函数为：

$$U_j = \left[ \int X_j(k)^{\frac{\varepsilon-1}{\varepsilon}} dk \right]^{\frac{\varepsilon}{\varepsilon-1}} \qquad (5-1)$$

其中，$\varepsilon$ 表示不同企业间产品的替代弹性，且 $\varepsilon < \sigma$，那么可以将进口国 $j$ 对企业 $k$ 生产产品的需求函数表示为：

$$x_j(k) = \frac{P_j(k)^{-\varepsilon} Y_j}{P_j^{1-\varepsilon}} \qquad (5-2)$$

上式中，$p_j(k)$ 为产品 $k$ 在 $j$ 国的价格，$Y_j$ 表示 $j$ 国的实际收入水平，而 $P_j$ 则表示 D-S 型的价格指数，并将其假设为：

$$P_j = \left[ \int p_j(k)^{1-\varepsilon} dk \right]^{\frac{1}{1-\varepsilon}} \qquad (5-3)$$

假定出口国企业根据成本最小化原则安排生产，$c$ 和 $a$ 分别表示出口国产品出口所需的国内成本及企业的生产率，且 $a$ 从概率密度函数位于 $[0, +\infty)$ 内的分布函数 $G(a)$ 中抽取，可假设生产一单位产品所需的单

位成本为 $c/a$。

假设产品由出口国运输至进口国时包含固定成本 $f_j$ 和可变成本 $\tau_j$ 两种贸易成本，则进一步推导可知产品在进口国的最优销售价格为：

$$p_j(a) = \frac{\varepsilon}{\varepsilon - 1} \cdot \frac{\tau_j c}{a} \tag{5-4}$$

由此，在一般均衡情况下可推知企业的利润可以表达为：

$$\pi_j(a) = \mu \left( \frac{P_j a}{\tau_j c} \right)^{\varepsilon-1} Y_j - f_j \tag{5-5}$$

其中，$\mu = (\varepsilon - 1)^{\varepsilon-1} \varepsilon^{-\varepsilon}$。由企业的利润函数可知进入进口国 $j$ 的生产率门槛为：

$$\bar{a}_j = \left( \frac{f_j}{\mu Y_j} \right)^{\frac{1}{\varepsilon-1}} \frac{\tau_j c}{P_j} \tag{5-6}$$

据此，可知并非出口国的所有企业都会选择进入进口国市场，只有那些生产率 $a$ 高于门槛值的企业才能从出口贸易中获利，即当且仅当企业的生产率高于门槛值时才会选择出口，这一结论与 Melitz（2003）的基本结论相一致。

假设企业 $k$ 对进口国 $j$ 的出口总额为：

$$s_{lj} = \mu \left[ \left( \frac{\sigma \tau_j \omega}{\sigma - 1} \right)^{1-\varepsilon} \frac{Y_j}{P_j^{1-\varepsilon} \omega f_j} \right]^{\frac{\sigma-1}{\sigma-\varepsilon}} \omega f_l a^{\frac{(\varepsilon-1)(\sigma-1)}{\sigma-\varepsilon}} \tag{5-7}$$

基于 Melitz（2003）的异质性企业理论可知，企业的生产率差异是引致企业异质性差异的主要原因，故不妨采用生产率 $a$ 作为企业的代表性变量，由此可知企业 $l$ 的出口额可表示为 $S_j(a)$。由此，进口国 $j$ 的进口总额 $S$ 等于所有生产率大于门槛值 $\bar{a}_j$ 的企业出口总额之和，即：

$$S_j = \int_{\bar{a}_j}^{\infty} s_j(a) G(a) da \tag{5-8}$$

上式中，$G(a)$ 表示企业生产率 $a$ 的概率密度函数。以出口国到进口国企业数量的变动衡量出口贸易的扩展边际 $EM_j$，则：

$$EM_j = \int_{\bar{a}_j}^{\infty} G(a) da \tag{5-9}$$

而出口贸易的集约边际 $IM_j$ 以企业的平均出口额表示：

$$IM_j = \frac{S_j}{N_j} = \frac{\int_{\bar{a}_j}^{\infty} s(a) G(a) da}{\int_{\bar{a}_j}^{\infty} G(a) da} \tag{5-10}$$

无论是在异质性企业理论还是在现实贸易情况中，固定贸易成本 $f_j$ 和可变贸易成本 $\tau_j$ 均是影响企业出口行为的重要因素，不妨令企业出口至 $j$ 国所需的总贸易成本设为 $tc_j$，则可将其表述为：

$$tc_j = (f_j)^{\alpha} (\tau_j)^{1-\alpha} \tag{5-11}$$

交通基础设施改善既能通过减少运输成本、时间成本等方式降低贸易成本，也可通过促进生产要素流动、信息流动等方式影响贸易成本。本章假设出口国的交通基础设施评价参数为 $r$，并将企业出口的固定成本和可变成本视为 $r$ 的单调减函数。进一步将总贸易成本 $tc_j$ 对 $r$ 求偏导数，可知：

$$\frac{\partial tc_j}{\partial r} = \alpha f_j^{\alpha-1} \tau \frac{\partial f_j}{\partial r} + (1-\alpha) f_j^{\alpha} \tau_j^{-\alpha} \frac{\partial \tau_j}{\partial r} < 0 \tag{5-12}$$

为讨论交通基础设施改善对出口扩展边际的影响，在等式 5-9 的基础上对交通基础设施 $r$ 求偏导，推导可知：

$$\frac{\partial EM_j}{\partial r} = \frac{\partial EM_j}{\partial tc_j} \cdot \frac{\partial tc_j}{\partial r} = -G(\bar{a}_j) \frac{\partial \bar{a}_j}{\partial tc_j} \cdot \frac{\partial tc_j}{\partial r} \tag{5-13}$$

鉴于概率密度函数 $G(a)$ 为正，可知 $\frac{\partial \bar{a}_j}{\partial tc_j} > 0$，结合等式 5-12 推导获得：

$$\frac{\partial EM_j}{\partial r} > 0 \tag{5-14}$$

基于上式可以得出假说 5-1。

假说 5-1：交通基础设施改善有助于减少固定贸易成本和可变贸易成本，进而降低企业出口所需的总贸易成本，由于总贸易成本与出口扩展边际成反比，故交通基础设施改善有助于出口扩展边际的增长。

进一步探讨交通基础设施改善对出口贸易集约边际的影响，在集约边

际定义函数中对 $r$ 求偏导数可知：

$$\frac{\partial(IM_j)}{\partial r} = \frac{\partial(IM_j)}{\partial tc_j} \cdot \frac{\partial tc_j}{\partial r} = \frac{\frac{\partial S_j}{\partial tc_j}N_j - \frac{\partial N_j}{\partial tc_j}S_j}{N_j^2} \cdot \frac{\partial tc_j}{\partial r} \tag{5-15}$$

由于上式中总贸易成本对企业的出口总额和出口数量均存在影响，故进一步将其区分为固定贸易成本 $f_j$ 和可变贸易成本 $\tau_j$ 进行探讨。

$$\begin{aligned}\frac{\partial(IM_j)}{\partial r} &= \frac{\partial(IM_j)}{\partial f_j} \cdot \frac{\partial f_j}{\partial r} \\ &= \frac{-s_j(\bar{a}_j)N_jG(\bar{a}_j)\frac{\partial \bar{a}_j}{\partial f_j} + S_jG(\bar{a}_j)\frac{\partial \bar{a}_j}{\partial f_j}}{N_j^2} \cdot \frac{\partial f_j}{\partial r} \\ &= \frac{(S_j - s_j(\bar{a}_j)N_j)G(\bar{a}_j)\frac{\partial \bar{a}_j}{\partial f_j}}{N_j^2} \cdot \frac{\partial f_j}{\partial r} < 0\end{aligned} \tag{5-16}$$

上式针对固定贸易成本 $f_j$ 进一步求偏导，由上式结果可知，良好的交通基础设施能够减少企业出口过程中所需的固定贸易成本 $f_j$，进而降低出口的生产率门槛，使得更多企业进入出口市场，在互相竞争中降低了出口贸易的集约边际。

$$\begin{aligned}\frac{\partial(IM_j)}{\partial r} &= \frac{\partial(IM_j)}{\partial \tau_j} \cdot \frac{\partial \tau_j}{\partial r} \\ &= \frac{\left(\int_{\bar{a}_j}^{\infty} \frac{\partial s_j(a)}{\partial \tau_j}G(a)da - s_j(\bar{a}_j)G(\bar{a}_j)\frac{\partial \bar{a}_j}{\partial \tau_j}\right)}{N_j^2} \cdot \frac{\partial \tau_j}{\partial r}\end{aligned} \tag{5-17}$$

对可变成本 $\tau_j$ 的偏导数回归结果显示，交通基础设施改善一方面能够通过降低企业出口所需的可变贸易成本，降低出口所需的生产率门槛，加大进口国的市场竞争程度，压低出口产品价格，导致出口贸易的集约边际下降。但另一方面，可变贸易成本 $\tau_j$ 的下降又促使企业出口额增加，有助于出口贸易的集约边际增长。在两方面的相互作用下，交通基础设施改善引致的可变贸易成本变化对出口集约边际的作用方向并不确定。结合上述分析结果，本章在此提出了假说 5-2：

假说 5-2：交通基础设施改善对出口集约边际的影响效应受到固定贸易成本和可变贸易成本两者的耦合作用，故交通基础设施改善对出口集约边际的影响方向并不确定。

# 第三节　特征事实、模型构建及数据说明

## （一）二元边际估算方法

本章借鉴已有的关于扩展边际（Extensive Margin，EM）和集约边际（Intensive Margin，IM）的二元边际分解方法（简称 H-K 法），结合 CEPII 数据库中 BACI 的 HS-92 标准 6 分位编码数据，就全球 222 个国家出口贸易的二元边际进行分解。具体而言，根据 H-K 法测算相关内容，国家层面的出口贸易可根据出口产品的价格 $p$、出口数量 $x$ 和产品种类 $I$ 分解为集约边际和扩展边际两个组成部分。其中，可通过如下形式的方程测度出口贸易的扩展边际：

$$EM_{ij} = \frac{\sum_{m \in I_{ij}} p_{kim} x_{kim}}{\sum_{m \in I_{kj}} p_{kim} x_{kim}}$$

上式中，下标 $i$、$j$、$k$、$m$ 分别表示出口国、进口国、除出口国之外的所有样本国家、出口产品，$EM_{ij}$ 表示出口国的扩展边际，$I_{ij}$ 为出口国 $i$ 出口到进口国 $j$ 的所有产品种类的集合，$I_{kj}$ 表示为全球其余国家 $k$ 出口至进口国 $j$ 的产品种类集合。由此，$EM_{ij}$ 表示世界所有国家对 $j$ 国出口产品的总价值中，$i$ 国对 $j$ 国出口种类相同的那一部分产品所占的比重，衡量了 $i$ 国对 $j$ 国出口产品的多样性，该比重增加，表明 $i$ 国对 $j$ 国在更多产品种类上实现了出口，即为扩展边际的增长。

相应的，可以将 $i$ 国对 $j$ 国出口贸易的集约边际定义为：

$$IM_{ij} = \frac{\sum_{m \in I_{ij}} p_{ijm} x_{ijm}}{\sum_{m \in I_{ij}} p_{kim} x_{kim}}$$

上式中各字母的含义与扩展边际相对应的字母相同，$IM_{ij}$ 表示在出口产

品种类集合 $I_{ij}$ 中，$i$ 国对 $j$ 国的出口总额与世界对 $j$ 国出口总额的比重，衡量了 $i$ 国产品在 $j$ 国的专业化程度。$IM_{ij}$ 的数值越大，意味着在与世界其他国家出口相同的产品时，$i$ 国对 $j$ 国实现了更多的出口，即为集约边际的增长。

在此基础上，为更细致地分析交通基础设施改善对不同行业出口二元边际的影响，本章在 H-K 法的基础上，进一步参考谢建国（2003）的分类方法将研究样本细分为劳动密集型、资本密集型和技术密集型行业。并针对不同行业类型的样本，依次采用 H-K 法重新估计 $i$ 国各行业对 $j$ 国出口的二元边际。

## （二）出口二元边际的特征事实

二元边际理论为探究出口贸易的发展状况和现实差距提供了分析工具，同时也为一国实现对外贸易增长的可行路径提供了理论依据。与既有研究仅衡量中国"一对多"的出口二元边际不同（盛斌和吕越，2014；尚涛和殷正阳，2018），本章基于二元边际衡量公式结合 CEPII-BACI 数据库 222 个国家的 6 位 HS 编码数据，估计了"多对多"的出口二元边际，为细致全面比较全球出口二元边际变动提供了数据基础。这里着重分析中国出口二元边际的特征事实，图 5.1 选取了本章估计的中国对日本（CHN-JPN）、中国对美国（CHN-USA）、日本对中国（JPN-CHN）以及美国对中国（USA-CHN）的出口二元边际结果，绘制了其在 1995~2015 年的波动趋势。并将出口行业进一步细分为劳动密集型、资本密集型以及技术密集型三个类别，分别估计了全球 222 个国家在这三个行业中对其他国家出口时的二元边际。图 5.2 至图 5.4 中分别报告了中国对日本（CHN-JPN）、中国对美国（CHN-USA）、日本对中国（JPN-CHN）以及美国对中国（USA-CHN）劳动密集型、资本密集型以及技术密集型行业出口扩展边际和集约边际的波动趋势。

图 5.1a 绘制了 1995~2015 年中美、中日出口扩展边际的波动趋势，可以发现 CHN-JPN 以及 CHN-USA 这两条曲线在样本期间大致呈现出波动上升的趋势，表明中国对日本、中国对美国出口的扩展边际处于上升通道中，意味着中国对美国和日本出口的品种逐年增多，通过扩展边际的增长促进了出口贸易的增长。此外，中国对日本出口的扩展边际曲线位置显著高于中国对美国出口的扩展边际曲线，表明相比于美国，中国在日本市场上更

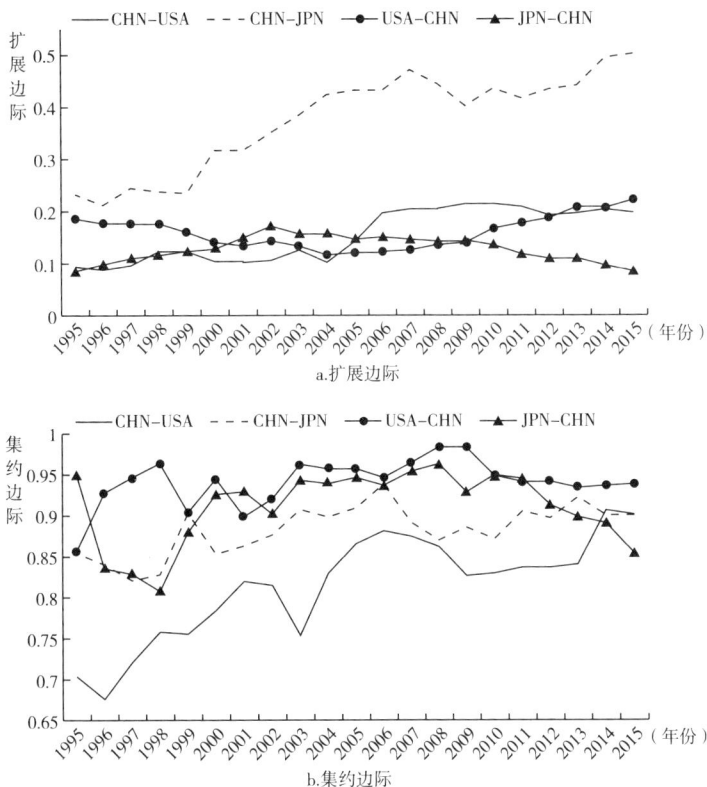

图 5.1　1995~2015 年中美、中日出口二元边际波动趋势

易实现新产品的出口。反观美国和日本对中国出口的扩展边际，两条曲线呈现出相反的发展趋势，日本对中国出口贸易的扩展边际表现为先升后降，而美国对中国出口贸易的扩展边际则显现波动上升的趋势，这一现象的出现一方面可能源于中国市场对美国新产品的接受度要高于日本的新产品，另一方面则可能是由于中日复杂的政治关系，导致中国对日本新产品进口的限制要高于美国的新产品。

图 5.1b 绘制了 1995~2015 年中美、中日出口集约边际的波动趋势，可以发现虽然中国对美国和日本出口贸易的集约边际存在着较大的波动，但 CHN-JPN 曲线的位置相对平稳，表明样本期间中国对日本出口贸易在既有产品市场上的发展较为稳定，并未出现"井喷式"的增长，而中国对美国出口贸易的集约边际则呈现出迅速上升的趋势，表明中国在既有产品市场

上实现了出口规模的大幅度增长。而反观美国和日本对中国出口贸易的集约边际波动曲线可以发现，两条曲线除去在样本时间初期存在一定幅度的波动外，其余时间的发展趋势相对稳定，表明美国和日本在样本期间对中国出口的产品并未出现大规模的增长。

图5.2a绘制了1995~2015年中美、中日劳动密集型行业出口贸易的扩展边际波动趋势。其中，CHN-JPN曲线在样本期间内波动较为平缓，表明中国劳动密集型行业对日本出口的扩展边际并没有显著增长，反而略有下降，但考虑该曲线的数值一直围绕着0.9波动，意味着日本劳动密集型行业从中国进口的提升空间有限，故不难理解该曲线发展较为平缓。CHN-USA的曲线由期初的0.7以下上升至0.8以上，表明中国劳动密集型行业对美国出口了更多品种的新产品，扩展边际取得了较大幅度增长，美国在大量进口源自中国的低成本劳动密集型产品的同时，进口了更多种类的新产品。但美国和日本对中国出口的扩展边际曲线呈现出较大的波动，且在一定程度上表现为下降态势，这一趋势在JPN-CHN上表现得尤为明显。特别值得关注的是，美国劳动密集行业对中国出口的扩展边际在2008~2009年出现了一个极大的波动，这一现象与美国爆发的次贷危机紧密相关。金融危机导致美国的经济资金链紧张，实体企业为获得足够的流动资金，选择低价变卖技术或矿产资源，中国在此期间进行大批量购买，导致了这一波动的出现。

图5.2b报告了1995~2015年中美、中日劳动密集型行业出口贸易的集约边际波动趋势。CHN-JPN和CHN-USA曲线在样本期间呈现出逐步上升的趋势，表明中国劳动密集型行业对美国和日本的出口在旧产品、旧市场方面取得了增长，结合相应年份扩展边际的上升趋势，可知二元边际理论较好地解释了中国劳动密集型行业对美国和日本出口贸易增长的发展状况。美国劳动密集型行业对中国出口的集约边际曲线按照波动趋势可以划分为两个阶段，第一阶段为1995~2009年，美国劳动密集型行业对中国出口的集约边际曲线发展趋势较为平稳，第二阶段为2010~2015年，美国劳动密集型行业对中国出口的集约边际曲线呈现出波动上升的趋势。而JPN-CHN曲线始终位于0.1以下，表明日本劳动密集型行业对中国的出口规模并未显现出增长趋势，劳动密集型产品在日本对中国出口贸易中所占的比例不高。

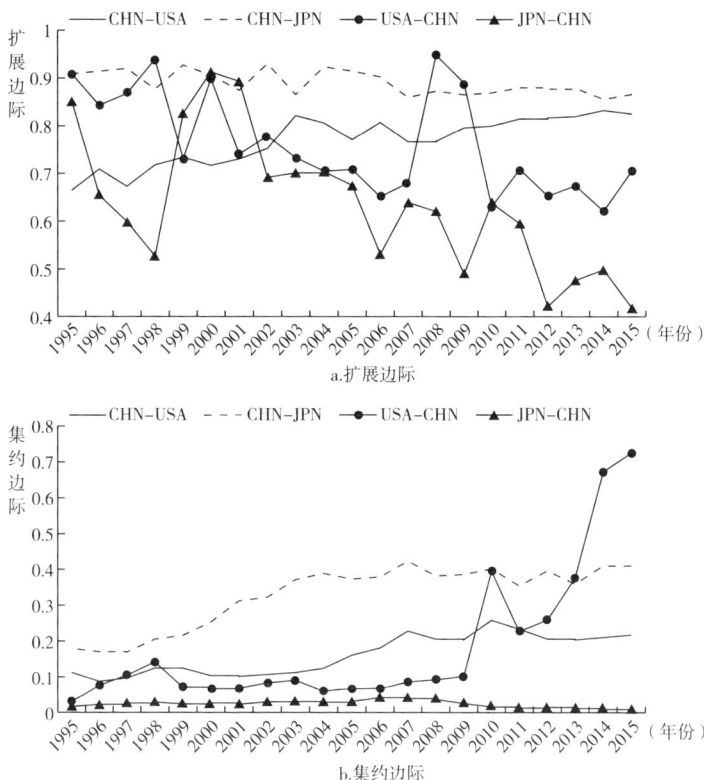

图 5.2　1995~2015 年中美、中日劳动密集型行业出口二元边际的波动趋势

　　图 5.3a 绘制了 1995~2015 年中美、中日资本密集型行业出口贸易的扩展边际波动趋势。可以发现，虽然 CHN-JPN 和 CHN-USA 两条曲线在整体上呈现出波动上升的趋势，表明中国资本密集型行业在对美国和日本出口过程中不断拓展了在两国的新市场，促进了出口贸易的增长。但两条曲线之间呈现出截然相反的变动趋势，意味着中国资本密集型行业在对美国和日本出口的过程中存在着一定的竞争性。而美国和日本作为全球最大的资本主义国家，在资本密集型行业具有较大的竞争优势，是中国资本密集型产品进口的主要来源国。这一现象导致 JPN-CHN 和 USA-CHN 两条曲线处于较高位置，在一定程度上接近于 1，且变化趋势较为平稳。

　　图 5.3b 绘制了 1995~2015 年中美、中日资本密集型行业出口贸易的集约边际波动趋势。CHN-JPN 和 CHN-USA 曲线呈现出波动上升的趋势，但

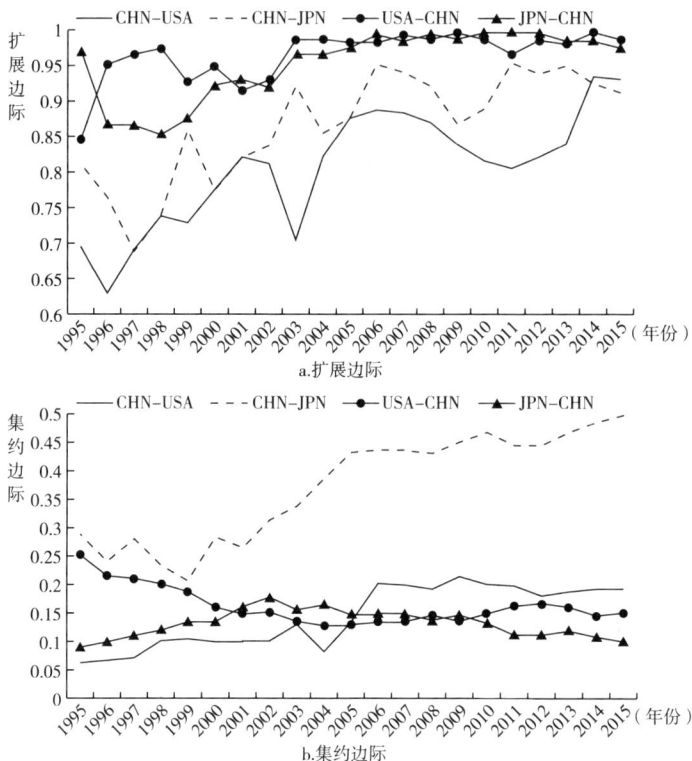

图 5.3　资本密集型行业出口二元边际的波动趋势

中国资本密集型行业对日本出口的集约边际要高于其对美国出口的集约边际，且 CHN-JPN 曲线由期初的 0.3 以下上升至期末的 0.5，表明中国资本密集型行业在旧市场、旧产品对日本的出口规模在样本期内获得了较大增长。虽然中国资本密集型行业对美国出口的集约边际同样有着一定幅度的增长，但上升幅度远不如 CHN-JPN 曲线。而反观美国和日本资本密集型行业对中国出口的集约边际曲线可以发现，USA-CHN 曲线呈现出下降趋势，意味着中国对美国资本密集型产品的进口需求不断下降。虽然 JPN-CHN 曲线呈现出先升后降的波动趋势，但总体位于 0.05 至 0.2 之间，增长较为平稳。

图 5.4a 绘制了 1995~2015 年中美、中日技术密集型行业出口贸易的扩展边际波动趋势。可以发现，中国技术密集型行业对美国和日本出口的扩

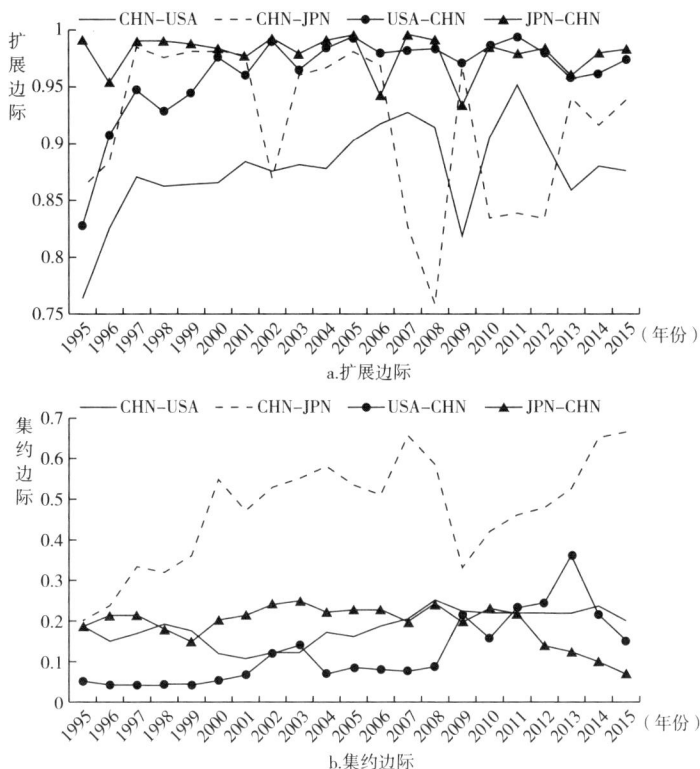

图 5.4 技术密集型行业出口二元边际的波动趋势

展边际存在着较大波动，表明中国在这两国的新产品销售或新市场开发并不稳定，中国技术密集型行业在这两国家的市场认可度有待提高。而美国和日本技术密集型行业对中国出口的扩展边际曲线发展相对稳定，除期初美国短暂的低于 0.9 之外，大部分时间位于数值 0.9 以上。美国和日本作为全球最为发达的资本主义国家，同时也在多个高科技领域拥有世界最为前沿的技术，中国作为最大的发展中国家，为实现经济发展的后发优势，需要从这些国家进口大量的高技术产品，从而导致 JPN-CHN 和 USA-CHN 曲线所处位置居高不下。

图 5.4b 报告了 1995~2015 年中美、中日技术密集型行业出口贸易的集约边际波动趋势。虽然中国技术密集型行业对日本出口的扩展边际存在较大波动，但在集约边际上呈现出波动上升的趋势，仅在 2008 年出现了一个

大幅度的下降过程，表明中国技术密集型行业对日本出口过程中实现了旧市场旧产品的增长。而中国技术密集型行业对美国出口的集约边际曲线则显现出先降后升的波动趋势，但鉴于其数值大小仅位于 0.2 左右，可以认为中国技术密集型行业在美国市场的出口规模并未出现显著增长。而 JPN-CHN 曲线的增长趋势也相对平缓，表明日本技术密集型行业对中国出口贸易的集约边际未出现显著波动。USA-CHN 曲线波动可以分为三个阶段，第一阶段为 1995~2003 年，呈现出波动上升的趋势；第二阶段为 2004~2008年，表现为平缓的发展趋势；第三阶段为 2009~2015 年，在经历短暂的上升期后逐渐下降。意味着虽然美国技术密集型行业对中国出口的品类较多，但旧产品旧市场的增长相对有限。

### （三）模型构建及变量说明

本章基于相关理论，构建了如下形式的回归模型：

$$y_{i,t} = \alpha + roadrate_{i,t} + railrate_{i,t} + Z_{i,t} + \varepsilon_{i,t}$$

其中，$y$ 为被解释变量，主要包含前文通过 H-K 法测算的各国扩展边际和集约边际两方面内容，鉴于本章进一步对制造业进行了细分，故 $y$ 涉及的变量有：制造业出口贸易的扩展边际（$ij\_em$）和制造业出口贸易的集约边际（$ij\_im$）、劳动密集型行业出口贸易的扩展边际（$ld\_em$）和劳动密集型行业出口贸易的集约边际（$ld\_im$）、资本密集型行业出口贸易的扩展边际（$zb\_em$）和资本密集型行业出口贸易的集约边际（$zb\_im$）、技术密集型行业出口贸易的扩展边际（$js\_em$）和技术密集型行业出口贸易的集约边际（$js\_im$）。上述变量的样本数据基于 CEPII-BACI 数据库的 6 位 HS 产品编码贸易数据计算获得。本章采用公路密度（$roadrate$）以及铁路密度（$railrate$）分别衡量出口国交通基础设施的发展情况，这两个指标均为陆路交通基础设施，是本章研究重点关注的解释变量。表 5.2 中显示出口国 $roadrate$ 的均值为 84.4489，标准差为 106.8021，最小值为 1，最大值为 546，观测量为151216；出口国 $railrate$ 的均值为 0.0303，标准差为 0.0293，最小值为0.0004，最大值为 0.1213，观测量 242179。

表 5.1　变量说明及数据来源

| 变量 | 变量说明 | 数据来源 |
| --- | --- | --- |
| *ij_em* | 制造业出口贸易的扩展边际 | 基于 CEPII-BACI 数据库计算 |
| *ij_im* | 制造业出口贸易的集约边际 | 基于 CEPII-BACI 数据库计算 |
| *ld_em* | 劳动密集型行业出口贸易的扩展边际 | 基于 CEPII-BACI 数据库计算 |
| *ld_im* | 劳动密集型行业出口贸易的集约边际 | 基于 CEPII-BACI 数据库计算 |
| *zb_em* | 资本密集型行业出口贸易的扩展边际 | 基于 CEPII-BACI 数据库计算 |
| *zb_im* | 资本密集型行业出口贸易的集约边际 | 基于 CEPII-BACI 数据库计算 |
| *js_em* | 技术密集型行业出口贸易的扩展边际 | 基于 CEPII-BACI 数据库计算 |
| *js_im* | 技术密集型行业出口贸易的集约边际 | 基于 CEPII-BACI 数据库计算 |
| *roadrate* | 公路密度 $[km/100（km）^2]$ | 同花顺数据库 |
| *railrate* | 铁路密度 $[km/100（km）^2]$ | World Development Indicators |
| *igdp* | 出口国国内生产总值 | World Development Indicators |
| *jgdp* | 进口国国内生产总值 | World Development Indicators |
| *dist* | 出口国和进口国之间的地理距离 | World Development Indicators |
| *ser* | 第三产业占 GDP 的比重 | World Development Indicators |
| *grate* | 政府最终消费支出占 GDP 比重 | World Development Indicators |
| *tot* | 净易货贸易条件（2000 年＝100） | World Development Indicators |

此外，本书构建的基准模型中 *Z* 为控制变量，*ε* 为随机扰动项。控制变量 *Z* 主要包含以下几方面内容：

（1）贸易引力模型涉及的相关解释变量，这一部分主要包含出口国国内生产总值（*igdp*）、进口国国内生产总值（*jgdp*）以及两国之间的地理距离（*dist*）。贸易引力模型较好地解释了两国贸易的开展受到了经济体量和地理距离的影响，既有研究在分析二元边际时，也将其作为关键的控制变量引入回归模型中。表 5.2 中显示出口国国内生产总值的对数 ln*igdp* 的均值为 24.6258，标准差为 2.3093，最小值为 16.2158，最大值为 30.5281，观测量为 461183；进口国国内生产总值对数 ln*jgdp* 的均值为 24.4069，标准差为 2.3962，最小值为 16.2158，最大值为 30.5281，观测量为 461538。

（2）产业结构发展状况（*ser*）。既有研究发现出口的行业结构以及出口竞争力呈现出高度一致的变化趋势，即都由劳动密集型行业转向资本及技术密集型行业，产业结构升级能够显著提升中国的出口竞争力（文东伟等，2009）。本章以第三产业占 GDP 的比重作为一国产业结构发展状况的代理变量。表 5.2 显示 ser 的均值为 58.9917，标准差为 14.7925，最小值为 1.14，最大值为 94.70，观测量为 427090。

（3）政府作用（grate）。本章以政府最终消费支出占 GDP 的比重 grate 作为衡量一国政府在出口贸易过程中所起作用的代理变量。虽然政府在对外贸易中的定位尚存争议，但既有研究认为不应忽略政府在国际贸易过程中的作用，既要认识到政府在一国经济发展和国际贸易中的作用，又要将政府作用界定在适宜的范围内。表 5.2 显示 grate 的均值为 16.0544，标准差为 6.2039，最小值为 2.0471，最大值为 156.5315，观测量为 412341。

（4）贸易条件（tot）。既有文献指出发展中国家贸易条件的持续恶化和自由贸易下南北收入差距的扩大，在一定程度上影响了基于比较优势的贸易战略的有效性（徐建斌和尹翔硕，2002），本章将贸易条件引入基准回归模型中。表 5.2 显示 tot 的均值为 111.7466，标准差为 45.9910，最小值为 21.3967，最大值为 810.6498，观测量为 417482。

为更直观地反映本章模型所涉及各变量的具体情况，本章在表 5.1 中列出了基准模型涉及相关变量的解释说明及数据来源，并在表 5.2 中列出了各变量的描述性统计结果。本章所构建模型中各解释变量的数据主要来源于世界银行的 World Development Indicators 数据库和同花顺数据库，被解释变量 y 则根据 Hummels（2013）一文的相关方法结合 CEPII-BACI 数据库计算获得。

表 5.2　描述性统计

| 变量 | 均值 | 标准差 | 最小值 | 最大值 | 观测量 |
|---|---|---|---|---|---|
| ij_em | 0.0948 | 0.1783 | 1.75E-11 | 0.9998 | 482595 |
| ij_im | 11.7849 | 3344.2470 | 4.54E-09 | 1.84E+06 | 482595 |
| ld_em | 0.1169 | 0.1938 | 2.00E-10 | 0.9999 | 384545 |
| ld_im | 3.5161 | 927.9872 | 7.49E-09 | 5.68E+05 | 384545 |
| zb_em | 0.1144 | 0.2023 | 1.68E-11 | 1.0000 | 378278 |
| zb_im | 6.2734 | 874.8992 | 8.18E-10 | 3.22E+05 | 378278 |

续表

| 变量 | 均值 | 标准差 | 最小值 | 最大值 | 观测量 |
|------|------|--------|--------|--------|--------|
| *js_em* | 0.1512 | 0.2256 | 1.22E-10 | 1.0000 | 387580 |
| *js_im* | 4.5710 | 890.2851 | 6.38E-10 | 5.04E+05 | 387580 |
| *roadrate* | 84.4489 | 106.8021 | 1.0000 | 546.0000 | 151216 |
| *railrate* | 0.0303 | 0.0293 | 0.0004 | 0.1213 | 242179 |
| ln*igdp* | 24.6258 | 2.3093 | 16.2158 | 30.5281 | 461183 |
| ln*jgdp* | 24.4069 | 2.3962 | 16.2158 | 30.5281 | 461538 |
| ln*dist* | 8.6439 | 0.8431 | 4.0879 | 9.8987 | 458493 |
| *ser* | 58.9917 | 14.7925 | 1.14 | 94.70 | 427090 |
| *grate* | 16.0544 | 6.2039 | 2.0471 | 156.5315 | 412341 |
| *tot* | 111.7466 | 45.9910 | 21.3967 | 810.6498 | 417482 |

数据来源：计算获得。

## 第四节　回归结果分析

### （一）　动态面板

由于本章的研究数据为面板数据，且一国当前的出口行为可能受到过去行为的影响，比如出口企业在签订合作协议时更可能选择既往有过合作的企业，对于运输线路的选择也可受到既往出口贸易的影响。故采用动态面板数据估计交通基础设施改善对出口二元边际的影响效应，表5.3分别报告了基于差分GMM法针对出口扩展边际和集约边际的回归结果。

本章首先通过检验扰动项的差分是否存在一阶与二阶自相关来检验原假设，Arellano-Bond检验结果显示，扩展边际模型中AR（1）的检验系数均在1%的统计水平上显著，表明扰动项的差分存在一阶自相关，AR（2）则均不显著，表明不存在二阶自相关，接受原假设"扰动项无自相关"，可以使用差分GMM模型；集约边际模型中AR（1）的检验结果在10%的统计水平上均不显著，且AR（2）的检验结果同样不显著，表明该模型既不存在一阶自相关，也不存在二阶自相关，同样接受"扰动项无自相关"的原假设。结合检验的结果可知，采用被解释变量一阶滞后值作为工具变量估计动态面板模型是适宜的。

观察表 5.3 中各模型解释变量的回归系数，模型（1）是解释变量仅包含交通基础设施的回归结果，可以发现 roadrate 项的回归结果为 0.0009，且在 1% 的统计水平上显著，表明公路基础设施显著促进了出口贸易的扩展边际增长，虽然 railrate 项系数的显著性不高，但系数为正值，表明铁路基础设施同样促进了出口贸易的扩展边际增长。模型（2）在模型（1）的基础上引入贸易引力模型的相关解释变量，可以发现出口国 GDP 对其出口扩展边际的影响不显著，但进口国 GDP 的增长有助于出口国出口扩展边际的增长，导致这一现象的可能原因在于进口国经济发展有助于提高其对进口产品种类的需求，进而导致贸易合作国出口扩展边际的增长。但由于两国的地理距离在样本期间不存在变动现象，故动态面板模型将 lndist 项忽略了。模型（3）在模型（2）的基础上进一步引入其他控制变量，可以发现 ser 和 grate 项的回归结果分别为 -0.0003 和 0.0001，但在 10% 的统计水平上均不显著，意味着这两个解释变量对出口扩展边际的影响并不明显。而 tot 项的回归系数为 -0.0001，且在 1% 的统计水平上显著，表明贸易条件的改善对出口国的出口扩展边际起到了负向作用。结合模型（1）~（3）的回归结果可知，交通基础设施改善对出口扩展边际起到了促进作用，验证了假说 5-1。

进一步观察表 5.3 中模型（4）~（6）的回归结果，3 个模型的被解释变量为本章基于 CEPII-BACI 数据计算获得的出口集约边际。模型（4）的回归结果显示，roadrate 和 railrate 项的系数分别为 4.1236 和 3355.6018，且均在 1% 的统计水平上显著，意味着交通基础设施改善对出口贸易的集约边际起到了积极作用。模型（5）的回归结果同样显示交通基础设施改善促进了出口集约边际的增长，roadrate 和 railrate 项的回归系数分别为 0.0298 和 83.5645，且具有较高的显著性。lnigdp 项的系数显著为负，表明出口经济发展对其出口集约边际起到了负向影响，而 lnjgdp 项的回归系数为 8.9790，且在 1% 的统计水平上显著，表明出口国和进口国的经济发展状况对出口国的出口集约边际起到了相反的作用，贸易合作伙伴良好的经济发展状况有助于出口国出口集约边际的增长。模型（6）的回归结果同样表明交通基础设施改善有助于出口国出口集约边际的增长，roadrate 和 railrate 项的回归系数分别为 0.0817 和 134.9709，且具有较高的显著性。lnigdp 项和

*lnjgdp* 项对出口集约边际的影响方向与模型（5）一致，而解释变量 *ser*、*grate* 以及 *tot* 项的回归系数分别为 -0.3499、-1.7439 以及 -0.1601，均显著为负。综合表 5.3 中关于交通基础设施相关解释变量的回归结果可知，交通基础设施改善对出口集约边际起到了显著作用，且作用方向为正，在一定程度上验证了假说 5-2。

表 5.3　动态面板回归结果

| 变量 | 扩展边际 | | | 集约边际 | | |
|---|---|---|---|---|---|---|
| | （1） | （2） | （3） | （4） | （5） | （6） |
| *roadrate* | 0.0009 *** (0.0001) | 0.0003 ** (0.0001) | 0.0003 ** (0.0001) | 4.1236 *** (0.0180) | 0.0298 *** (0.0027) | 0.0817 *** (0.0035) |
| *railrate* | 0.1122 (0.2104) | 0.0317 (0.2160) | 0.0234 (0.2170) | 3355.6018 *** (31.0448) | 83.5645 *** (7.0833) | 134.9709 *** (8.7289) |
| ln*igdp* | | -0.0009 (0.0024) | 0.0009 (0.0025) | | -21.5159 *** (0.0354) | -20.7808 *** (0.0469) |
| ln*jgdp* | | 0.0315 *** (0.0026) | 0.0308 *** (0.0026) | | 8.9790 *** (0.0352) | 9.3176 *** (0.0389) |
| *ser* | | | -0.0003 (0.0002) | | | -0.3499 *** (0.0029) |
| *grate* | | | 0.0001 (0.0003) | | | -1.7439 *** (0.0055) |
| *tot* | | | -0.0001 *** (0.0000) | | | -0.1601 *** (0.0006) |
| 滞后项 | 0.1083 *** (0.0128) | 0.0760 *** (0.0130) | 0.0768 *** (0.0130) | -0.0632 *** (0.0001) | -0.0981 *** (0.0000) | -0.0981 *** (0.0000) |
| 常数项 | 0.0481 *** (0.0125) | -0.6088 *** (0.0376) | -0.6135 *** (0.0376) | -465.8164 *** (5.0564) | 341.7457 *** (1.1676) | 377.8116 *** (1.1127) |
| 观测量 | 77751 | 72681 | 72270 | 77751 | 72681 | 72270 |
| *Wald Chi2* | 165.45 *** | 643.03 *** | 677.21 *** | 2.37e+6 *** | 1.63e+8 *** | 3.42e+8 *** |
| AR（1） | -25.8980 *** | -24.2040 *** | -24.1620 *** | 0.3883 | 1.3021 | 1.3017 |
| AR（2） | 0.3631 | -0.5558 | -0.6120 | 0.1660 | -1.8000 * | -1.6223 |

注：\*、\*\* 和 \*\*\* 分别表示在 10%、5% 和 1% 统计水平上显著，括号内为标准误。

## （二）行业异质性

虽然前文已经从总样本的回归结果中发现交通基础设施改善对出口二元边际起到了显著的促进作用，但鉴于不同行业所含的技术含量以及所需的主要运输方式存在差别，本节进一步探讨不同属性行业出口二元边际对交通基础设施改善的响应作用。具体的，本章结合谢建国（2003）的分类方法，将制造业划分为劳动密集型、资本密集型以及技术密集型3个类别。为减弱不同行业产品的影响，本章基于重新划分的三个子样本分别计算出口贸易的扩展边际和集约边际，并结合回归模型分别进行估计，所得回归结果在表5.4中列出。

表5.4中第2~4列是不同行业出口扩展边际作为被解释变量的回归结果，可以发现公路基础设施显著促进了三类行业出口贸易扩展边际的增长；但铁路基础设施改善的影响作用相对有限。具体来看，表5.4中第2列为基准模型基于劳动密集型行业的回归结果，$roadrate$ 项系数的回归结果为0.0004，且在1%的统计水平上显著，表明公路基础设施改善显著促进了劳动密集型行业出口扩展边际的增长；虽然 $railrate$ 项的回归系数在10%的统计水平上不显著，但系数为正值，意味着铁路基础设施改善在一定程度上提高了劳动密集型行业的出口扩展边际。表5.4中第3列为资本密集型行业的回归结果，虽然 $roadrate$ 项的回归系数仅在10%的统计水平上显著为正，但 $railrate$ 项对资本密集型行业的影响作用不显著为负，这一现象表明交通基础设施改善对资本密集型行业的影响效应比劳动密集型行业弱。表5.4中第4列为技术密集型行业样本的模型回归结果，可以发现 $roadrate$ 项的回归系数为0.0004，且在5%的统计水平上显著，表明公路基础设施改善显著推动了技术密集型行业出口扩展边际的增长，但 $railrate$ 项的回归结果不显著为负，意味着铁路基础设施密度增长并未对技术密集型行业出口扩展边际造成显著影响。综合上述分析结果来看，虽然 $railrate$ 项对资本密集型和技术密集型行业出口扩展边际造成了一定程度的负向作用，但显著程度均不高，同时鉴于公路基础设施对各行业出口扩展边际的促进作用，可以认为交通基础设施对出口扩展边际产生了积极作用，在一定程度上验证了假说5-1。

进一步观察表5.4中关于出口集约边际的回归结果，可以发现虽然交通基础设施对不同行业出口集约边际造成的影响并不一致，但大部分在1%的统计水平上显著，验证了前文的假说 5-2。分不同行业模型的回归结果来看，表 5.4 中第 5 列是基于劳动密集型行业出口集约边际样本的回归结果，可以发现无论是 *roadrate* 还是 *railrate* 项的系数均为负，表明交通基础设施改善对劳动密集型行业出口贸易的集约边际造成了负向影响，这一现象产生的原因在于劳动密集型产品的议价能力较弱，交通基础设施改善在降低企业出口门槛的同时降低了劳动密集型产品在国际市场上的价格，故导致其出口集约边际的下降。表 5.4 中第 6 列为交通基础设施改善对资本密集型行业出口集约边际的影响效应，*roadrate* 和 *railrate* 项的回归系数分别为 0.0201 和 20.6665，且均在 1% 的统计水平上显著，表明公路和铁路基础设施密度的增长有助于出口国资本密集型行业出口集约边际的增长。表 5.4 中最后一列为基准模型基于技术密集型行业样本的回归结果，可以发现与交通基础设施相关的解释变量均显著为正，且绝对值大于资本密集型行业模型，表明技术密集型行业的出口集约边际更易受到交通基础设施改善的影响。导致交通基础设施改善对不同行业出口集约边际影响存在差异的可能原因在于各行业出口时固定贸易成本和可变贸易成本存在差别，从而引致交通基础设施改善对出口集约边际的影响方向并不明确，进一步验证了本章传导机制部分提出的假说 5-2。

**表 5.4　行业异质性回归结果**

| 变量 | 扩展边际 | | | 集约边际 | | |
|---|---|---|---|---|---|---|
| | 劳动密集型 | 资本密集型 | 技术密集型 | 劳动密集型 | 资本密集型 | 技术密集型 |
| *roadrate* | 0.0004 *** (0.0001) | 0.0003 * (0.0001) | 0.0004 ** (0.0002) | -0.0426 *** (0.0037) | 0.0201 *** (0.0021) | 0.0729 *** (0.0021) |
| *railrate* | 0.2472 (0.2723) | -0.1676 (0.2847) | -0.2002 (0.3078) | -4.9508 (3.3914) | 20.6665 *** (1.7404) | 39.9389 *** (5.2611) |
| ln*igdp* | 0.0040 (0.0032) | 0.0052 * (0.0031) | -0.0007 (0.0035) | -5.9506 *** (0.1306) | -2.2680 *** (0.0346) | -8.2387 *** (0.0199) |
| ln*jgdp* | 0.0218 *** (0.0033) | 0.0304 *** (0.0032) | 0.0470 *** (0.0035) | 5.4605 *** (0.0855) | -1.7915 *** (0.0315) | 2.5858 *** (0.0179) |

续表

| 变量 | 扩展边际 | | | 集约边际 | | |
|---|---|---|---|---|---|---|
| | 劳动密集型 | 资本密集型 | 技术密集型 | 劳动密集型 | 资本密集型 | 技术密集型 |
| *ser* | −0.0003 <br>(0.0003) | 0.0001 <br>(0.0003) | −0.0007 ** <br>(0.0003) | 0.1421 *** <br>(0.0120) | 0.0704 *** <br>(0.0031) | −0.9629 *** <br>(0.0009) |
| *grate* | −0.0003 <br>(0.0004) | 0.0005 <br>(0.0004) | −0.0012 ** <br>(0.0005) | 0.1546 *** <br>(0.0145) | −0.6083 *** <br>(0.0057) | −0.5123 *** <br>(0.0026) |
| *tot* | −0.0001 ** <br>(0.0000) | −0.0001 ** <br>(0.0000) | −0.0001 ** <br>(0.0001) | 0.0054 * <br>(0.0029) | −0.0415 *** <br>(0.0004) | 0.0021 *** <br>(0.0002) |
| 滞后项 | 0.1257 *** <br>(0.0135) | 0.1131 *** <br>(0.0155) | 0.0982 *** <br>(0.0109) | −0.3290 *** <br>(0.0000) | −0.0102 *** <br>(0.0000) | −0.0000 *** <br>(0.0000) |
| 常数项 | −0.4937 *** <br>(0.0497) | −0.7422 *** <br>(0.0501) | −0.8502 *** <br>(0.0550) | 15.6399 *** <br>(2.5198) | 111.2577 *** <br>(0.9201) | 216.7875 *** <br>(0.6031) |
| 观测量 | 60237 | 64440 | 65204 | 60237 | 64440 | 65204 |
| *Wald Chi²* | 418.26 *** | 593.38 *** | 815.63 *** | 1.84e+8 *** | 1.64e+8 *** | 1.33e+7 *** |
| AR (1) | −24.133 *** | −21.911 *** | −27.935 | 0.3114 | −0.01681 | −1.2594 |
| AR (2) | 0.06576 | −0.35577 | 1.3762 | 0.3168 | 1.1197 | −0.47226 |

注:*、**和***分别表示在10%、5%和1%统计水平上显著,括号内为标准误。

## (三) 国别异质性

考虑到发达国家和发展中国家无论是在经济发展水平,还是在基础设施存量方面均存在着较大区别,且不同发展阶段的国家在行业发展水平等多个方面同样存在着技术能力、成本控制等方面的差异,本节进一步对研究样本进行拆分,进而探讨交通基础设施改善对发达国家以及发展中国家出口扩展边际和出口集约边际影响效应的异质性。由于回归模型较多,表5.5和表5.6分别报告了发达国家和发展中国家全部样本、劳动密集型、资本密集型以及技术密集型行业的回归结果。

**表 5.5 国别异质性回归结果：发达国家**

| 变量 | 扩展边际 | | | | 集约边际 | | | |
|---|---|---|---|---|---|---|---|---|
| | 全部样本 | 劳动密集型 | 资本密集型 | 技术密集型 | 全部样本 | 劳动密集型 | 资本密集型 | 技术密集型 |
| *roadrate* | 0.0001<br>(0.0001) | 0.0005***<br>(0.0002) | -0.0001<br>(0.0001) | 0.0001<br>(0.0002) | 0.0556***<br>(0.0009) | -0.0516***<br>(0.0021) | -0.0081***<br>(0.0011) | 0.0031***<br>(0.0004) |
| *railrate* | 0.1291<br>(0.2154) | 0.2815<br>(0.2737) | -0.1591<br>(0.2752) | -0.1282<br>(0.3091) | 7.8437***<br>(0.6110) | -7.4733***<br>(1.6387) | -12.5973***<br>(0.8767) | 14.8035***<br>(1.7459) |
| ln*igdp* | -0.0046<br>(0.0034) | -0.0064<br>(0.0045) | 0.0093**<br>(0.0041) | -0.0039<br>(0.0049) | 3.5389***<br>(0.0271) | -0.4812***<br>(0.0526) | 3.7407***<br>(0.0490) | -0.8996***<br>(0.0100) |
| ln*jgdp* | 0.0359***<br>(0.0032) | 0.0255***<br>(0.0040) | 0.0295***<br>(0.0038) | 0.0514***<br>(0.0043) | -1.8539***<br>(0.0063) | -0.0977***<br>(0.0224) | -2.4918***<br>(0.0351) | 0.6118***<br>(0.0033) |
| *ser* | -0.0012***<br>(0.0004) | -0.0010*<br>(0.0006) | -0.0005<br>(0.0005) | -0.0019***<br>(0.0007) | -0.4179***<br>(0.0016) | 0.1050***<br>(0.0057) | -0.1528***<br>(0.0059) | -0.2699***<br>(0.0026) |
| *grate* | 0.0003<br>(0.0005) | -0.0009<br>(0.0008) | 0.0015**<br>(0.0007) | -0.0020**<br>(0.0009) | -0.1929***<br>(0.0013) | 0.2212***<br>(0.0060) | 0.2039***<br>(0.0072) | 0.2271***<br>(0.0017) |
| *tot* | -0.0002***<br>(0.0001) | -0.0002*<br>(0.0001) | -0.0001<br>(0.0001) | -0.0003**<br>(0.0001) | -0.0479***<br>(0.0003) | -0.0066***<br>(0.0008) | -0.0565***<br>(0.0006) | 0.0015***<br>(0.0002) |
| 滞后项 | 0.0786***<br>(0.0135) | 0.1460***<br>(0.0151) | 0.1091***<br>(0.0157) | 0.1109***<br>(0.0116) | 0.0002***<br>(0.0000) | -0.0275***<br>(0.0000) | -0.0002***<br>(0.0000) | -0.0009***<br>(0.0000) |
| 常数项 | -0.4728***<br>(0.0541) | -0.2476***<br>(0.0731) | -0.7353***<br>(0.0660) | -0.6838***<br>(0.0806) | -20.9423***<br>(0.5784) | 12.6854***<br>(1.0405) | -25.3241***<br>(0.7730) | 24.3380***<br>(0.4350) |
| 观测量 | 43958 | 37267 | 40367 | 41579 | 43958 | 37267 | 40367 | 41579 |
| Wald Chi² | 481.94*** | 304.15*** | 403.54*** | 602.09*** | 9.80e+5*** | 1.93e+7*** | 71497.10 | 7.84e+6*** |
| AR (1) | -19.844*** | -20.002*** | -18.626*** | -23.368*** | -1.0789*** | -1.7357* | -2.3615** | 0.2168*** |
| AR (2) | -1.3744 | 0.0440 | -1.7343* | 1.9830* | 0.6648 | 0.8397 | 0.4536 | 0.1911 |

注：*、**和***分别表示在10%、5%和1%统计水平上显著，括号内为标准误。

观察表 5.5 第 2~5 列的回归结果可以发现，虽然 *roadrate* 和 *railrate* 项的回归系数在发达国家的全部样本模型中不显著，但均为正值，表明交通基础设施改善在一定程度上促进了发达国家出口扩展边际的增长，且仅公路基础设施改善对劳动密集型行业的出口扩展边际存在较为显著的影响效应。导致交通基础设施改善对发达国家出口扩展边际影响效应不明显的原因在于，为获取高昂的贸易利润，发达国家一般选择生产及出口自身具有比较优势或竞争优势的产品，出口产品的集合范围相对集中，因此交通基础设施改善对其出口扩展边际的影响不显著，但总体上呈现出正向促进作用，在一定程度上符合假说 5-1 提出的相关内容。

进一步观察表 5.5 的第 6~9 列，虽然交通基础设施改善对发达国家出口的集约边际产生了显著的正向促进作用，但在细分样本中的回归结果存在较大差异。具体表现为 *roadrate* 项在劳动密集型、资本密集型以及技术密集型行业中的回归系数分别为 -0.0516、-0.0081 以及 0.0031，且均在 1% 的统计水平上显著。这表明在发达国家样本中，公路基础设施仅促进了技术密集型行业的出口集约边际增长，但抑制了劳动密集型和资本密集型行业的出口集约边际增长。*railrate* 项的回归结果与 *roadrate* 项相似，其系数分别为 -7.4733、-12.5973 以及 14.8035，也均在 1% 的统计水平上显著。基于发达国家出口集约边际的回归结果可知，交通基础设施改善对出口集约边际的影响方向并不确定，并因行业类别的异质性而存在差异，符合假说 5-2 的相关内容。

表 5.6 是基于发展中国家样本的回归结果，可以发现交通基础设施改善对发展中国家出口二元边际的影响比发达国家更为显著。具体而言，表 5.6 中第 2 列为基于发展中国家全部样本的回归结果，可以发现 *roadrate* 项的系数为 0.0007，且在 1% 的统计水平上显著，表明公路基础设施改善整体上对发展中国家出口扩展边际造成了明显的促进作用，但铁路基础设施对发展中国家出口贸易的扩展边际影响不显著，且为负向作用，*railrate* 项的回归系数为 -0.9202。在进一步细分行业样本后，表 5.6 中第 3~5 列报告了模型的回归结果，可以发现，公路基础设施对不同行业出口的扩展边际均产生了正向促进作用，其在劳动密集型、资本密集型以及技术密集型样本中的回归系数分别为 0.0006、0.0008 以及 0.0010，且均具有较高的显著程度。但相比于资本密集型行业和技术密集型行业，公路基础设施

对发展中国家劳动密集型行业出口扩展边际的影响作用相对较弱，产生这一现象的可能原因在于前文提到的劳动密集型产品在国际市场上的议价能力弱于资本密集型和技术密集型产品，出口门槛的下降，导致公路基础设施改善对其出口扩展边际增长的显著影响相对减小。在铁路基础设施方面，虽然 *railrate* 项对劳动密集型、资本密集型以及技术密集型行业的影响方向分别为正、负、正，但在10%的统计水平上均不显著，意味着铁路基础设施改善对发展中国家出口扩展边际增长不存在明显影响。结合上述分析结果来看，虽然铁路基础设施改善对发展中国家出口扩展边际存在一定的负向影响，但鉴于这一影响并不具有显著性，且公路基础设施对发展中国家出口扩展边际展现出显著的正向作用，可以在一定程度上认为交通基础设施改善提高了发展中国家的出口扩展边际，符合假说5-1的相关内容。

进一步观察表5.6中关于出口集约边际的回归结果，可以发现对于发展中国家而言，交通基础设施改善总体上提高了其出口集约边际。具体而言，表5.6中第6列为基于全部样本的回归结果，*roadrate* 项的回归系数为0.4481，且在1%的统计水平上显著，而 *railrate* 项的回归系数为100.5833，且在1%的统计水平上显著，表明交通基础设施改善整体上促进了发展中国家出口集约边际的增长。在细分样本后，*roadrate* 项在劳动密集型、资本密集型以及技术密集型行业中的回归系数分别为0.0027、0.0297以及0.1917，且 *roadrate* 项除在劳动密集型行业中较不显著外，在其余两个行业中均具有较高的显著程度，表明公路基础设施对发展中国家不同类型的行业造成了正向促进作用，但鉴于劳动密集型行业的市场门槛低于资本密集型行业和技术密集型行业，减弱了公路基础设施改善对出口集约边际的影响效应。在铁路基础设施方面，*railrate* 项在全部样本中的回归系数显著为正，且仅在劳动密集型行业样本中不显著为负，而在资本密集型和技术密集型行业中的回归系数分别为644.2667、60.2167，且在1%的统计水平上显著，意味着铁路基础设施改善促进了发展中国家出口集约边际的增长。

表 5.6 国别异质性回归结果：发展中国家

| 变量 | 扩展边际 | | | | 集约边际 | | | |
|------|---------|---------|---------|---------|---------|---------|---------|---------|
| | 全部样本 | 劳动密集型 | 资本密集型 | 技术密集型 | 全部样本 | 劳动密集型 | 资本密集型 | 技术密集型 |
| roadrate | 0.0007*** (0.0002) | 0.0006** (0.0002) | 0.0008*** (0.0003) | 0.0010*** (0.0003) | 0.4481*** (0.0029) | 0.0027 (0.0073) | 0.0297*** (0.0018) | 0.1917*** (0.0027) |
| railrate | -0.9202 (0.7892) | 1.1802 (1.1313) | -1.3744 (1.0271) | 0.4160 (1.4358) | 100.5833*** (7.7470) | -79.5788 (53.3634) | 644.2667*** (5.3545) | 60.2167*** (19.5877) |
| ln igdp | 0.0081** (0.0033) | 0.0132*** (0.0044) | 0.0037 (0.0043) | 0.0051 (0.0046) | -45.6999*** (0.0284) | -20.7416*** (0.2308) | -7.3561*** (0.0281) | -13.6681*** (0.0360) |
| ln jgdp | 0.0180*** (0.0041) | 0.0165*** (0.0052) | 0.0297*** (0.0052) | 0.0392*** (0.0054) | 31.4657*** (0.0279) | 19.7665*** (0.2134) | -2.5740*** (0.0372) | 4.4335*** (0.0161) |
| ser | -0.0001 (0.0002) | -0.0000 (0.0003) | 0.0001 (0.0003) | 0.0003 (0.0004) | -0.6092*** (0.0020) | 0.7769*** (0.0108) | 0.1705*** (0.0014) | -1.5014*** (0.0048) |
| grate | 0.0004 (0.0003) | 0.0001 (0.0004) | 0.0001 (0.0005) | -0.0001 (0.0005) | -2.7083*** (0.0031) | 0.2188*** (0.0273) | -1.0070*** (0.0033) | -1.1841*** (0.0038) |
| tot | -0.0001** (0.0000) | -0.0001** (0.0000) | -0.0001** (0.0000) | -0.0000 (0.0001) | -0.1190*** (0.0002) | -0.0156*** (0.0021) | -0.0226*** (0.0003) | 0.0080*** (0.0002) |
| 滞后项 | 0.1183*** (0.0202) | 0.0718*** (0.0201) | 0.1202*** (0.0210) | 0.0826*** (0.0178) | -0.1489*** (0.0000) | -0.3499*** (0.0001) | -0.0190*** (0.0000) | -0.0000*** (0.0000) |
| 常数项 | -0.5434*** (0.0591) | -0.6507*** (0.0754) | -0.7071*** (0.0789) | -1.0024*** (0.0830) | 464.4143*** (1.5635) | -1.9368 (2.8938) | 248.7232*** (1.2024) | 335.5062*** (1.3185) |
| 观测量 | 28312 | 22970 | 24073 | 23625 | 28312 | 22970 | 24073 | 23625 |
| Wald Chi² | 310.10*** | 185.13*** | 270.08*** | 351.67*** | 6.59e+8*** | 3.18e+7*** | 1.32e+9*** | 3.975e+5*** |
| AR (1) | -14.4920*** | -13.479*** | -12.332*** | -14.631*** | 1.3330 | -0.9999 | 0.2542 | -1.5518 |
| AR (2) | 1.2988 | -0.2741 | 1.324 | -0.1588 | -1.2343 | -1.0001 | 1.2370 | 0.5310 |

注：*、** 和 *** 分别表示在 10%、5% 和 1% 统计水平上显著，括号内为标准误。

## （四）稳健性检验

前文采用公路设施和铁路设施的密度作为交通基础设施的代理变量，为验证前文结论的稳健性，本节采用公路设施货运量（roadgoods）和铁路设施货运量（railgoods）替代相应的密度指标，并重新采用动态面板方法估计本章所构建的模型，表 5.7 和表 5.8 分别列出了交通基础设施改善对出口扩展边际和集约边际的回归结果。从 Arellano-Bond 检验的结果来看，所有模型的 AR（1）具有较高的显著性，而 AR（2）的显著性相对较低，这一结果与前文相对应模型的结果一致，表明随机扰动项的差分存在一阶自相关，但不存在二阶自相关，不能拒绝"扰动项无自相关"的原假设，能够采用差分 GMM 估计动态面板模型，意味着将被解释变量的一阶滞后项作为工具变量是适宜的。

表 5.7　变量替换回归结果：出口扩展边际

| 变量 | 全部样本 | 发达国家 | | | 发展中国家 | | |
|---|---|---|---|---|---|---|---|
| | | 劳动密集型 | 资本密集型 | 技术密集型 | 劳动密集型 | 资本密集型 | 技术密集型 |
| *roadgoods* | 0.0024 *<br>（0.0015） | 0.0056<br>（0.0052） | -0.0017<br>（0.0048） | 0.0143 **<br>（0.0061） | 0.0074 **<br>（0.0035） | 0.0105 ***<br>（0.0031） | 0.0050<br>（0.0039） |
| *railgoods* | 0.0019 *<br>（0.0011） | 0.0037 *<br>（0.0020） | -0.0003<br>（0.0015） | 0.0050 **<br>（0.0022） | -0.0032<br>（0.0026） | 0.0122 ***<br>（0.0039） | 0.0025<br>（0.0031） |
| ln*igdp* | 0.0017<br>（0.0026） | -0.0201 ***<br>（0.0044） | 0.0068<br>（0.0042） | -0.0143 ***<br>（0.0054） | 0.0119 **<br>（0.0051） | 0.0054<br>（0.0042） | 0.0091 *<br>（0.0054） |
| ln*jgdp* | 0.0341 ***<br>（0.0025） | 0.0369 ***<br>（0.0034） | 0.0298 ***<br>（0.0035） | 0.0604 ***<br>（0.0042） | 0.0209 ***<br>（0.0065） | 0.0355 ***<br>（0.0054） | 0.0480 ***<br>（0.0063） |
| *ser* | -0.0001<br>（0.0002） | -0.0009<br>（0.0005） | 0.0005<br>（0.0005） | -0.0007<br>（0.0006） | -0.0002<br>（0.0004） | -0.0006 **<br>（0.0003） | 0.0009 **<br>（0.0004） |
| *grate* | -0.0004 *<br>（0.0002） | 0.0000<br>（0.0007） | -0.0001<br>（0.0007） | -0.0013<br>（0.0009） | -0.0004<br>（0.0003） | -0.0001<br>（0.0003） | -0.0010 **<br>（0.0004） |
| *tot* | -0.0001 ***<br>（0.0000） | -0.0001<br>（0.0001） | -0.0002<br>（0.0001） | -0.0003 **<br>（0.0001） | -0.0002 ***<br>（0.0001） | -0.0002 ***<br>（0.0001） | -0.0002 **<br>（0.0001） |
| 滞后项 | 0.0654 ***<br>（0.0133） | 0.2506 ***<br>（0.0130） | 0.0891 ***<br>（0.0153） | 0.0942 ***<br>（0.0119） | 0.1308 ***<br>（0.0200） | 0.0593 **<br>（0.0233） | 0.0591 ***<br>（0.0182） |
| 常数项 | -0.7113 ***<br>（0.0391） | -0.2239 ***<br>（0.0724） | -0.6954 ***<br>（0.0646） | -0.8806 ***<br>（0.0853） | -0.7132 ***<br>（0.0823） | -1.0488 ***<br>（0.0856） | -1.3501 ***<br>（0.0975） |
| 观测量 | 62011 | 42631 | 38160 | 39467 | 15757 | 17405 | 17383 |
| *Wald Chi*$^2$ | 731.37 *** | 689.97 *** | 384.25 *** | 650.97 *** | 265.55 *** | 344.83 *** | 422.90 *** |

| 变量 | 全部样本 | 发达国家 | | | 发展中国家 | | |
|---|---|---|---|---|---|---|---|
| | | 劳动密集型 | 资本密集型 | 技术密集型 | 劳动密集型 | 资本密集型 | 技术密集型 |
| AR（1） | −22.342*** | −22.128*** | −18.025*** | −23.114*** | −11.5*** | −10.09*** | −11.756*** |
| AR（2） | 0.3292 | 2.7356*** | −0.8580 | 1.6548* | 0.1263 | 0.6178 | −0.26111 |

注：*、** 和 *** 分别表示在 10%、5% 和 1% 统计水平上显著，括号内为标准误。

在解释变量方面，观察表 5.7 的相关内容可以发现，虽然公路基础设施和铁路基础设施改善对出口扩展边际影响效应的显著度不高，但整体上呈现出正向促进作用，表明在采用 *roadgoods* 和 *railgoods* 替换 *roadrate* 和 *railrate* 后，模型的回归结果并未显著冲击前文的相关结论，意味着结论具有稳健性。在划分国别异质性和行业异质性后，公路基础设施和铁路基础设施改善仅对发达国家的资本密集型行业产生不显著的负向作用，但较为明显地促进了劳动密集型和技术密集型行业出口扩展边际的增长。在发展中国家样本中，仅 *railgoods* 项在劳动密集型行业中不显著为负，*roadgoods* 和 *railgoods* 项的回归系数在其他模型中均为正，可以认为交通基础设施在一定程度上促进了发展中国家出口扩展边际的增长。结合表 5.7 中所有模型的回归结果，可以认为交通基础设施改善对出口扩展边际增长具有积极效应，表明前文主要结论具有稳健性，且进一步验证了假说 5-1。

表 5.8　变量替换回归结果：出口集约边际

| 变量 | 全部样本 | 发达国家 | | | 发展中国家 | | |
|---|---|---|---|---|---|---|---|
| | | 劳动密集型 | 资本密集型 | 技术密集型 | 劳动密集型 | 资本密集型 | 技术密集型 |
| *roadgoods* | 0.7476***<br>(0.0046) | −3.2898***<br>(0.2479) | −2.3373***<br>(0.0346) | 3.6277***<br>(0.0206) | −0.3610***<br>(0.0068) | 11.6592***<br>(0.5763) | 0.5038***<br>(0.0032) |
| *railgoods* | 1.4227***<br>(0.0150) | −1.0030***<br>(0.0882) | −0.8201***<br>(0.0202) | 3.0325***<br>(0.0121) | −0.1371***<br>(0.0114) | 39.1800***<br>(0.6132) | 0.2135***<br>(0.0028) |
| ln*igdp* | 2.3469***<br>(0.0094) | 36.5479***<br>(0.2524) | 4.8584***<br>(0.0211) | −0.9556***<br>(0.0189) | 0.2324***<br>(0.0128) | 40.5826***<br>(0.9258) | −0.4262***<br>(0.0011) |
| ln*jgdp* | −3.9503***<br>(0.0079) | −41.8981***<br>(0.2122) | −2.7004***<br>(0.0102) | 0.6938***<br>(0.0276) | −1.1874***<br>(0.0091) | 3.2711***<br>(0.8309) | −0.2335***<br>(0.0011) |

续表

| 变量 | 全部样本 | 发达国家 | | | 发展中国家 | | |
|---|---|---|---|---|---|---|---|
| | | 劳动密集型 | 资本密集型 | 技术密集型 | 劳动密集型 | 资本密集型 | 技术密集型 |
| *ser* | −0.2113 *** <br> (0.0012) | 3.7749 *** <br> (0.0251) | −0.1362 *** <br> (0.0032) | −0.4176 *** <br> (0.0057) | −0.0182 *** <br> (0.0012) | 18.2491 *** <br> (0.2162) | 0.0136 *** <br> (0.0001) |
| *grate* | −0.4204 *** <br> (0.0010) | −1.7533 *** <br> (0.0318) | −0.0326 *** <br> (0.0065) | 0.2391 *** <br> (0.0059) | 0.0176 *** <br> (0.0015) | −4.8139 *** <br> (0.0584) | 0.0276 *** <br> (0.0002) |
| *tot* | −0.0231 *** <br> (0.0001) | 0.0852 *** <br> (0.0035) | −0.0741 *** <br> (0.0002) | 0.0249 *** <br> (0.0007) | 0.0034 *** <br> (0.0002) | −3.3452 *** <br> (0.0406) | 0.0046 *** <br> (0.0000) |
| 滞后项 | −0.0008 *** <br> (0.0000) | −0.0360 *** <br> (0.0000) | −0.0002 *** <br> (0.0000) | −0.0009 *** <br> (0.0000) | 0.2225 *** <br> (0.0000) | −0.0016 *** <br> (0.0000) | −0.0000 *** <br> (0.0000) |
| 常数项 | 79.0611 *** <br> (0.1964) | −731.7832 *** <br> (5.0025) | −14.3799 *** <br> (0.4248) | 24.0871 *** <br> (0.4984) | 19.1475 *** <br> (0.2141) | −1181.27 *** <br> (17.6051) | 24.3294 *** <br> (1.0876) |
| 观测量 | 62011 | 42631 | 38160 | 39467 | 15757 | 17405 | 17383 |
| *Wald Chi²* | 5.44e+5 | 1.89e+6 | 2.05e+5 | 3.91e+4 | 1.16e+08 | 3.01e+06 | 2.64e+6 |
| AR (1) | −1.3987 * | −0.1899 | −1.9102 ** | −1.2669 | −2.046 ** | −1.0009 | −1.2153 |
| AR (2) | 0.9295 | −0.7050 | 0.0519 | −1.0106 | −0.5386 | −0.8195 | −1.0698 |

注：*、** 和 *** 分别表示在 10%、5% 和 1% 统计水平上显著，括号内为标准误。

表 5.8 中列出了出口集约边际作为被解释变量的回归结果，可以发现 *roadgoods* 项和 *railgoods* 项均对出口集约边际产生了正向促进作用，两者在全部样本中的回归系数分别为 0.7476 和 1.4227，且均在 1% 的统计水平上显著。在区分发达国家和发展中国家样本后，公路基础设施抑制了发达国家劳动密集型和资本密集型行业出口集约边际的增长，但促进了发达国家技术密集型行业出口集约边际的增长，该结果与前文一致。而 *railgoods* 项的回归结果与表 5.5 中的主要结论一致，即铁路基础设施改善对发达国家劳动密集型行业和资本密集型行业出口集约边际造成了显著的负向影响，对技术密集型行业出口集约边际产生了显著的正向影响。在发展中国家样本的回归结果中，除 *roadgoods* 项对发展中国家劳动密集型行业出口集约边际造成的影响效应与表 5.6 不一致以外，其他相关解释变量回归系数的结果均存在异质性，即公路基础设施和铁路基础设施改善显著促进了发展中国家资本密集型和技术密集型行业出口集约边际的增长，但在一定程度上抑制

了发展中国家劳动密集型行业的出口集约边际。综合上述分析结果来看，在采用新的解释变量作为替代变量进行回归后，交通基础设施改善在整体上对出口集约边际存在积极效应，但因出口国及出口行业的异质性而存在一定的差异，表现为对劳动密集型行业为负向影响，而对资本密集型和技术密集型行业为正向影响，这一结果不仅与前文相关内容一致，且在一定程度上再次验证了假说5-2。

## 第五节　本章小结

本章基于异质性贸易理论，利用 CEPII-BACI 数据库中 1995~2015 年 222 个国家的 6 位 HS 编码贸易数据，采用 H-K 法估计了各国之间的出口二元边际。本章不仅采用动态面板模型从整体层面上探讨了交通基础设施改善对出口二元边际的影响效应，更将出口行业细分为劳动密集型、资本密集型以及技术密集型等三个类别，分析交通基础设施改善对不同行业出口二元边际影响存在的异质性。基于本章研究的主要内容，可以得出以下几个结论。

首先，基于中美、中日之间出口二元边际的特征事实，可以发现中国对日本、中国对美国出口的扩展边际处于上升通道中，意味着中国对美国和日本出口的品种逐年增多；集约边际方面，在样本期间中国对日本的出口贸易在既有产品市场上的发展较为稳定，并未出现"井喷式"的增长，而中国对美国出口贸易的集约边际则呈现出迅速上升的趋势，表明中国在既有产品市场上实现了出口规模的大幅度增长。在劳动密集型行业中，虽然中国劳动密集型行业对日本出口的扩展边际并没有显著增长，对美国的出口扩展边际取得了较大幅度增长，但在出口集约边际上均存在较大的增长幅度。在资本密集型行业中，中国对美国和日本的出口扩展边际均出现了较为显著的增长趋势，且集约边际也存在波动上升的趋势，两者的耦合作用推动了中国资本密集型行业对美国和日本出口贸易规模的增长。在技术密集型行业中，中国对美国和日本出口的扩展边际存在着较大的波动，表明中国在这两国的新产品销售或新市场开发并不稳定，集约边际的增长也主要体现在对日本的出口方面，表明近年来中国技术密集型行业出口在日本的增长幅度更大。

其次，基于动态面板方法估计的回归结果显示，交通基础设施改善能够显著促进一国出口扩展边际和集约边际的双向增长，进而对一国的出口贸易规模产生积极效应。基于全部样本或子样本采用相关检验后，发现采用动态面板方法估计本章构建的基准回归模型是适宜的，且以设施密度衡量的公路基础设施和铁路基础设施整体上对出口二元边际造成了显著的促进作用。意味着出口国重视自身交通基础设施建设，对其与贸易伙伴开展合作具有积极影响，应当鼓励各开放型经济体加强自身的基础设施建设，进而为其更加深入参与国际分工提供硬件支撑。

最后，在考虑了行业异质性和国别异质性后，交通基础设施改善对出口二元边际的影响作用存在一定的差异，并主要体现在出口贸易的集约边际方面，对出口贸易的扩展边际主要表现为正向促进作用。在仅考虑行业异质性时，交通基础设施改善主要对资本密集型和技术密集型行业的出口集约边际产生显著的积极效应，但对劳动密集型行业主要表现为负向影响。进一步引入国别因素后，公路基础设施和铁路基础设施改善对发达国家和发展中国家的劳动密集型行业出口集约边际均造成了负向影响，对技术密集型行业出口集约边际均产生了促进作用，但在资本密集型行业中存在一定的差别。交通基础设施改善抑制了发达国家资本密集型行业出口集约边际的增长，但促进了发展中国家的出口集约边际增长。这一结果意味着，在通过改善交通基础设施推动出口贸易增长时，各国应当重点关注其对出口集约边际的影响，且处于不同发展阶段的国家所关注的重点应有所区别。

# 第六章 交通基础设施改善对出口贸易影响的空间异质性

改革开放以来，尤其是加入世界贸易组织后，中国各省区市的对外开放水平显著提高，直观表现为进口总额和出口总额的逐步提升。其中，广东省2017年的进出口总额达到了6.82万亿元，居全国首位，上海（5.97万亿元）、江苏（4.01万亿元）、浙江（2.56万亿元）、北京（2.19万亿元）等省市紧随其后，呈现出较强的空间集聚性。而这些贸易大省市同时具有较为密集的交通基础设施，例如，2016年广东、上海、江苏、浙江、北京的铁路密度分别达到了0.02、0.08、0.03、0.03、0.08km/100（km）$^2$，公路密度分别为1.23、2.11、1.56、1.17、1.34km/100（km）$^2$。鉴于交通基础设施具有较强的空间溢出性，本章采用空间计量模型，结合中国各省区市的出口贸易数据，就交通基础设施改善对出口贸易影响的空间异质性展开分析。

## 第一节 相关文献综述

中国各省区市对外贸易水平存在较大差异，具有极大的不平衡性。既有文献大多采用变异系数、基尼系数等指标对这种不平衡性展开分析，随着"新经济地理学"理论与模型的发展，不少研究尝试将地理、区位等因素纳入国际贸易中，以期寻求不同地理位置上经济个体之间的相关性。例如，Sinani 和 Hobdari（2010）将出口决定和出口历史纳入模型构建回归函数，研究发现临近溢出是影响出口决定的关键因素；魏浩和王宸（2011）基于中国30个省区市1978~2007年面板数据研究发现，中国各省区市的对外贸易具有显著的空间集聚效应，并且东部和中西部地区的差异较为明显；徐建军和汪浩瀚（2013）基于中国省级面板数据研究发现，各省区市的贸易开放程度并非无规律的随机分布，而是在一定程度上依赖于与之具有相似空间特征的省域贸易开放水平；胡西武等（2018）基于中国各省区市2006~2015年的贸易数据，探讨了新丝路国家与中国各省区市外贸总额的空间分布，两者之间的出口贸易空间存在着显著的分异特征，且在空间分布上与"胡焕庸线"高度契合；邢孝兵等（2018）研究发现出口商品的结构差异会导致全球技术创新活动空间分布差异的加剧；杨文龙等（2018）研究指出，"一带一路"沿线国家呈现出"混合型"贸易网络结构，并具有枢纽辐射式为主、全连通式并存的联系模式，且不同中心性空间分布呈现出显著的差异性；高志刚和宋亚东（2018）在测算"一带一路"沿线国家贸易便利化水平的基础上引入空间因素，研究发现中国出口贸易存在空间互补效应和空间溢出效应。

中国国土辽阔，交通基础设施是各省区市开展经济活动的物质基础。基础设施的网络结构导致的溢出效应往往能够超出所在地区或部门范围，既有研究针对这一话题展开了讨论。例如，吴玉鸣（2006）采用1978~2005年中国各省区市的截面数据分析了空间效应和趋同效应及其成因，研究发现中国省域经济在地理上的集聚性明显增强，且空间联系也不断密切；胡煜和李红昌（2015）基于2003~2013年中国的城市面板数据研究发现，交通基础设施对本地区及周围区域的经济产出有显著的正向作用；张学良（2012）认为中国交通基础设施对区域经济增长的空间溢出效应非常显著，若不考虑空间溢出效应，会高估交通基础设施对区域经济增长的作用；胡鞍钢和刘生龙（2009）从市场开放、劳动力流动以及规模经济等方面分析了交通基础设施在空间上的外部效应，并采用空间经济计量模型对交通基础设施的溢出效应展开研究；郭琪和朱晟君（2018）基于2002~2011年中国的海关数据库，采用引力模型和经济地理理论探究了中国城市出口市场的空间演化路径，研究发现中国出口市场的空间演化易受到既往出口模式的影响。

以上文献分别就国际贸易与交通基础设施的空间作用进行了考察和分析，但鲜见将两者结合起来进行探讨和研究。交通基础设施和国际贸易之间具有极强的相互依存性，国际贸易的开展需要良好的交通运输设施，在分析两者关系时应当引入空间维度。一方面，作为区域经济与社会活动的联系纽带，交通基础设施有利于生产要素的跨区域流动，能够通过溢出效应影响对外贸易。另一方面，一个经济体只有通过交通运输才能将货物出口到海外，这种出口带来的经济利益部分应当归功于交通运输（胡鞍钢和刘生龙，2009）。此外，区域之间存在着技术扩散和要素流动等密切的经济联系，导致区域之间存在着广泛的溢出反馈关联机制。而这种机制所引致的"因果循环积累效应"将深刻地影响相邻区域的经济发展趋势，即某一区域在开展经济活动时可通过外部性对周边地区造成冲击，当然这种冲击既可能是正向的溢出，也可能是负向的溢出。因此，不同区域的事物和现象在空间上可存在互相依赖或者互相制约的关系，是一种空间地理因素导致的本质属性。空间计量经济学的主要目的之一就是识别经济活动的空间作用关系，并深入理解这一作用关系的形成过程，以此分析经济活动在时空维度上的发展规律。

基于以上分析，本章在既有研究的基础上进行拓展，可能存在的边际贡献有以下几个方面：第一，既有文献主要在单方面针对各省区市的国际贸易或交通基础设施的空间溢出作用展开了较为丰富的经验研究，并取得了一系列成果，但鲜有文献将两者结合起来，本章在这方面进行尝试；第二，既有文献在关注交通基础设施时，主要以公路基础设施为分析对象，对铁路基础设施的研究尚少，但铁路设施在中国的经济发展过程中发挥了重要的联结作用，在货运和客运方面均占有一定的比重，不应忽略其对经济社会的影响，为准确衡量交通基础设施对国际贸易的影响，本章也将铁路基础设施纳入研究框架；第三，本章研究不限于全国整体层面，而且就东中西部地区展开了更为细致的讨论，以探讨交通基础设施对各地区进出口贸易的影响。

# 第二节　特征事实分析

## （一）相关指标排名变化

本节主要对中国各省区市出口贸易总额以及交通基础设施发展的特征事实进行分析，表 6.1 分别列出了除港澳台外中国 31 个省区市 1999 年、2008 年以及 2014 年的出口贸易、公路密度以及铁路密度的排名情况，并进一步区分了东部、中部以及西部地区。本章将最早实行沿海开放政策并且经济发展水平相对较高的 12 个省区市划分为东部地区；中部则是指经济次发达地区，共包含 9 个省区市；而西部则是指经济欠发达的西部地区，共包含 10 个省区市。

表 6.1　1999 年、2008 年、2014 年关键指标排名变化情况

| 地区 | 省区市 | 出口贸易 | | | 公路密度 | | | 铁路密度 | | |
|---|---|---|---|---|---|---|---|---|---|---|
| | | 1999 年 | 2008 年 | 2014 年 | 1999 年 | 2008 年 | 2014 年 | 1999 年 | 2008 年 | 2014 年 |
| 东部地区 | 上海 | 3 | 4 | 4 | 1 | 1 | 1 | 3 | 3 | 3 |
| | 北京 | 9 | 9 | 8 | 7 | 6 | 7 | 1 | 1 | 2 |
| | 天津 | 8 | 8 | 10 | 6 | 10 | 6 | 2 | 2 | 1 |
| | 山东 | 5 | 5 | 5 | 2 | 3 | 2 | 9 | 7 | 7 |
| | 广东 | 1 | 1 | 1 | 10 | 8 | 10 | 20 | 20 | 14 |
| | 广西 | 17 | 20 | 20 | 24 | 24 | 24 | 16 | 22 | 20 |
| | 江苏 | 2 | 2 | 2 | 4 | 4 | 4 | 22 | 11 | 9 |
| | 河北 | 10 | 10 | 13 | 14 | 15 | 14 | 6 | 5 | 5 |
| | 浙江 | 4 | 3 | 3 | 11 | 9 | 11 | 17 | 19 | 12 |
| | 海南 | 25 | 29 | 26 | 20 | 20 | 20 | 25 | 24 | 21 |
| | 福建 | 6 | 6 | 6 | 17 | 16 | 17 | 19 | 17 | 13 |
| | 辽宁 | 7 | 7 | 7 | 19 | 18 | 19 | 4 | 4 | 4 |
| 中部地区 | 内蒙古 | 24 | 24 | 24 | 28 | 28 | 28 | 27 | 27 | 25 |
| | 吉林 | 18 | 23 | 25 | 23 | 22 | 23 | 7 | 10 | 11 |
| | 安徽 | 11 | 15 | 15 | 9 | 7 | 9 | 10 | 9 | 10 |
| | 山西 | 14 | 12 | 22 | 16 | 14 | 16 | 8 | 8 | 6 |
| | 江西 | 22 | 19 | 14 | 15 | 13 | 15 | 11 | 12 | 15 |
| | 河南 | 16 | 13 | 11 | 5 | 2 | 5 | 5 | 6 | 8 |
| | 湖北 | 13 | 14 | 16 | 8 | 11 | 8 | 15 | 15 | 16 |
| | 湖南 | 15 | 18 | 18 | 12 | 12 | 12 | 12 | 16 | 19 |
| | 黑龙江 | 12 | 17 | 21 | 26 | 25 | 26 | 13 | 18 | 24 |

| 地区 | 省区市 | 出口贸易 | | | 公路密度 | | | 铁路密度 | | |
|---|---|---|---|---|---|---|---|---|---|---|
| | | 1999 年 | 2008 年 | 2014 年 | 1999 年 | 2008 年 | 2014 年 | 1999 年 | 2008 年 | 2014 年 |
| 西部地区 | 云南 | 23 | 25 | 23 | 22 | 21 | 22 | 26 | 26 | 28 |
| | 四川 | 19 | 16 | 12 | 21 | 23 | 21 | 24 | 25 | 26 |
| | 宁夏 | 29 | 28 | 28 | 25 | 26 | 25 | 14 | 21 | 22 |
| | 新疆 | 21 | 11 | 17 | 29 | 29 | 29 | 30 | 30 | 29 |
| | 甘肃 | 28 | 27 | 29 | 27 | 27 | 27 | 28 | 28 | 27 |
| | 贵州 | 27 | 26 | 27 | 13 | 17 | 13 | 21 | 23 | 23 |
| | 重庆 | 26 | 22 | 9 | 3 | 5 | 3 | 23 | 13 | 18 |
| | 陕西 | 20 | 21 | 19 | 18 | 19 | 18 | 18 | 14 | 17 |
| | 青海 | 30 | 31 | 30 | 30 | 30 | 30 | 29 | 29 | 30 |
| | 西藏 | 31 | 30 | 31 | 31 | 31 | 31 | 31 | 31 | 31 |

数据来源：计算获得。

观察表 6.1 中出口贸易排名的变动情况可以发现，中国的出口贸易大省主要集中在东部沿海地区，该地区除广西和海南因为自身特殊的经济或地理状况，其出口贸易在全国的排名较低以外，其余省区市基本占据了前 10 的位置，表明东部地区在中国对外贸易过程中具有极为重要的地位，具有较强的空间集聚性。进一步来看，广东、江苏、浙江、上海以及山东分别占据了相关年份的前 5 位置，且这五个省区市中除浙江实现了排名上升以外，其余省区市出口贸易总额的排名基本保持不变。在中部地区，各省区市出口贸易的排名略低于东部地区，但主要集中在第 10~20 名之间，意味着中部地区的出口贸易在全国所占份额相对较高。但一个值得特别关注的现象是，中部地区部分省区市的出口贸易排名有所下降，特别是山西和黑龙江，其排名分别由 1999 年的第 14 位和第 12 位下降至 2014 年的第 22 位和第 21 位，下降幅度较大。而西部地区各省区市出口贸易不仅在全国范围内排名较低，而且变动幅度不大，但西南地区的排名要高于西北地区。需要特别关注的是，重庆出口贸易的排名在 2014 年出现了巨大波动，由 1999 年的第 26 位上升至 2014 年的第 9 位，这一现象产生的主要原因在于近年来重庆实施了大量举措提升外贸能力，且自身营商环境不断改善，已逐渐成为中国内陆的开放高地。

观察表 6.1 中公路营运里程占各省区市面积比重的变化情况，可以发现仅从公路密度来看，上海在 1999 年、2008 年以及 2014 年均为全国第 1，而山东则紧随其后，江苏始终位于全国第 4，但东部地区其他省区市的排名相对靠后，被中部地区的河南、安徽和西部地区的重庆超越。但总体来看，东部地区公路基础设施建设要强于其他地区，而西部地区除重庆以外其余省区市的排名相对靠后，虽然各省区市在公路密度方面的排名存在一定的波动，但变动较小。结合出口贸易排名的情况可以发现两个典型事实：一方面，东部地区大部分省区市不仅具有较好的公路基础设施，而且出口贸易总额也占据全国靠前位置，两者基本存在正相关关系。这一关系在中西部地区表现得尤为明显。例如，河南 2014 年出口贸易总额在全国仅排名第 11，且在中部地区排名第 1，但其公路密度位列全国第 5；重庆 2014 年的出口贸易总额位居全国第 9，且其公路密度位列全国第 3。另一方面，即使本省区市的公路密度不高，但若地理空间邻近的省区市具有较好的公路基础设施，该省区市仍能够取得较高的出口贸易总额。最典型的例子是四川，其 2014 年公路密度排名为第 21，但其邻近的重庆为第 3，而四川的出口贸易总额在 2014 年位列全国第 12。以上现象初步表明，公路基础设施对出口贸易具有正向促进作用，且存在空间溢出效应。

从铁路密度来看，北京和天津始终位于全国第 1 或第 2，而上海则紧随其后位居第 3，这 3 个直辖市铁路密度较高的主要原因在于其特殊的经济和地理位置，三者均是中国重要的交通枢纽节点，是中国铁路线路关键的始末站。除去北京、天津和上海三个直辖市外，东中部地区各省区市铁路密度的排名相对均衡，基本位于前 20 名以内。此外，具有较高铁路密度的省区市一般具有较高的出口贸易规模，这一点在西部地区同样有所体现，例如，陕西 2014 年的铁路密度排名第 17，其出口贸易规模位居全国第 19；重庆 2014 年的铁路密度位居全国第 18，其出口贸易规模位居全国第 9。从上述特征事实来看，铁路基础设施与出口贸易具有显著的正相关性，且存在着较强的空间溢出性。

## （二）各省区市相关指标波动趋势

前文根据中国除港澳台外各省区市出口贸易、公路密度以及铁路密度在 1999 年、2008 年以及 2014 年的排名情况，初步发现交通基础设施与出口贸易之间存在着显著的正相关，且前者对后者具有一定的空间溢出效应。图 6.1 反映了除港澳台外 31 个省区市的出口贸易 1999~2014 年的波动趋势。虽然各省区市的出口贸易规模略有波动，但整体上呈现出上升的趋势，且由东部地区向西部地区逐渐下降，表现出较强的空间相关性。

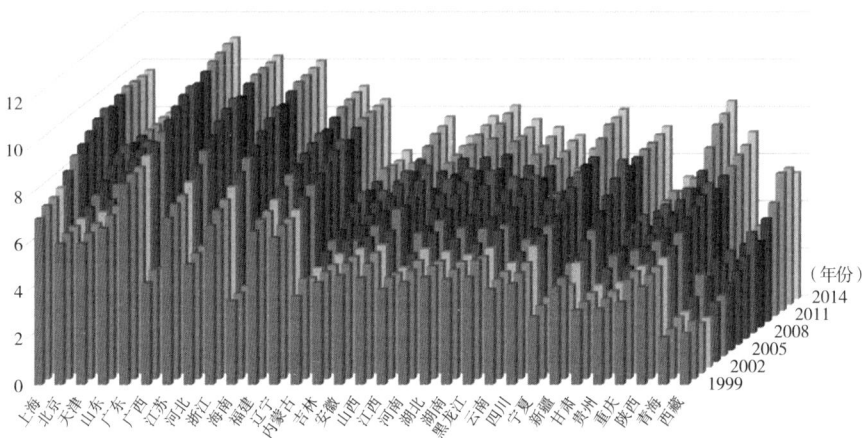

**图 6.1 1999~2014 年各省区市出口贸易波动趋势**

图 6.2 绘制了中国除港澳台外 31 个省区市的公路密度在 1999~2014 年的波动趋势，可以发现各样本期末的公路密度相比于期初有了大幅度增长。整个样本期大致可以分为两个阶段，第一阶段为 1999~2005 年，各省区市在公路建设方面表现较为稳健，呈现出较为平缓的增长趋势；第二阶段为 2006~2014 年，各省区市公路密度出现了大幅度增长，且在此后维持较为稳定的增长趋势。不同省区市公路基础设施的建设差距较大，产生这一现象的可能原因在于人口密度的差异。人口密度较低的省区市，如西藏、新疆等，对公路基础设施建设的需求相对较低，其覆盖面积相对有限，而北京、上海等省区市分布密集的人口对出行的需求相对旺盛，从而促进了公路基础设施的建设。

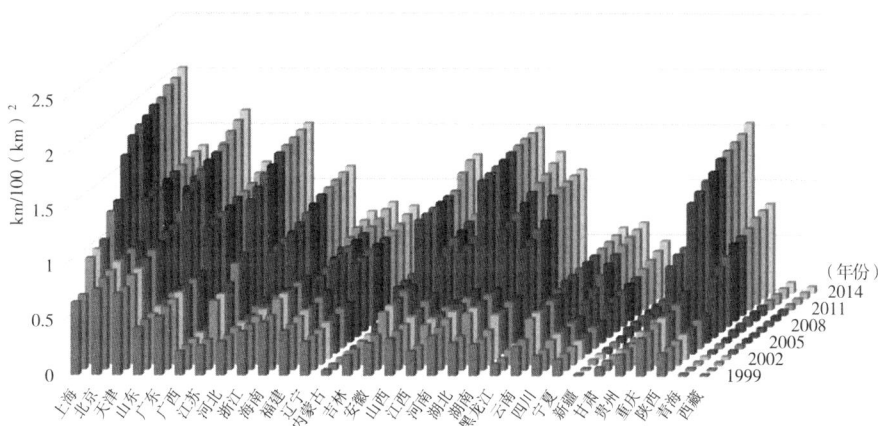

图 6.2　1999～2014 年各省区市公路密度波动趋势

图 6.3 绘制了中国除港澳台外 31 个省区市的铁路密度在 1999～2014 年的波动趋势，可以发现，虽然北京、上海以及天津等 3 个直辖市铁路营运里程占其辖区面积的比重远高于其他省区市，但这 3 个直辖市的铁路营运里程却并不是全国领先。2014 年铁路营运里程全国前 3 的省区分别是内蒙古、河北以及黑龙江，主要原因在于这三个省区辖区内有多条铁路营运线路贯穿，比如，内蒙古境内有京包、京通、宝兰等线路，河北境内有京九、京沪、京广等线路，黑龙江有京哈、通霍、长图等线路，这些省区是国内铁路营运线路的重要枢纽，拥有贯通国内主要城市的途经站点。一个值得关注的典型事实是，内蒙古和黑龙江 2014 年的出口贸易规模排名均高于其铁路密度的排名，初步表明铁路基础设施有助于促进其出口规模的增长。相比于东中部相对发达的铁路运输网络，西部地区的大部分城市因地理和社会发展因素未能形成纵横交错的铁路运行网络，铁路基础设施建设相对落后，特别是西藏、青海以及新疆三个省区，由于地广人稀，目前仅修通了部分人口相对集中或关键节点城市之间的铁路线路。通过上述分析可以发现，铁路基础设施在贯通全国主要节点城市方面能够发挥空间溢出作用，途经地区城市的出口贸易也能从中获益。

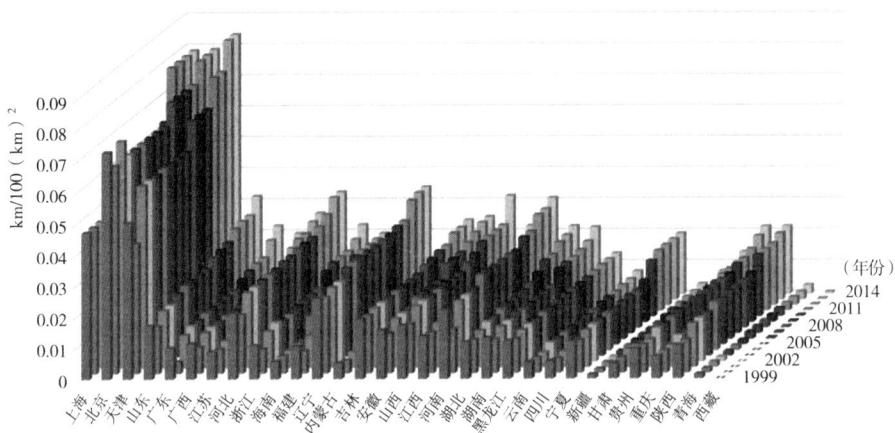

**图 6.3　1999～2014 年各省区市铁路密度波动趋势**

# 第三节　方法简介、模型构建与数据说明

## （一）空间计量模型简介

空间计量经济学关注的核心问题在于对经济活动所产生的空间效应进行定量研究和空间政策分析，以此研判其在时空维度上的数量规律。空间计量模型为探讨空间相互作用理论提供了定量分析的方法和有效的研究工具，降低了传统计量经济学在空间分析上的局限性。特别是近年来空间计量经济学理论方法的发展以及计量软件的开发，为空间计量经济学的应用提供了理论和运用基础。空间效应是空间计量经济学的基本特征，具体可以分为空间相关性和空间异质性。空间相关性是指某一空间单元的某种现象或属性与邻近空间单元的同一现象和属性具有相关性，其观测值在空间上不具有独立性，而是呈现出某种非随机的空间模式。空间异质性则指因为观察变量所处的位置不同而产生不同的观测结果，从而导致变量的参数估计值不再像传统回归那样是固定不变的，描述的是空间单元之间存在的差异性。由于以上因素违背了经典统计学和传统计量经济学的部分前提假设，两者对样本的统计估计不再有效。具体而言，存在空间相关性的样本将导致数据信息的失真和估计偏误，从而产生较大的估计方差与较低的统

计显著水平。空间计量经济学打破了传统计量模型中关于变量之间相互独立的基本假设，是对既有计量经济学的继承和发展。

假设被解释变量 $y$ 和解释变量 $x$ 不存在空间交互效应，$n$ 和 $t$ 分别是横截面维度和时间维度的指标，则它们构成的混合线性模型具有如下形式：

$$y_{nt} = \beta x_{nt} + \mu_{nt} + \varepsilon_{nt} \text{,其中 } n = 1,2,\cdots,N; t = 1,2,\cdots,T$$

空间计量模型的关键点在于引入了空间权重矩阵，用其来描述空间观测单位的相对位置关系和空间相依性。目前有多种方式可以构建空间权重矩阵，但大体可以分为三种类型：一是根据空间单位在地理上的邻接特征构造一个空间邻接矩阵，赋值为 0 或 1；二是以空间单位之间的地理距离 $d$ 进行赋值，可采用距离的倒数 $1/d$ 或距离倒数的平方 $1/d^2$ 等；三是在考虑地理特征的基础上，进一步引入经济社会特征，构建经济社会距离空间权重矩阵，例如引入经济发展水平、人力资本水平等。虽然有诸多方式可以构建空间权重矩阵，但核心目的都是准确地将空间因素引入回归模型中。进一步假设空间权重矩阵为 $W$，$D\ (i,j)$ 为地区 $i$ 和 $j$ 之间的空间属性，则有：

$$W = \begin{bmatrix} 0 & D(1,2) & \cdots & D(1,N) \\ D(2,1) & 0 & \cdots & D(2,N) \\ \vdots & \vdots & \vdots & \vdots \\ D(N,1) & D(N,2) & \cdots & 0 \end{bmatrix}$$

本章根据空间单位在地理上邻接特征的方式来构建交通基础设施对国际贸易影响的空间权重矩阵。具体的，根据最新版本的中国行政区划图观察各省区市的相邻情况，如果两个省区市接壤，则将其视为相邻，其值为 1，反之则设定为 0，各省区市对其自身为 0，相关数学表达式如下：

$$W_{ij} = W_{ji} = \begin{cases} 1, \text{当省区市 } i \text{ 与省区市 } j \text{ 接壤时} \\ 0, \text{当省区市 } i \text{ 与省区市 } j \text{ 不接壤时} \\ 0, \text{当 } i = j \text{ 时} \end{cases}$$

表 6.2 列出了本章所设置的除港澳台外中国各省区市以"二进制"原则编制的地理相邻情况，由于西藏缺失数据较多，故将其在样本中剔除，同时考虑到海南省的特殊地理情况，将其视为与广东省相邻。

表 6.2　地理邻接信息

| 序号 | 省区市 | 相邻信息 | 序号 | 省区市 | 相邻信息 |
|---|---|---|---|---|---|
| 1 | 北京 | 2、3 | 16 | 河南 | 3、4、12、15、17、26 |
| 2 | 天津 | 1、3 | 17 | 湖北 | 12、14、16、18、21、22、26 |
| 3 | 河北 | 1、2、4、5、6、15、16 | 18 | 湖南 | 14、17、19、20、21、22、23 |
| 4 | 山西 | 3、5、16、26 | 19 | 广东 | 13、14、18、20、21 |
| 5 | 内蒙古 | 3、4、6、7、8、26、27、29 | 20 | 广西 | 18、19、23、24 |
| 6 | 辽宁 | 3、5、7 | 21 | 海南 | 19 |
| 7 | 吉林 | 5、6、8 | 22 | 重庆 | 17、18、23、24、26 |
| 8 | 黑龙江 | 5、7 | 23 | 四川 | 22、25、26、27、28 |
| 9 | 上海 | 10、11 | 24 | 贵州 | 18、20、22、25 |
| 10 | 江苏 | 9、11、12、15 | 25 | 云南 | 20、23、24 |
| 11 | 浙江 | 9、10、12、13、14 | 26 | 陕西 | 4、5、16、17、22、23、27、29 |
| 12 | 安徽 | 10、11、14、15、16、17 | 27 | 甘肃 | 5、23、26、28、29、30 |
| 13 | 福建 | 11、14、19 | 28 | 青海 | 23、27、30 |
| 14 | 江西 | 11、12、13、17、18、19 | 29 | 宁夏 | 5、26、27 |
| 15 | 山东 | 2、3、10、12、16 | 30 | 新疆 | 27、28 |

注：根据《中华人民共和国地图》编制。

与普通面板模型和空间截面模型相比，空间面板模型既控制了个体的异质性特征，又考虑了空间相关性，使得研究更为全面。其中，空间面板滞后模型（Spatial Lag Model，SLM）和空间面板误差模型（Spatial Error Model，SEM）较为常用，但两者之间存在着一定的差异。当被解释变量之间的空间依赖性对模型显得特别关键而导致空间相关时，适用空间面板滞后模型，其数学表达式可以设定为：

$$y_{it} = \delta \sum_{j=1}^{N} w_{ij} y_{it} + \beta x_{it} + \mu_i + \varepsilon_{it}$$

其中 $w_{ij}$ 是空间权重矩阵 $W$ 的要素。当模型的误差项在空间上相关时，适用空间面板误差模型，描述的是空间扰动项和空间总体相关。其经济学意义在于，某一截面个体发生的冲击会随着这一特殊的协方差结构形式传递到相邻个体，虽然这种传递是衰减的，但具有较强的时间延续性。空间面板误差模型的数学表达式可以设定为：

$$\begin{cases} y_{it} = \beta x_{it} + \mu_i + \mu_{it} \\ \mu_{it} = \lambda \sum_{j=1}^{N} w_{ij}\mu_{it} + \varepsilon_{it} \end{cases}$$

在估计空间面板计量模型时，由于模型包含空间滞后项的干扰，即使该方法的估计量是无偏且非一致的，最小二乘法也不再有效，一般采用极大似然法（ML）来估计空间面板计量模型（Anselin，1988）。另外，对于空间面板模型而言，不能直接使用针对截面回归模型编制的极大似然法估计程序，本章采用 Elhorst（2012）编制的代码在 Matlab2017a 软件中实现空间面板模型的估计。

## （二）模型构建及数据说明

空间计量模型与传统计量模型的主要区别在于引进了空间影响因素，传统计量模型仍然是构建空间计量模型的基础。鉴于这一建模特点，本章构建了一个不考虑空间因素的初始回归模型：

$$y_{it} = \alpha + \beta_1 railrate_{it} + \beta_2 roadrate_{it} + \beta_3 \ln gdp_{it}$$
$$+ \beta_4 \ln fcap_{it} + \beta_5 \ln gspd_{it} + \varepsilon_{it}$$

其中，模型的被解释变量 $y$ 为各省区市的出口贸易规模，$\varepsilon$ 为随机扰动项。除此以外，模型所涉及的各解释变量说明如表 6.3 所示。

表 6.3　变 量 说 明

| 变量 | 变量说明 | 数据来源 |
|---|---|---|
| *export* | 境内目的地和货源地出口总额 | 地方统计年鉴 |
| *railrate* | 铁路密度 | 计算获得 |
| *roadrate* | 公路密度 | 计算获得 |
| *gdp* | 地区生产总值 | 地方统计年鉴 |
| *fcap* | 全社会固定资产投资 | 地方统计年鉴 |
| *gspd* | 地方财政一般预算支出 | 地方统计年鉴 |

（1）铁路密度（*railrate*）和公路密度（*roadrate*）。以铁路密度和公路密度衡量的交通基础设施建设情况，是本章最为关注的解释变量。具体

的，本章以铁路营运里程和公路营运里程衡量各省区市的交通基础设施建设情况，这两个变量能够最为直观地体现政府在交通基础设施方面的投入及成果。但考虑到里程总量难以进行横向比较，特别是北京和上海等贸易大市受到自身辖区面积的限制，其交通基础设施里程长度未能与其贸易地位相匹配，故本章将各省区市的铁路营运里程和公路营运里程进一步除以各省区市的辖区面积，以两者的密度（*railrate* 和 *roadrate*）衡量各省区市交通基础设施的建设情况。表 6.4 列出了各变量的统计性描述情况，研究样本总量为 480 个，铁路密度（*railrate*）的均值为 0.0193，最大值和最小值分别为 0.0840 和 0.0014，且方差较小，仅为 0.0170，说明该变量的离散程度较低，各省区市的铁路密度差距不大。而公路密度（*roadrate*）的方差为 0.4399，最大值为 2.0347，最小值仅为 0.0202，这一情况意味着中国各省区市在公路基础设施建设方面存在较大的差距。

**表 6.4 各变量的统计性描述**

| 变量 | 均值 | 方差 | 最小值 | 最大值 | 观测量 |
|------|------|------|--------|--------|--------|
| lnexport | 6.3434 | 1.8324 | 1.9994 | 11.0300 | 480 |
| railrate | 0.0193 | 0.0170 | 0.0014 | 0.0840 | 480 |
| roadrate | 0.6281 | 0.4399 | 0.0202 | 2.0347 | 480 |
| lngdp | 8.7170 | 1.1068 | 5.4781 | 11.1245 | 480 |
| lnfcap | 8.0290 | 1.2409 | 4.7635 | 10.6572 | 480 |
| lngspd | 6.9205 | 1.0798 | 3.9026 | 9.1218 | 480 |

数据来源：作者计算所得。

（2）地区生产总值（*gdp*）。研究发现，国内生产总值与国际贸易之间有着密切关系，且与地区生产总值间也存在着正相关性。虽然国际贸易是国内生产总值的重要组成部分，但良好的经济发展趋势同样会对国际贸易产生相关作用。根据贸易引力模型，两个经济体之间的单项贸易流量与它们各自的经济规模成正比，故在分析进出口贸易时不应忽略地区生产总值的影响，鉴于这一分析，本章将地区生产总值纳入回归模型中。观察表 6.4 可以发现，ln*gdp* 的均值为 8.7170，方差为 1.1068，最小值为 5.4781，最大值为 11.1245，样本的观测量为 480。

（3）投资因素（*fcap*）。虽然既有文献将固定资产投资与经济增长或经济周期相联系，但其对国际贸易同样具有重要的影响。一般而言，投资的目的是扩大再生产，从而可以生产更多的商品，来满足国内外的市场需求，近年来不少研究将固定资产与对外贸易联系起来，探讨两者之间的相关性。基于以上分析，本章将各省区市的固定资产投资作为投资因素的代理变量，将其纳入回归模型中。观察表 6.4 可以发现，ln*fcap* 的均值为 8.0290，方差为 1.2409，最小值为 4.7635，最大值为 10.6572，样本的观测量为 480。

（4）政府因素（*gspd*）。大部分国际贸易理论从供给和生产成本的角度来解释国际贸易的动因，但政府能够通过多种行政或政策手段来影响对外贸易行为，在分析贸易行为时不应忽视各地政府对国际贸易的干预作用，本章以地方财政一般预算支出作为政府因素的代理变量，以其衡量政府在国际贸易发展过程中所发挥的作用，并将其纳入回归模型中。观察表 6.4 可以发现，ln*gspd* 的均值为 6.9205，方差为 1.0798，最小值为 3.9026，最大值为 9.1218，样本的观测量为 480。

此外，本章各变量的数据主要来源于历年的《中国统计年鉴》和各省区市的统计年鉴，样本时间跨度为 1999~2014 年，共包含 30 个省区市 16 年的面板数据。除铁路密度（*railrate*）和公路密度（*roadrate*）这两个解释变量的数据保留原值外，其余变量均取对数处理。

## 第四节　回归结果及分析

### （一）全局空间自相关性检验

虽然前文构建的空间权重矩阵考虑了各省区市地理空间上的相关性，但由此构建的空间矩阵数值不随时间变化而变化，而交通基础设施和出口贸易均是随时间变化的动态变量，需要通过统计检验反映其空间自相关性（Spatial Autocorrelation）。空间自相关性反映了样本观测值与空间滞后项之间的相关性，在一定程度上可以理解为位置相近的区域具有相似的变量取值，即相近区域的变量能够通过空间作用产生影响，一般通过 Moran 指数来检验。Moran 指数可通过以下公式计算得出。

$$I = \frac{\sum_{i=1}^{n}\sum_{j=1}^{n} w_{ij}(x_i - \bar{x})(x_j - \bar{x})}{\left(\sum_{i=1}^{n}\sum_{j=1}^{n} w_{ij}\right)\sum_{i=1}^{n}(x_i - \bar{x})^2};$$

其中，$I$ 是 Moran 指数，$n$ 为地区数量，$w$ 为空间权重矩阵，$x$ 为地区 $i$ 或 $j$ 的观测变量。根据上述计算公式可知，Moran 指数值应位于区间 [−1，1] 内，若各地区的观测值存在正相关性，则其取值应在 0~1 之间，且这种正相关性随 Moran 指数值的增大而增大；当各地区之间存在负相关性时，Moran 指数值为负，当其为−1 时，意味着两者之间存在着完全的负相关性；但当 Moran 指数值接近 0 时，则意味着不存在空间自相关或其属性是随机分布的，不能认为地区之间存在着空间相关性。

Moran 检验可以进一步分为全局检验和局部检验，但两者的检验略有差别。全局检验考察了整个空间序列 $\{x_i\}$ 的空间集聚情况，而局部检验则估计了某区域 $i$ 附近的空间集聚情况。本章对出口总额 export、铁路密度 railrate 以及公路密度 roadrate 分别进行了全局检验，以期从整体上检验国际贸易活动的空间分布情况，相应结果在表 6.5 中列出。

表 6.5　全局空间自相关性 Moran 检验

| 年份 | lnexport | railrate | roadrate |
|---|---|---|---|
| 1999 | 0.344*** | 0.382*** | 0.533*** |
| 2000 | 0.344*** | 0.344*** | 0.523*** |
| 2001 | 0.368*** | 0.432*** | 0.544*** |
| 2002 | 0.333*** | 0.452*** | 0.547*** |
| 2003 | 0.306*** | 0.460*** | 0.552*** |
| 2004 | 0.338*** | 0.469*** | 0.524*** |
| 2005 | 0.316*** | 0.463*** | 0.526*** |
| 2006 | 0.318*** | 0.466*** | 0.591*** |
| 2007 | 0.316*** | 0.469*** | 0.585*** |
| 2008 | 0.293*** | 0.485*** | 0.597*** |
| 2009 | 0.339*** | 0.490*** | 0.611*** |
| 2010 | 0.355*** | 0.422*** | 0.611*** |

续表

| 年份 | lnexport | railrate | roadrate |
|---|---|---|---|
| 2011 | 0.333 *** | 0.397 *** | 0.616 *** |
| 2012 | 0.332 *** | 0.407 *** | 0.620 *** |
| 2013 | 0.328 *** | 0.432 *** | 0.626 *** |
| 2014 | 0.319 *** | 0.443 *** | 0.617 *** |

注：1. 双边检验；

2. * 、** 和 *** 分别表示在 10%、5% 和 1% 统计水平上显著。

全局空间自相关性检验的主要目的在于研究样本中各解释变量在整体空间中的分布情况，从而判断这些变量的空间集聚性。观察表 6.5 可以发现，各变量 Moran 指数的数值主要集中在 [0.293，0.626] 这一区间，在数值均大于 0 的同时，都表现出较高的显著性，具体表现为在 1% 的统计水平上显著为正。这一结果表明，中国各省区市的出口、公路以及铁路的属性赋值分布在空间维度上均具有一定程度的正向自相关性，而所有数值在 1% 的统计水平上显著，代表这些变量同时存在着较强的空间集聚现象。公路密度的 Moran 指数分布于 [0.523，0.626] 区间，铁路密度则分布于 [0.344，0.490] 区间，前者显著大于后者，这一情况意味着公路基础设施相比于铁路基础设施具有更为强烈的空间集聚性，而这一结论与前文特征事实分析部分的相关内容相符合。基于以上分析可以认为，中国各相邻省区市的出口贸易以及交通基础设施建设均呈现出集聚趋势，虽然公路基础设施的空间集聚水平显著高于铁路基础设施，但三者均具有显著的、正向的空间自相关性，证实了空间溢出效应的存在。

## （二）局部空间自相关性检验

前文通过全局空间自相关性检验验证了中国各省区市的出口贸易、公路基础设施和铁路基础设施之间存在着正向的空间自相关性，但该检验未能揭示出某一省区市与周边省区市的具体相关特征，以及表现出何种空间集聚形式，即该集聚现象的具体分布类型，因此需要借助局部空间自相关性检验进行进一步的分析。本章在图 6.4、图 6.5、图 6.6 分别列出了各省区市出口贸易总额、公路密度以及铁路密度在 1999 年和 2014 年的局部散点图。图中的横轴表示各变量的当年值，纵轴表示相应的空间滞后值。每幅图被划分为 4 个象限，且不同象限代表着各不相同的空间自相关类型。具体而言，第一象限表示某一地区与邻近地区之间在该变量上存在着"高—高"型正相关，第三象限则表示存在"低—低"型正相关，第二象限表示存在"高—高"型负相关，第四象限表示存在着"低—低"型负相关。

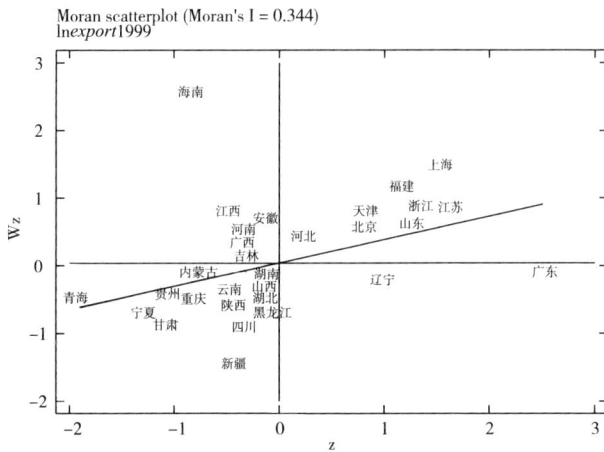

a.1999年局部散点图

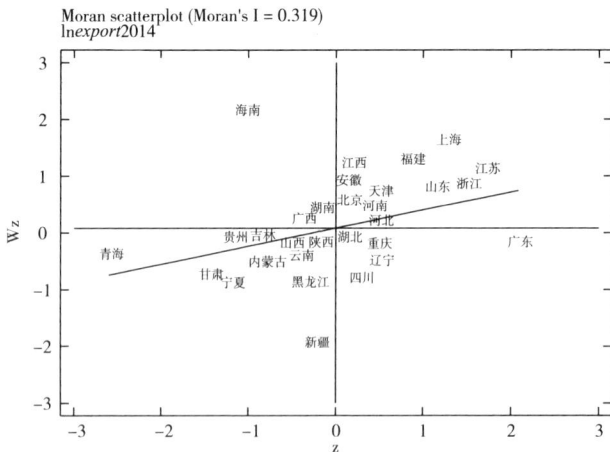

b.2014年局部散点图

图 6.4 中国各省区市出口贸易局部散点图

Moran scatterplot (Moran's I = 0.533)
*roadrate*1999

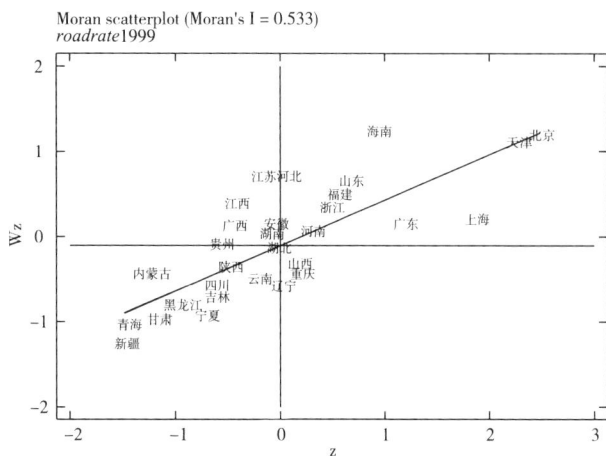

a.1999年局部散点图

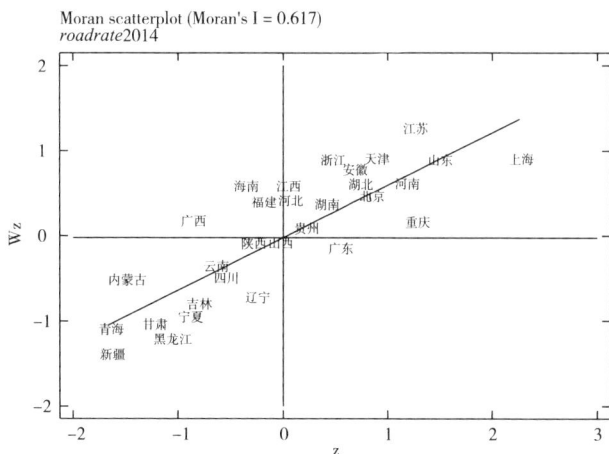

Moran scatterplot (Moran's I = 0.617)
*roadrate*2014

b.2014年局部散点图

**图 6.5　中国各省区市公路密度局部散点图**

　　图 6.4a 绘制了 1999 年中国各省区市出口贸易的局部散点图,以其作为分析各省区市空间自相关性的主要依据,并在图 6.4b 中绘制了 2014 年中国各省区市出口贸易的局部散点图作为对比,以期通过不同年份局部散点图的对比分析研究样本期间的变动情况。初步观察图 6.4a 和图 6.4b 可以发现,两条直线均呈现出正相关性且大部分样本点的分布较为集中,表明中国各省区市的出口贸易在空间上并非呈现出随机分布的散乱现象,而是呈现出一定程度的空间集聚性,大部分省区市位于第一象限和第三象限。其

Moran scatterplot (Moran's I = 0.382)
*railrate*1999

a.1999年局部散点图

Moran scatterplot (Moran's I = 0.443)
*railrate*2014

b.2014年局部散点图

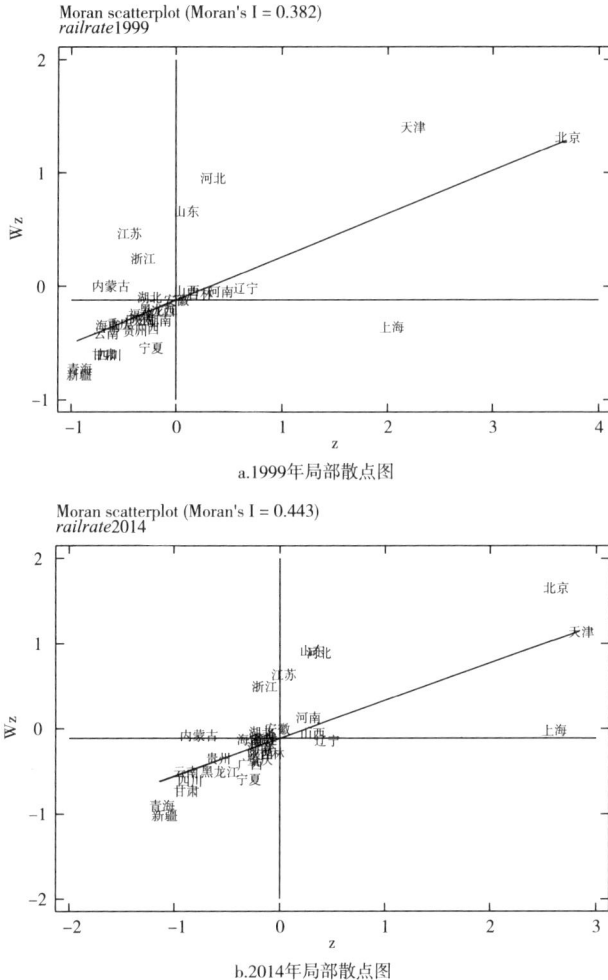

图 6.6　中国各省区市铁路密度局部散点图

中，第一象限主要集中了上海、江苏、浙江等沿海省市，而第三象限则主要集中了青海、宁夏、甘肃等西部省区市，且高出口贸易省区市往往被邻近高出口贸易的省区市围绕，低出口贸易省区市被邻近低出口贸易的省区市围绕，整体上表现出显著的"高高集聚"和"低低集聚"特征，存在着空间依赖性。进一步对比两张图来看，虽然图 6.4b 中各省区市呈现的分布比图 6.4a 略为分散，特别是青海、海南以及新疆离其他观测样本较远，但有更多省区市在第一象限和第三象限中更高的位置集聚，而在第三象限中低位集聚的省区市数量相对较少，第二和第四象限的省区市数量也相对较少，部分省区市出现了集聚变动现象，比如河南和江西等省区市从第二象限跃迁至第一象限，表明其由"低低集聚"转向"高高集聚"。此外，地理位置邻近的省区市往往位于同一象限，特别是在第一象限中集中了京津冀、长三角以及位于两者之间的部分省区市，第三象限则以甘肃、青海、云南等西部省区市为主。总体来看，图 6.4b 与图 6.4a 相比未见较大差异，大部分省区市的出口贸易表现出较为稳定的空间集聚性，这一现象意味着各省区市的出口贸易空间正相关的显著性并未随着时间推移而出现显著变化，表明在样本期内未出现明显影响各省区市出口贸易空间分布的特殊冲击。

由于公路基础设施是经济发展的重要支撑，各省区市较为重视在该方面的投资建设，图 6.5a 和图 6.5b 的第一象限和第三象限的省区市数量大致相当，且各省区市的分布相对集中。无论是图 6.5a 还是图 6.5b，其中的两条直线均贯穿了第一象限和第三象限，整体呈现出正向的空间自相关性，且 1999 年的局部指数达到了 0.533，而 2014 年的局部指数为 0.617，相比于图 6.5a 更多样本点在图 6.5b 的第一象限集聚，地理位置邻近的省区市在图 6.5a 和图 6.5b 中集聚在相近位置，多方面现象表明，研究样本期末的空间自相关性比期初更为明显。从各省区市具体的分布情况来看，出口贸易大省的公路密度散点往往分布在两图中靠右方的位置，比如，1999年北京和天津位于第一象限中的最右端位置，2014 年上海、山东以及江苏位于第一象限的右上端，虽然不同年份位于最右上方的省份有所变化，但均为出口贸易较大的省份；而参与国际贸易程度较低的省区市的公路密度散点则位于相对较低的位置，比如，图 6.5a 左下方集中了新疆、青海、甘肃等西北部省区市，图 6.5b 中左下方则同样以新疆、青海、甘肃等西北部省区市为主，结合表 6.1 可知这些省区市的出口贸易规模在全国处于靠后位置。

图 6.6a 和图 6.6b 分别描绘了中国 30 个省区市 1999 年和 2014 年铁路密度的局部散点图，两条直线均贯穿第一象限和第三象限，表明中国各省区市在铁路基础设施建设方面同样存在着空间正相关性，且 2014 年的局部指数为 0.443，大于 1999 年的 0.382，表明在研究样本期间，中国各省区市铁路密度在期末的分布集聚程度要显著高于期初。进一步观察可以发现，

图 6.6a 中除北京、天津等极少数省区市位于第一象限外，其余省区市大部分位于第三象限，属于"低—低"型集聚，这一现象与中国铁路基础设施在 1999 年的建设情况相符，即全国铁路尚未形成规模化的运输网络，各省区市的铁路建设相对分散，与地理距离较远省区市的联通程度较低。最为典型的例子是，1999 年上海位于第四象限，表明上海这一经济高地对其他省区市的影响未能通过其相对落后的铁路基础设施向外辐射。随着中国在交通基础设施，特别是铁路基础设施方面投资力度的加大，各省区市的铁路基础设施里程有了显著提高，形成了多条长干线，表现为图 6.6b 中第三象限的省区市数量相应减少，且第二象限和第四象限的省区市数量大幅度减少，特别是上海由第四象限跃迁到第一象限，表明其对其他省区市的空间影响随着铁路干线的不断完善而日益凸显。但一个不可忽略的典型事实是，即使中国在铁路基础设施建设方面取得了突出进步，但各省区市铁路密度在整体上仍属于"低—低"型集聚。

以上结果表明：第一，全局检验和局部检验的统计结果均具有较高的显著性，大部分省区市表现出空间上的稳定性，国际贸易参与度较高的省区市主要集中在京津冀、长三角以及两者之间的广泛地区，即呈现出显著的空间溢出效应和空间集聚特征，并具有东部省区市强强集聚和中西部省区市弱弱集聚的"马太效应"；第二，虽然各省区市的交通基础设施分布相对平均，呈现出一定的空间正相关性，但铁路密度和公路密度仍处于较低水平，陆路交通的运输能力仍显不足；第三，中国出口贸易高份额省区市和交通基础设施高密度省区市之间具有较高的重叠性，表明交通基础设施建设水平和国际贸易水平在地理上的集聚具有相关性。基于以上分析可以认为，在衡量交通基础设施对出口贸易的影响效应时，不应忽略空间要素在这一过程中所发挥的作用，采用空间计量模型对两者关系展开实证研究是适宜的。

### （三）不考虑空间交互效应的面板模型 LM 检验

在研判空间面板滞后模型和空间面板误差模型何者更适合本章的研究主题时，需要对被解释变量和解释变量所构成的面板数据进行回归检验，表 6.6 报告了相应的估计结果。观察表 6.6 可以发现，无论模型是否包含空间效应或时间效应，当使用传统的 LM 检验方法时，在 1% 的统计水平上均拒绝了没有空间滞后解释变量和没有空间自相关误差项的原假设。当使用稳健的 LM 检验方法时，在10%的统计水平上拒绝了不考虑空间效应和时间效应时没有空间滞后解释变量的原假设。如果包含时间效应或空间效应，在10%的统计水平上却不能拒绝没有空间滞后被解释变量的原假设，即使在 1%的统计水平上拒绝了没有空间误差项的原假设。这一现象说明，在研究交通基础设施对出口贸易的影响效应时，需要控制空间效应和时间效应；在空间权重矩阵的设定下，空间面板误差模型在一定程度上优于空间滞后模型。

表 6.6  LM 检验结果

| 决定因素 | OLS | 空间固定效应 | 时间固定效应 | 时空固定效应 |
|---|---|---|---|---|
| LM 空间滞后 | 170. 5451 *** | 171. 6116 *** | 62. 5935 *** | 56. 8280 *** |
| LM 空间误差 | 467. 3923 *** | 466. 9471 *** | 219. 2937 *** | 208. 8057 *** |
| 稳健 LM 空间滞后 | 3. 0136 * | 2. 1181 | 0. 1053 | 0. 1276 |
| 稳健 LM 空间误差 | 299. 8608 *** | 297. 4536 *** | 156. 8056 *** | 152. 1054 *** |

注：*、**和***分别表示在10%、5%和1%统计水平上显著。

## （四）空间面板模型回归结果

本章采用 Matlab2017a 软件估计空间面板计量模型，虽然前文在不考虑空间交互效应时稳健的 LM 检验结果表明在本章的研究框架下空间面板误差模型优于空间滞后模型，但传统的 LM 检验未能获得这一结论，为减少模型估计的偏误，本章在表 6.7 中列出了两者的回归结果作为比较分析。与此同时，为简便分析，表 6.7 仅列出了以出口贸易作为被解释变量的模型回归结果，以此来研判交通基础设施建设对中国各省区市进出口贸易的时空传导效应。

观察表 6.7 可以发现，无论是空间滞后模型还是空间误差模型，以及无论是否考虑固定效应或随机效应，各模型空间项的回归系数皆为正数，且均在 1%的统计水平上显著，这一现象意味着中国各省区市在进行出口贸易活动时，具有极强的空间依赖性，表现出强烈的正向溢出效应，即随着一个省（区、市）的出口贸易增多，其邻近省区市相应的贸易行为也会增多，这一结论与前文特征事实分析和 Moran 检验的结果相一致。各模型均具有较高的可决系数，其最小值（0.8380）为考虑固定效应的进口贸易空间面板误差模型所得，其最大值（0.9520）为考虑随机效应的出口贸易空间面板误差模型所得，即各模型的样本回归结果均对样本观测值进行了较好的拟合，自变量对因变量的解释程度较高。各模型似然比（LR）检验的结果均在 1% 的统计水平上显著为正，拒绝原假设且认为参数约束是有效的。此外，各模型的 Hausman 检验均在 1% 的统计水平上显著，拒绝了支持随机效应模型的原假设，应当采用固定效应模型。

表 6.7　空间计量模型估计结果

| | 空间面板滞后模型 | | 空间面板误差模型 | |
|---|---|---|---|---|
| | FE | RE | FE | RE |
| roadrate | 0.5002*** | 5.8514*** | 1.0758*** | 9.1551*** |
| | (4.7124) | (2.6525) | (10.1527) | (2.7118) |
| railrate | 6.9145*** | −4.5339*** | 9.2086*** | −6.2544*** |
| | (3.1993) | (14.5213) | (2.7547) | (15.5757) |
| lngdp | 0.9150*** | 0.5432*** | 2.1004*** | 1.1221*** |
| | (7.6865) | (5.0026) | (17.4728) | (10.3591) |
| lnfcap | −0.0776 | 0.9628*** | −0.1439 | 2.1581*** |
| | (0.6600) | (7.9710) | (1.2871) | (17.6266) |
| lngspd | 0.0619 | −0.1532 | −0.7946*** | −0.1645 |
| | (0.5696) | (1.2957) | (6.7140) | (1.4489) |
| 常数项 | | 0.0947 | | −0.8293*** |
| | | (0.8557) | | (6.8603) |
| λ（Lag） | 0.4080*** | 0.4110*** | | |
| | (12.5164) | (12.5230) | | |
| ρ（Error） | | | 0.8370*** | 0.8351*** |
| | | | (38.2664) | (67.0716) |
| 观测量 | 480 | 480 | 480 | 480 |

续表

| | 空间面板滞后模型 | | 空间面板误差模型 | |
|---|---|---|---|---|
| | FE | RE | FE | RE |
| R² | 0.8954 | 0.8887 | 0.8380 | 0.9520 |
| LR | 218.9474 *** | 188.8983 *** | 528.0223 *** | 492.8561 *** |
| Hausman | − 205.2841 *** | | − 557.1871 *** | |

注:*、** 和 *** 分别表示在 10%、5% 和 1% 统计水平上显著,括号内为 t 值。

观察表 6.7 中第 2~3 列的回归结果可以发现,在考虑空间因素而构建的空间面板滞后模型中,*roadrate* 项在固定效应模型和随机效应模型中的回归系数分别为 0.5002 和 5.8514,且两者均在 1% 的统计水平上显著,表明公路基础设施改善对出口贸易具有显著的正向促进作用。进一步观察表 6.7 中第 4~5 列的空间面板误差模型的回归结果可以发现,在采用不同的空间计量模型重新估计回归模型后,*roadrate* 项在固定效应模型和随机效应模型中的回归系数依然显著为正,其数值分别为 1.0758 和 9.1551,表明公路密度的增加有助于促进各省区市出口贸易的发展。在铁路基础设施方面,*railrate* 项在考虑固定效应的空间滞后模型和空间面板误差模型中显著为正,其回归系数分别为 6.9145 和 9.2086,但在考虑随机效应的回归模型中显著为负,其数值分别为 −4.5339 和 −6.2544,两者呈现出了截然相反的结果,但结合 Hausman 检验在 1% 的统计水平上显著的结果,应当在回归模型中引入固定效应模型,由此可以认为在考虑空间交互影响效应时,铁路基础设施数量的增长对各省区市开展出口贸易具有正向的促进作用。虽然 *roadrate* 项和 *railrate* 项的回归结果表明交通基础设施改善对出口贸易具有正向的促进作用,但两者未能指出空间因素在这一过程中所起的作用。进一步观察空间滞后模型的空间项 λ 以及空间误差模型的空间项 ρ 的回归结果,可以发现两者在不同模型中均显著为正,意味着空间影响作用为正,由此可以认为各省区市交通基础设施的改善不仅能够促进其出口贸易的发展,还能推动邻近省区市出口贸易的增长,即交通基础设施对出口贸易存在着空间溢出作用。上述回归结果的政策含义也是显而易见的,即交通基础设施作为一项公共品,具有极强的正外部性,应当鼓励各地政府加强在铁路和公路方面的投资。

此外，在其他解释变量方面，lngdp 的回归系数在空间面板滞后模型和空间面板误差模型中均显著为正，在考虑固定效应的模型中回归结果分别为 0.9150 和 2.1004，均高于考虑随机效应模型中的回归系数，但在各模型中均在 1% 的统计水平上显著，意味着各省区市地区生产总值的上升将会带来出口贸易的增长，良好的经济发展对出口贸易具有积极的影响效应。在投资因素方面，lnfcap 的回归系数大小在各模型中不一致，甚至正负性也存在着较大的差别，在考虑固定效应的回归模型中为负，在考虑随机效应的回归模型中为正，后者的绝对值大于前者的绝对值，且显著程度存在着较大差异，当 lnfcap 项的回归系数为正时伴随着较高的显著程度，而当其为负时伴随着较低的显著性水平，这一现象表明应当在一定程度上肯定固定资产投资对出口贸易的正向溢出作用。与此同时，政府支出占比对国际贸易影响的作用尚不明确，在考虑不同形式的空间模型时，lngspd 项系数的回归数值和显著性并不一致，具体表现为在考虑固定效应的空间滞后模型中不显著为正，而在其他三个模型中为负，且仅在考虑固定效应的空间面板误差模型中具有较高的显著水平，意味着政府行为对出口贸易的影响作用仍待更深入的研究。

综合以上分析可以得出以下几点结论：第一，本章在考虑空间交互作用的情况下，证实了交通基础设施改善对中国各省区市的出口贸易具有显著的正向溢出作用，交通基础设施改善对促进出口贸易是有益的，应当肯定前者对后者的影响；第二，不论是空间面板滞后模型还是空间面板误差模型，其空间项的回归系数均显著为正值，表明中国各省区市交通基础设施改善不仅能够促进自身出口贸易的发展，而且对邻近省区市的出口贸易存在着较强的空间溢出效应，具备正向的反馈机制；第三，在面板空间模型估计的其他影响因素中，虽然政府行为所起到的作用尚未有定论，但各省区市地区生产总值以及固定资产投资的增加将显著促进各省区市的出口贸易发展，应当鼓励各地政府注重自身经济发展以及引导固定资产的合理投资。

### （五）地区异质性

前文采用空间面板计量模型就整体层面的交通基础设施改善对出口贸易的影响效应展开了分析，但整体层面的评价可能忽略了区域间存在的差异性特征，并且鉴于地理以及经济发展的差异，不同地区的交通基础设施建设存在一定的区别。中国交通基础设施建设方面，无论是铁路里程还是公路里程，均呈现出由东向西依次递减的阶梯状现象，前文关于交通基础设施排名的特征事实分析已经指出了这一点，因而极有必要分别针对东、中、西部地区进行分样本检验，进而探讨交通基础设施改善对不同地区出口贸易影响效应的异质性。为进一步区分交通基础设施建设对各地区出口贸易的影响，本章在表 6.8 中基于空间面板滞后模型和空间面板误差模型，结合各地区的子样本分别独立检验交通基础设施改善对出口贸易的影响，以期从地区层面上获得更为细致的结论。在细分样本后，东部地区包括 12 个省区市，中部地区包括 9 个省区市，西部地区包括 9 个省区市。鉴于前文的研究结果以及分析的简略性，表 6.8 仅列出了固定效应下的空间面板滞后模型和空间面板误差模型的回归结果。

观察表 6.8 可以发现，无论是空间面板滞后模型还是空间面板误差模型，无论研究样本来自哪个区域，空间项的回归系数均为正值且显著水平较高，意味着出口贸易在各区域间同样存在着较强的空间交互作用，且主要发挥了正向的空间溢出作用。各模型的可决系数位于 $[0.7913, 0.9255]$ 区间，意味着各模型较好地拟合了样本数据。分样本检验结果与整体样本的研究结果存在着一定的差异，最值得关注的差异在于 *railrate* 项上，其回归系数和显著性与全国样本的回归结果相比均存在着明显变动。特别是东部地区和中部地区 *railrate* 项的回归系数在空间面板滞后模型和空间面板误差模型中为负值，而在西部地区为正值，原因可能在于东中部地区存在着较发达的公路基础设施网络，对铁路基础设施的依赖程度相对较低，而西部地区限于公路基础设施存量和运输特点，对铁路基础设施的依赖较高。拆分研究样本后，由于缩小和降低了空间权重矩阵的解释范围及解释力度，铁路基础设施对全国互联互通的解释作用被打断，模型未能识别出铁路基础设施对出口贸易的作用或认为前者对后者的解释作用较弱，并具体表现为各地区 *railrate* 项的统计显著水平较低，不如全国整体层面的显著，但仍不能忽略铁路基础设施对出口贸易的影响作用。另外，随着公路密度的增加，三大地区的出口贸易均对其做出了正向响应，*roadrate* 的回归系数显著水平较高，公路基础设施对于各省区市出口贸易的影响效应至关重要。

表 6.8　地区异质性回归结果

| | 空间面板滞后模型 | | | 空间面板误差模型 | | |
|---|---|---|---|---|---|---|
| | 东部地区 | 中部地区 | 西部地区 | 东部地区 | 中部地区 | 西部地区 |
| *roadrate* | 0.6076 *** | 1.0536 *** | 0.4485 ** | 0.5304 *** | 0.7077 *** | 1.1059 *** |
| | (3.8972) | (6.7976) | (2.4879) | (3.1250) | (4.7203) | (6.1661) |
| *railrate* | −3.6984 | −11.3599 | 3.3505 | −2.8316 | −5.7122 | 10.9957 |
| | (1.6311) | (1.4628) | (0.3151) | (0.7726) | (0.7056) | (0.9969) |
| ln*gdp* | 1.6150 *** | −0.7576 *** | 0.3958 ** | 1.7915 *** | −0.5373 *** | 1.2207 *** |
| | (8.9052) | (3.9531) | (2.2048) | (8.0054) | (2.5890) | (6.5114) |
| ln*fcap* | −0.6778 *** | −0.4977 ** | 0.5971 *** | −0.4251 ** | −0.3244 *** | 0.0342 |
| | (4.7417) | (2.5563) | (2.7371) | (2.5381) | (1.7810) | (0.1952) |
| ln*gspd* | 0.2021 | 2.1258 *** | −0.1562 | −0.0564 *** | 1.6176 *** | −0.2720 |
| | (1.1900) | (8.6022) | (0.8448) | (0.2546) | (7.1261) | (1.6366) |
| λ（Lag） | 0.2210 *** | 0.2361 *** | 0.2270 *** | | | |
| | (5.7448) | (3.2587) | (4.7154) | | | |
| ρ（Error） | | | | 0.6700 *** | 0.2960 *** | 0.6960 *** |
| | | | | (15.8232) | (4.0224) | (15.1479) |
| 观测量 | 192 | 144 | 144 | 192 | 144 | 144 |
| R² | 0.9058 | 0.9039 | 0.8505 | 0.8771 | 0.9255 | 0.7913 |

注：*、** 和 *** 分别表示在 10%、5% 和 1% 统计水平上显著，括号内为 t 值。

　　综合以上分析可以发现，基于分样本的空间计量模型得出的结论与基于全部样本的结论存在一定的差异，并主要表现在铁路基础设施方面。这主要是因为铁路设施相比于公路设施更需要通过网络联结作用发挥空间溢出效应，而细分样本无疑会削弱铁路基础设施对出口贸易的解释力度，导致其对被解释变量的影响作用相对较弱。但从相反方面来看，细分样本所得出的差异性结论反而从另一个方向验证了本章的核心结论，即交通基础设施改善，能够通过空间溢出效应对邻近省区市的出口贸易产生正向影响。这一点在公路基础设施方面表现得较为稳健，其回归系数在不同样本的不同模型中均显著为正，表明公路基础设施相比于铁路基础设施对出口贸易的促进作用更为明显。结合公路基础设施和铁路基础设施的分样本结果，可以认为在细分样本后，各省区市交通基础设施改善不仅对自身出口贸易具有显著的促进作用，而且能够通过空间溢出效应推动邻近省区市的出口贸易增长，交通基础设施改善对出口贸易发挥了积极作用。

# 第五节　本章小结

地理环境对经济发展的作用毋庸置疑，而交通基础设施建设正逐步改变自然地理对人类经济活动的影响。交通基础设施发展一方面通过改变地区之间的可达性，使得信息流动和贸易联系更为紧密；另一方面又深刻改变了各地区之间原有的邻近关系格局，利用空间溢出作用影响出口贸易的开展。本章基于中国大陆地区除港澳台和西藏外 30 个省区市 1999~2014 年的面板数据，采用空间计量模型研究交通基础设施改善对出口贸易影响效应的空间异质性。在具体的研究内容方面，本章首先根据中国行政规划图构建了空间权重矩阵；其次，利用全局和局部 Moran 检验分析出口贸易和交通基础设施的空间交互性；再次，将空间权重矩阵引入空间面板滞后模型和空间面板误差模型，再结合中国各省区市的数据，分别对出口贸易进行考察；最后，本章不仅在全国整体层面分析交通基础设施改善对出口贸易的作用，还通过细分样本寻求更为细致的检验结果。

基于上述研究过程，本章得出了以下几个重要结论：第一，中国各省区市的出口贸易存在着明显的空间集聚效应，但东部与中部、西部地区之间的差异较为显著，表现为"高—高"型和"低—低"型集聚，而且具有强强集聚或弱弱集聚的"马太效应"；第二，虽然各省区市的交通基础设施分布相对均衡，且呈现出一定的空间正相关性，但中国出口贸易高份额省区市和交通基础设施高密度省区市具有较高的重叠性，表明交通基础设施建设水平和国际贸易水平在地理上的集聚具有相关性；第三，虽然稳健的 LM 检验表明空间面板滞后模型优于空间面板误差模型，但传统的 LM 检验表明两者不存在显著差异，说明空间效应既能够通过所选取变量的自身影响来传导，也能够通过误差项的随机冲击来传递。

基于本章主要研究结论，一国在规划区域经济发展战略和制定相关政策时，不应忽略交通基础设施改善对出口贸易发挥作用时存在的空间异质性，在加大对交通基础设施的投资建设时应当注重合理性，将公路交通网络不断向中西部欠发达地区延伸，从而将这些地区纳入既有交通运输网络之中，使其享有交通基础设施改善所带来的发展红利，充分发挥交通基础设施的空间溢出作用。进一步加强铁路基础设施对于各地区的联结作用，通过新建路线或提高既有线路质量，努力提高运输能力，缓解运能不足的问题，充分利用铁路基础设施加强各地区间的经济合作关系。

# 第七章　交通基础设施改善
## 与中国企业出口

　　前文各章采用多种方法从不同角度分析了交通基础设施改善对出口贸易的影响，相关研究主要基于国别层面进行探讨，在宏观视角下发现前者对后者具有显著的影响。但企业是构成一国出口行为最为主要的单元，是出口贸易的行为主体，交通基础设施改善会对企业的出口行为造成多大程度的影响，以及对企业既有出口规模发挥了怎样的作用，是一个值得深入讨论的话题。此外，铁路提速是中国交通基础设施质量提升的标志性事件，特别是第六次大提速过程中开通的动车组列车以及此后日益发达的高速铁路，更是中国铁路运输史上的标志性变革。这一变革深刻影响了中国近年来的经济发展趋势，跨国铁路合作项目更是中国"走出去"的重要实践。基于上述分析，本章将铁路提速作为交通基础设施改善的重要标志，从微观角度探讨了交通基础设施改善对企业出口行为的影响效应，以期解答交通基础设施改善对企业出口行为的影响效应、增长途径以及传导机制。

## 第一节　交通基础设施改善与中国
## 企业出口：文献综述

　　虽然交通基础设施是国民经济发展过程中的重要组成部分，但关于交通基础设施对于经济增长的作用这一议题，长期以来在经济学理论研究中未受到足够重视（冯伟和徐康宁，2013）。随着近年来全球范围内现代化交通体系的迅速发展，交通基础设施对经济发展的溢出效应日益凸显，学者开始关注其对经济增长的影响效应，且大多肯定了交通基础设施对经济增长的贡献（Aschauer，1989；刘生龙和胡鞍钢，2010；张学良，2012；Deng等，2014）。生产率提升是经济增长的重要驱动力，特别是在近年来资源和环境等因素的约束下，经济增长已不能单纯地依赖生产要素投入的粗放型模式，更需要依靠生产率的提高。依据新新贸易理论的相关结论，生产率是企业出口选择的决定性因素。

研究交通基础设施改善对企业出口行为的影响效应，首先需要明确如何衡量交通基础设施质量的改善。投资规模增加、营运里程增长、运输能力提高以及固定区间运行时间降低等都是既有研究中被采用的衡量标准。例如，刘生龙和胡鞍钢（2010）、Deng 等（2014）研判了交通基础设施的投资和里程数据对经济增长的影响作用；黄玖立和徐旻鸿（2012）发现减免公路通行费用等降低运输成本的措施有助于改善内陆地区的出口模式；Shi 和 Huang（2014）基于中国交通基础设施的投资存量数据，研究了中国交通基础设施相对于经济发展是否存在供过于求的问题；龚静和尹忠明（2016）发现铁路运输时间节省及运输距离减少均能够有效提高出口贸易效率。伴随着中国铁路大提速，特别是高速铁路的大规模建设，固定区间运行时间大幅降低，铁路运输的效率与可达性显著提升，这被视为中国铁路基础设施领域最为重大的质量改善。很多研究将铁路提速作为一次准自然实验，分析铁路基础设施改善所产生的多方面影响。例如，周浩和郑筱婷（2012）选取京广线和京沪线作为铁路提速的代表，实证研究发现，在整个铁路提速期间，铁路提速站点城市的人均 GDP 增长率相对于未提速站点提高了约 3.7 个百分点，铁路提速政策对经济增长起到了显著的促进作用；宋晓丽和李坤望（2015）选取中国国内 7 条铁路干线作为铁路提速的代表，考察其对沿途站点城市人口规模的影响，发现相对于未提速城市，提速站点城市人口规模增加了 35.2%。基于以上研究成果，本章将提速作为铁路基础设施改善的标志性事件，考察其对于企业出口行为的影响效应。

在企业出口行为的研究方面，既有研究发现生产率、融资约束、要素扭曲、贸易自由化等因素均可对企业出口行为造成显著影响。例如，Melitz（2003）在新贸易理论的基础上引入企业生产率因素，研究发现生产率高的企业会同时进入国际和国内市场，生产率居中的企业会进入国内市场，而生产率最低的则会退出市场；刘海洋等（2013）基于中国企业样本研究发现，融资约束抑制了中国企业的出口行为；孙楚仁等（2013）在一个两国、两要素的模型中考察了最低工资对企业出口行为的影响效应，发现前者能够通过选择效应降低企业出口参与度，但会通过价格效应降低企业的出口额；康志勇（2014）基于中国工业部门 2001～2007 年的面板数据考察了要素市场扭曲对企业出口行为的影响，采用 Heckman 两阶段法研究发现要素市场扭曲能够提高企业的出口意愿，但会抑制出口规模的增长；毛其淋和盛斌（2014）基于异质性贸易理论结合中国制造业企业数据，探讨了贸易自由化对企业出口行为的影响，研究发现贸易自由化能够显著促进企业的出口参与，同时能够推动出口集约边际的增长；李方静和张静（2018）基于中国企业数据考察了服务贸易自由化对企业出口行为的影响效应，发现前者显著提高了企业的出口概率和出口密集度；李行云等（2018）采用中国海关数据和工业企业数据考察了贸易网络结构对企业出口行为的影响，发现贸易关系网络的增强有助于企业出口意愿的提升，并能够增加其出口持续时间。

需要特别说明的是，应该以提速站点而非铁路途经沿线城市为依据来划分样本，这样更符合铁路运输的基本特征。虽然铁路提速的对象是列车的运营线路，但与公路可按需设置出入口不同，铁路站点限于建设成本只能择优选址，与公路相比具有一定的封闭性，站点有无列车停靠是城市能否对接既有铁路运输网络的关键。城市作为区域经济增长的核心动力，是要素和商品集聚与扩散的主要场所，列车停靠站点也主要设置在城市内。这一情况导致站点城市内的企业在货物运输、人员流动以及信息交流等方面相比于非站点城市企业具有更多的选择，可综合利用铁路和公路运输的优势。此外，铁路提速作为一项利好措施，可以通过提高运输效率、改善区位条件以及加快生产要素流动等方式，使沿线企业在发展过程中获得新动力，这一差异是否使得提速地区企业有别于非提速地区企业，是本章重点关注的内容。

总体而言，铁路提速对经济活动区位选择、资源流动、区域产业结构和空间结构调整等产生了重大影响（金凤君和武文杰，2007）。铁路运行速度的大幅度提升能够通过多种途径对经济社会产生广泛而深刻的影响，在一定程度上释放了交通运输能力、拉近了时空距离、便利了人力资本流动以及信息交换，更拓宽和提升了资源在区域间、产业间乃至企业间的流通渠道和流通速度，显著改善了资源配置效率，可以从多个方面对企业生产、出口行为造成影响。企业作为地方经济的重要组成部分，从铁路基础设施质量改善中获得了诸多有形或无形的收益。虽然铁路基础设施质和量的提高不能通过直接投资的方式促进企业出口规模的增长，但其方便快捷的交通运输网络为企业劳动力流动、货物贸易以及信息交换提供了极大的保障。交通基础设施改善能够通过促进技术知识、生产要素在市场上的溢出水平和扩散速度等方式，推动企业生产率的提高，既可以使生产率居中的企业越过生产率门槛，选择进入国际市场，表现为出口扩展边际的增长，又可以降低高效率企业在出口过程中的贸易成本，使其在国际市场上更具竞争力，表现为出口集约边际的增长，即交通基础设施改善能够从出口选择和出口规模等方面影响企业的出口行为。

# 第二节　交通基础设施改善与中国企业出口：影响机制

既有研究发现铁路提速对企业生产率具有明显的影响（逯建等，2016；施震凯等，2018），而生产率是企业出口行为的决定性因素（Melitz，2003）。基于这一理论线索，本节构建了相关数理模型分析铁路提速对企业生产率以及贸易成本的影响作用，进而探讨其对企业出口行为的作用机制。

具体而言，基于新古典经济增长模型或 C-D 生产函数可知，企业生产率的提高一般来源于技术进步、管理制度方面的创新，其中又以技术进步的作用最为显著。既有文献指出新技术并不是在所有地区中同时出现的，而是产生于特定的空间范围内，同时也会在空间层面逐渐向外溢出（刘秉镰等，2010），但其向外传播需要时间，且传输过程越长，信息的扭曲和失真现象越明显，即地理距离延长对技术溢出效应存在着削弱作用（符森，2009）。现代意义上的空间距离并不完全局限于物理距离，同时还受时间因素的影响，本书在 Keller（2002）的基准模型中引入以时间因素平减的真实距离，以此判断出口企业生产率与经济地理距离之间的关系，进而阐述铁路提速的影响过程。

假设甲国和乙国相互影响且具有对称性，两者之间的地理距离为 $D$，提速将列车运行所需时间由 $t_0$ 缩短至 $t_r$，用 $t=t_r/t_0$ 衡量时间对地理距离的相关影响，$t$ 越小意味着两地的真实距离越短，从而以 $t$ 平减的真实运输距离可表示为 $D_r=tD$。假设甲国出口企业的产出函数 $Y$ 符合规模报酬不变的 C-D 生产函数：

$$Y = AK^{1-\alpha}I^{\alpha} \tag{7-1}$$

其中，$A$ 是常数项，$K$ 为资本投入，$\alpha$ 为产出弹性，且 $0<\alpha<1$，$I$ 为以劳动作为唯一投入要素的中间投入品组合，将其进一步定义为：

$$I = \left\{ \int^{N} m\,(c)^{\alpha}dc + \int^{N^{*}} n\,(c^{*})^{\alpha}dc^{*} \right\}^{1/\alpha} \tag{7-2}$$

其中，$m$ 和 $n$ 分别为来自甲国和乙国垄断厂商提供的中间投入品数量，$c$ 和 $c^{*}$ 为投入种类，$N$ 和 $N^{*}$ 为相应的投入组合[①]。由此可知：

$$Y = AK^{1-\alpha}\left\{ \int^{N} m\,(c)^{\alpha}dc + \int^{N^{*}} n\,(c^{*})^{\alpha}dc^{*} \right\} \tag{7-3}$$

假设两国中间投入品的价格 $p$ 和 $p^{*}$ 为：

$$p = \alpha AK^{1-\alpha}m^{\alpha-1} \tag{7-4}$$

$$p^{*} = \alpha AK^{1-\alpha}n^{\alpha-1} \tag{7-5}$$

两国厂商分别以劳动 $L$ 和 $L^{*}$ 作为唯一的投入要素，$w$ 和 $w^{*}$ 为两地工资水平，甲国出口企业使用本国中间产品所需的运输成本为 0，但使用外国中间产品时需要支付冰山型运输成本 $e^{tD}$。从而在最优条件下有等式 $p=w/\alpha$ 和 $p^{*}=w^{*}e^{tD}/\alpha$ 成立。当达到一般均衡时，由 $p=p^{*}$，$w=w^{*}$ 可进一步推出 $m$ 和 $n$ 之间存在如下关系式：

$$n = me^{-tD/(1-\alpha)} \tag{7-6}$$

即甲国出口企业生产所使用的本国中间投入产品 $m$ 和外国中间投入产品 $n$ 的替代弹性为 $1/(1-\alpha)$。考虑到两国以不可替代的劳动 $L$ 和 $L^{*}$ 作为生产的投入要素，而中间投入产品的组合分别为 $N$ 和 $N^{*}$，可进一步获得：

$$m = L\left[N(1 + e^{-tD\alpha/(1-\alpha)})\right]^{-1} \tag{7-7}$$

$$n = L^{*}\left[N^{*}e^{tD}(1 + e^{1/(1-\alpha)})\right]^{-1} \tag{7-8}$$

为简化等式（7-7）和（7-8），假设 $\xi_{m}(D) = 1 + e^{-tD\alpha/(1-\alpha)}$ 和 $\xi_{n}(D) = e^{tD}\left[1 + e^{1/(1-\alpha)}\right]$，并且 $\xi(D) = \left[\xi_{m}(D)/\xi_{n}(D)\right]^{\alpha}$。由此可知，$\xi_{m}(D) \propto 1/t$ 以及 $\xi_{n}(D) \propto t$，从而 $\xi(D) \propto 1/t$。将等式（7-7）和（7-8）代入等式

---

① 上标 $*$ 表示该变量属于乙地。

（7-3），并假设 $A = A\xi_m (D)^{-\alpha}$，结合两国的对称性，可推出甲国出口企业的产出函数为：

$$Y = AK^{1-\alpha}L^{\alpha}[N^{1-\alpha} + N^{*1-\alpha}\xi(D)] \tag{7-9}$$

进一步，假设出口企业的生产率（TFP）可由科布-道格拉斯（C-D）生产函数得出：

$$TFP = Y/(K^{1-\alpha}L^{\alpha}) \tag{7-10}$$

将等式（7-9）代入等式（7-10），化简并取对数可得：

$$\ln TFP = \ln A + \ln[N^{1-\alpha} + N^{*1-\alpha}\xi(D)] \tag{7-11}$$

等式（7-9）和（7-11）显示 $Y$ 和 $TFP$ 均与 $\xi$（$D$）呈正相关，而 $\xi$（$D$）与 $D_r = tD = t_r D/t_0$ 负相关，可推出当铁路提速降低运输时间 $t_r$ 时，受时间因素 $t$ 影响的真实距离 $D_r$ 将减少，从而提高企业生产率 $TFP$。进一步根据异质性贸易理论模型可知，企业通过对其在行业中的生产率水平进行评估，能够决定该企业是否有能力参与出口贸易并从中获益，而铁路提速能够使部分企业迈过出口门槛值，选择进入国际市场，表明以铁路提速为代表的交通基础设施改善能够影响企业的出口选择行为。根据以上分析内容，本章提出假说 7-1。

假说 7-1：铁路提速有助于提高企业的生产率，是其影响企业出口选择的重要渠道，使得更多企业选择参与出口贸易，表现为出口扩展边际的增长。

此外，与传统经济模型中生产要素流动是瞬时完成的假设不同，现实经济中存在形式各异的摩擦，在一定程度上阻碍了生产要素在市场上的自由流动。良好的交通基础设施能够显著减弱这些摩擦所带来的妨碍作用，使得包括劳动力、资本和技术信息等在内的生产要素能够进行跨区域传递。良好的交通基础设施更可以从多个方面完善一国的生产投资环境，降低企业在生产过程中所花费的各项成本。从企业生产的经济角度看，稳定可靠的交通基础设施既可以降低产品在运输途中的破损率，减少产品的物流成本，也可以通过缩短运输时间降低库存成本，从而降低生产的平均成本。对于已经位于出口生产率门槛之上的企业，交通基础设施改善能够降低出口企业多方面的生产成本，使其在国际市场中更具竞争力，表现为出口规模的增长。基于以上分析，本章进一步提出假说 7-2。

假说 7-2：铁路提速能够显著降低出口企业的时间成本和贸易成本，使得出口企业在国际市场上具备更多的竞争优势，推动其出口规模的增长，表现为出口集约边际的增长。

# 第三节　提速概况、方法简介及模型构建

## （一）铁路提速概况

回顾中国交通基础设施发展史可以发现一个典型事实，即中国自改革开放以来在铁路基础设施建设方面取得了举世瞩目的成就，国内铁路营运总里程从 1979 年的 5.30 万公里提升至 2016 年的 12.4 万公里，营运里程翻番的同时以省会城市为节点联通了全国主要市县，形成了纵横交错的网络布局，对经济社会发展起到了重要的支撑作用。虽然中国的铁路里程已位居世界第二，但人均网络密度却远低于发达国家水平，仅为美国的 1/10、日本的 1/2，铁路运输能力仍显不足。在新建铁路设施缓解运输矛盾难以短期见效的典型事实下，通过提高列车运行速度增加运能成为首选。中国铁道部在 1997~2007 年共实施了六次铁路提速政策，使全国列车平均运行速度由每小时 48 公里逐步提升至 70 公里，更在 2007 年开通了运行时速可超过 200 公里的城际动车组列车，中国由此超越德国、日本成为世界高速铁路第一大国。动车组列车的开通是中国交通基础设施质量提升的一次重要事件，中国铁路由高速普铁阶段转入快速铁路阶段，并以此为基础在短时间内迈入高铁时代。

具体而言，自 1997 年 4 月对京广线和京沪线开展第一次铁路大提速后，截至 2007 年底，中国铁道部共实施了六次铁路提速政策，提高了铁路运输效率。考虑到 2001 年前的三次提速政策过于密集，以及中国工业企业全要素生产率在 1997~2007 年波动较大，从 1999~2001 年的 2%~6% 大幅度提升至 2002~2007 年的 11%~16%，本章将样本时间设定为 2001 年之后。同时，鉴于 2009 年之后中国陆续开通了多条高速铁路，给经济社会发展带来了新的变化，极易对研究样本造成新的冲击，故本章将样本时间段集中于

2001~2009 年。在此期间,铁道部共实施了 3 次铁路提速政策①,分别是 2001 年 10 月的第四次提速,主要是对前三次大提速的延伸和完善;2004 年 4 月进行的第五次提速,首次开行了 "Z" 字头直达特快列车,是中国高铁时代前的最后一次大提速;2007 年 4 月的提速政策涉及范围较广,包括京哈、京广、京沪、京九以及陇海等多条线路,更重要的是开行了时速可超 200 公里的城际动车组列车,中国铁路史上首次出现了中国品牌的高速列车:和谐号(CRH)。"和谐号"的投入运行是中国铁路发展史上的代表性事件,中国一夜之间拥有了 6003 公里的高速铁路,这一事件直接导致 "第六次大提速" 与前面五次铁路大提速有了本质意义上的区别。

本章根据 2007 年 4 月的列车时刻表整理出 58 个动车组列车沿途停靠的站点,这些站点分别位于 49 个地级市,涉及 10 个省、3 个直辖市以及 1 个经济特区。② 考虑到直辖市和经济特区的经济发展水平相对较高,与其他城市相比具有极大的异质性,难以构建与其相匹配的控制组,故本章将其剔除。在此基础上,将所在地位于以上地级市的企业划入处理组,同时将位于这 10 个省余下城市的企业归入控制组。本章在表 7.1 中列出了处理组和控制组的具体地域分布。其中,沿海地区包含河北、山东、江苏、浙江和广东等 5 个省,其余 5 个省则分别为江西、河南、湖北、湖南以及陕西,在地理位置上属于内陆地区。

表 7.1　处理组和控制组的地域分布情况

| | 处理组(45) | 控制组(93) |
|---|---|---|
| 区域分布 | 河北(7)、江苏(5)、浙江(4)、江西(6)、山东(5)、河南(7)、湖北(3)、湖南(2)、广东(3)、陕西(3) | 河北(4)、江苏(8)、浙江(7)、江西(5)、山东(12)、河南(10)、湖北(11)、湖南(11)、广东(18)、陕西(7) |

注:括号里的数字代表该省在处理组或控制组中所含地级市的个数。

---

① 需要特别指出的是,2008 年开通的京津城际铁路被排除在样本分组之外,第一条被冠以"高铁"之名的武广高铁则是在 2009 年 12 月开通,对本章样本的影响有限。

② 这些站点分别为:北京、天津、上海、石家庄、唐山、秦皇岛、北戴河、邯郸、邢台、保定、段甲岭、南京、无锡、常州、苏州、昆山、镇江、杭州、诸暨、金华、义乌、衢州、南昌、萍乡、新余、鹰潭、宜春、上饶、济南、四方、淄博、潍坊、青州、孟庙、郑州、安阳、新乡、许昌、漯河、信阳、驻马店、汉口、武昌、孝感、蒲圻、长沙、株洲、醴陵、广州、深圳、东莞、西安、宝鸡、杨陵镇、新塘边、石龙、樟木头和九龙。由于秦皇岛、苏州、金华、潍坊、武汉、株洲、江山以及东莞等地级市拥有 2 个或 3 个站点,本章删去了所在地级市重复的 9 个站点。

## （二）Heckman 两阶段模型简介

本章主要考察的对象是企业出口行为，正如既有文献指出的那样，受到企业自身发展的限制，出口型企业只占全部企业的很小比例，大部分企业仍然以面向国内市场为主（盛丹等，2012）。另一个不可忽视的典型事实是，鉴于中国沿海和内陆地区的发展差异，那些地处沿海地区的企业因周边相对优越的基础设施更有可能选择参与出口，那些所在区域基础设施相对落后的企业在出口过程中将面临更高的贸易成本。在这样的现实发展背景下，无论是将非出口企业纳入回归样本，还是将零贸易量出口企业从样本中剔除，基于非随机样本采用 OLS 方法估计模型时，都无法避免自选择偏差（Self-Selection Bias）和样本选择偏差（Sample Selection Bias）所导致的内生性问题。

针对模型样本自选择偏差和样本选择偏差问题，Heckman（1979）构建了一个两阶段选择模型以期修正自选择偏差和样本选择偏差对模型估计所带来的偏误，通过使用非随机选择的样本来估计行为关系所导致的偏差。一般而言，Heckman 两阶段模型可以分为两个主要阶段：第一个阶段是概率模型，通常采用 Probit 模型（Probit Model）或 Tobit 模型（Tobit Model）分析样本存在自选择偏差的可能性，并从中得到逆米尔斯比（Inverse Mills Ratio）作为判断 Heckman 两阶段模型是否适用的标准；第二阶段是将前一阶段获得的逆米尔斯比作为修正自选择偏差的辅助变量纳入回归模型。

这一方法在提出之后，就被广泛用于出口贸易研究，并将 Heckman 两阶段模型进一步定义为：第一阶段重点探讨企业是否参与出口贸易，即选择方程，讨论的是出口扩展边际；第二阶段主要分析出口企业决定其对外出口的规模，即出口方程，研究的是出口集约边际。基于上述研究内容，既有研究采用 Heckman 两阶段模型对企业出口行为进行了广泛探讨。基于上述分析，本章在探讨铁路提速对企业出口行为的影响时同样采用 Heckman 两阶段模型展开分析。

## （三）模型构建及变量说明

在分析铁路提速对企业出口行为的影响效应时，参考 Heckman 两阶段模型，可以在估计基准模型时分两个阶段进行：第一阶段是分析有哪些因素能够影响企业参与出口贸易，特别是探讨铁路提速是不是影响企业出口决策的相关因素，即铁路提速对出口扩展边际的影响效应；第二阶段是在确定这些影响因素的基础上，进一步分析这些因素对企业出口行为的作用程度，特别是探讨铁路提速能够在多大程度上影响企业的出口规模，即铁路提速对出口集约边际的影响效应。基于这一研究逻辑，本章借鉴 Heckman 两阶段方法构建了如下形式的两个阶段模型：

$$P(exp_{i,t} = 1) = \Phi(\alpha_1 crh_{i,t} + \alpha_2 Z_{i,t} + year_t + ind_i + prov_i) \qquad (7-12)$$

$$exp_{i,t} = \beta_1 crh_{i,t} + \beta_2 Z_{i,t} + \beta_3 \lambda_{i,t} + cons_{i,t} + \varepsilon_{i,t} + year_t + ind_i + prov_i \qquad (7-13)$$

其中，公式 7-12 是第一阶段的 Probit 出口选择模型，$P(exp_{i,t}=1)$ 代表 $i$ 企业参与出口的概率，等式右边的 $\Phi$ 则表示标准正态分布的概率分布函数，$crh_{i,t}$ 为铁路提速的虚拟变量，其数值是组别虚拟变量 treated 与时间虚拟变量 period 的乘积。treated 为组别虚拟变量，用以描述处理组和控制组之间的差别，如果企业位于铁路提速地区，则归属于处理组，其数值为 1，反之则为 0。period 为时间虚拟变量，用以区分铁路提速实施前后的差异，其数值在 2007~2009 年为 1，其余年份则为 0。$year_i$、$ind_i$ 以及 $prov_i$ 分别表示时间固定效应、行业固定效应和地区固定效应。

公式 7-13 是第二阶段经过修正的企业出口规模模型，$exp_{i,t}$ 表示 $t$ 年 $i$ 企业的出口交货值，$Z$ 为控制变量，$\lambda$ 为逆米尔斯比，cons 为常数项，$\varepsilon$ 为随机扰动项。表 7.3 显示，全部样本中 crh 项的平均值为 0.1598，标准差为 0.3665，观测量为 206973；处理组中 crh 项的平均值为 0.3333，标准差为 0.4714，观测量为 99255；控制组中 crh 项的平均值为 0，标准差为 0，观测量为 107718。全部样本中 export 项的平均值为 3.8149，标准差为 71.0154，观测量为 160979；处理组中 export 项的平均值为 4.7384，标准差为 99.5960，观测量为 77199；控制组中 export 项的平均值为 2.9640，标准差为 23.4218，观测量为 83780。尽管 Heckman 两阶段模型可以解决自选择性问题，但为了更精确地描述企业出口过程中存在的变动差异，还需加入其他变量加以控制，本章的控制变量 $Z$ 主要包含以下几个方面。

（1）企业生产率 mqst。对于企业层面的全要素生产率，本章采用数据包络法（Data Envelop Analysis，DEA）进行估计。DEA 法通过对决策单元数据进行横向比较来判断全要素生产率的变化，不需要对生产函数的具体形式进行设定，从而避免了函数形式设定中的不确定性。在具体计算过程中，本章以企业总产值作为产出变量，以企业资本存量和员工人数作为投入变量，其中，资本存量的计算方法参考张天华和张少华（2016）的研究成果。本章基于投入最小的前提利用 DEA 法估计各企业的曼奎斯特指数，以其作为企业全要素生产率的衡量指标。表 7.3 显示全部样本中 *mqst* 项的平均值为 1.0082，标准差为 0.0654，观测量为 183969；处理组中 *mqst* 项的平均值为 1.0089，标准差为 0.0679，观测量为 88222；控制组中 *mqst* 项的平均值为 1.0076，标准差为 0.0630，观测量为 95747。

（2）企业规模（*scale*）为虚拟变量，其在大中型企业中的数值为 1，在小型企业中的数值为 0。大中型企业相比于小型企业具有更多的资金和更强的保障辅助其从事高风险的创新活动，承受创新失败的能力更强，在采购先进技术设备方面具备更强的能力，并能够对员工进行更为充分的职业培训，从而有利于企业生产率水平的提升（孙晓华和王昀，2014）。此外，更大的生产规模也更有利于企业实现规模经济和分工专业化，从而降低生产和管理成本，使其更具有参与出口贸易的意愿。表 7.3 显示全部样本中 *scale* 项的平均值为 0.2247，标准差为 0.4174，观测量为 206973；处理组中 *scale* 项的平均值为 0.1693，标准差为 0.3750，观测量为 99252；控制组中 *scale* 项的平均值为 0.1949，标准差为 0.3962，观测量为 107721。

（3）*sub* 为虚拟变量，用于表示企业是否享受政府补贴，其在享受补贴企业中的数值为 1，否则为 0。一般而言，政府对企业进行补贴的主要目的在于鼓励企业自主创新，进而促进经济增长。虽然企业为尽可能争取到政府补贴会采取迎合政策，但政府补贴仍在一定程度上有利于促进企业增大 R&D 投入、扩大投资规模，进而通过技术创新、规模经济等方式在不同程度上影响企业的全要素生产率（邵敏和包群，2012）以及出口行为（康志勇，2014）。表 7.3 显示全部样本中 *sub* 项的平均值为 0.1826，标准差为 0.3864，观测量为 206973；处理组中 *sub* 项的平均值为 0.1693，标准差为 0.3750，观测量为 99252；控制组中 *sub* 项的平均值为 0.1949，标准差为 0.3962，观测量为 107721。

（4）*kl* 表示以企业资本与职工人数比值衡量的资本密集度。资本密集度越高，意味着企业越倾向使用先进的生产技术和设备，也意味着企业越有条件创造更高的生产率（Jason，2008）。既有研究发现资本密集度对企业全要素生产率有着显著影响。表 7.3 显示全部样本中 ln$kl$ 项的平均值为 3.8828，标准差为 1.3008，观测量为 206469；处理组中 ln$kl$ 项的平均值为 3.9670，标准差为 1.3047，观测量为 99041；控制组中 ln$kl$ 项的平均值为 3.8051，标准差为 1.2923，观测量为 107428。

（5）城市发展水平（$citygdp$）以各地级市的国内生产总值来衡量。一些研究发现，城市的经济规模越大，该城市的经济活动就越多，位于该城市的企业生产率就越高（Puga，2010），那些经济发展良好的城市会通过集聚效应、竞争效应等方式带来知识溢出等正外部性（陈强远等，2016），对企业出口决策和出口规模具有一定的影响效应。表 7.3 显示全部样本中 ln$citygdp$ 项的平均值为 16.3804，标准差为 0.8395，观测量为 201001；处理组中 ln$citygdp$ 项的平均值为 16.6754，标准差为 0.8307，观测量为 99252；控制组中 ln$citygdp$ 项的平均值为 16.0926，标准差为 0.7426，观测量为 101749。

在数据处理过程中，一个值得关注的问题是，政策本身可能会引起一些内生性反应。比如一项公共政策的推出，会导致一些企业迁入或迁出实验地，使得处理组和控制组的个体分配是内生于这项公共政策的"处理"，最终使得估计结果产生偏差（周黎安和陈烨，2005）。此外，企业进出市场的决策还与自身情况相关，资本存量较大的企业在面对冲击时，其留在市场的概率远高于资本存量较低的企业，即存在样本进入或退出市场的选择性偏差。为减少内生性以及选择性偏差对研究结果的影响，本章仅选择在 2001~2009 年连续经营的企业，并借鉴余淼杰（2010）以及杨汝岱（2015）的方法，通过面板构建、价格指数处理等手段对中国工业企业数据库的数据进行调整。表 7.2 列出了研究样本中各变量的描述性统计结果，并区分了处理组和控制组的差异。为尽可能多地保留研究样本，本章未删除部分数据缺失的样本，从而导致变量的观测数存在一定的差别。

表 7.2　变量解释及数据来源

| 变量 | 变量解释 | 数据来源 |
| --- | --- | --- |
| $exp$ | 出口交货值 | 中国工业企业数据库 |
| $crh$ | 铁路提速 | 作者整理 |
| $period$ | 时期变量 | 作者整理 |
| $treated$ | 组别变量 | 作者整理 |

| 变量 | 变量解释 | 数据来源 |
|---|---|---|
| *mqst* | 曼奎斯特指数 | 作者计算 |
| *scale* | 企业规模 | 中国工业企业数据库 |
| *sub* | 政府补贴 | 中国工业企业数据库 |
| ln*kl* | 人力资本 | 中国工业企业数据库 |
| ln*citygdp* | 城市 GDP | 《中国城市统计年鉴》 |

**表 7.3　变量描述性统计结果**

| 变量 | 全部样本 | | | 处理组 | | | 控制组 | | |
|---|---|---|---|---|---|---|---|---|---|
| | 平均值 | 标准差 | 观测量 | 平均值 | 标准差 | 观测量 | 平均值 | 标准差 | 观测量 |
| *exp* | 3.8149 | 71.0154 | 160979 | 4.7384 | 99.5960 | 77199 | 2.9640 | 23.4218 | 83780 |
| *crh* | 0.1598 | 0.3665 | 206973 | 0.3333 | 0.4714 | 99255 | 0 | 0 | 107718 |
| *period* | 0.3333 | 0.4714 | 206973 | 0.3333 | 0.4714 | 99255 | 0.3333 | 0.4714 | 107718 |
| *treated* | 0.4796 | 0.4996 | 206973 | 1 | 0 | 99255 | 0 | 0 | 107718 |
| *mqst* | 1.0082 | 0.0654 | 183969 | 1.0089 | 0.0679 | 88222 | 1.0076 | 0.0630 | 95747 |
| *scale* | 0.2247 | 0.4174 | 206973 | 0.1693 | 0.3750 | 99252 | 0.1949 | 0.3962 | 107721 |
| *sub* | 0.1826 | 0.3864 | 206973 | 0.1693 | 0.3750 | 99252 | 0.1949 | 0.3962 | 107721 |
| ln*kl* | 3.8828 | 1.3008 | 206469 | 3.9670 | 1.3047 | 99041 | 3.8051 | 1.2923 | 107428 |
| ln*citygdp* | 16.3804 | 0.8395 | 201001 | 16.6754 | 0.8307 | 99252 | 16.0926 | 0.7426 | 101749 |

数据来源：计算获得。

# 第四节　回归结果及分析

## （一）基准回归

　　基于 Heckman 两阶段模型的相关内容，每一个回归模型都包含选择方程和出口方程两方面内容，本章在表 7.4 中报告了基准模型的回归结果。所有模型均控制了时间效应、行业效应和地区效应，且除第（1）列和第（2）列的逆米尔斯比不显著外，其余各模型的逆米尔斯比 λ 均在 1% 的统计水平上显著，这一结果意味着本章构建的回归模型在一定程度上存在着选择偏差问题，需要进行一定的修正，也表明本章采用 Heckman 两阶段模型估计各模型是合理的。

观察表 7.4 中第（1）列和第（2）列，这两列的模型仅包含了铁路提速 crh 这一核心解释变量，可以发现在不考虑其他控制变量时，铁路提速对于企业出口行为的影响相对有限，其在选择方程和出口方程中的回归系数分别为 8.0159 和 0.1153，且分别在 5% 和 1% 的统计水平上显著，这一结果表明铁路提速有助于推动企业出口扩展边际和集约边际的增长，初步验证了假说 7-1。表 7.4 中第（3）列和第（4）列则在前两列的基础上引入企业生产率 mqst，可以发现在引入新的控制变量后，crh 项的回归系数和显著性均有所提升，在选择方程和出口方程中的回归系数分别为 23.9065 和 0.1395，且分别在 1% 的统计水平上显著，表明 mqst 是企业出口过程中不可忽视的关键变量，且对企业的出口行为发挥了积极作用。在加入更多的控制变量后，crh 项的回归系数在表 7.4 第（5）列和第（6）列的选择方程和出口方程中分别为 8.6503 和 0.1313，与之前的模型回归结果保持了较高的一致性，均验证了假说 7-1。

表 7.4　基准回归结果

| | （1） | （2） | （3） | （4） | （5） | （6） |
|---|---|---|---|---|---|---|
| | 选择方程 | 出口方程 | 选择方程 | 出口方程 | 选择方程 | 出口方程 |
| $crh$ | 8.0159 ** (3.5092) | 0.1153 *** (0.0175) | 23.9065 *** (4.6138) | 0.1395 *** (0.0176) | 8.6503 *** (3.1954) | 0.1313 *** (0.0187) |
| $mqst$ | | | 25.4901 *** (2.5011) | 0.1447 *** (0.0025) | 32.4197 *** (1.2028) | 0.1043 *** (0.0045) |
| $scale$ | | | | | 49.5655 *** (4.9669) | 0.5511 *** (0.0098) |
| $sub$ | | | | | 21.4213 *** (2.7389) | 0.2635 *** (0.0097) |
| $lnkl$ | | | | | 19.9415 *** (1.1158) | -0.0620 *** (0.0055) |
| $lncitygdp$ | | | | | 8.3650 *** (1.9894) | 0.1210 *** (0.0059) |

续表

| | （1） | （2） | （3） | （4） | （5） | （6） |
|---|---|---|---|---|---|---|
| | 选择方程 | 出口方程 | 选择方程 | 出口方程 | 选择方程 | 出口方程 |
| 常数项 | −25.7172<br>（45.4877） | −0.7173***<br>（0.0165） | −259.5416***<br>（37.2260） | −0.6893***<br>（0.0175） | −388.0439***<br>（45.1828） | −2.4825***<br>（0.0949） |
| 时间效应 | 控制 | 控制 | 控制 | 控制 | 控制 | 控制 |
| 行业效应 | 控制 | 控制 | 控制 | 控制 | 控制 | 控制 |
| 地区效应 | 控制 | 控制 | 控制 | 控制 | 控制 | 控制 |
| λ | 41.8367<br>（33.7416） | | 223.8634***<br>（26.8545） | | 152.0170***<br>（14.2918） | |
| 观测量 | 160979 | | 137649 | | 133712 | |

注：*、**和***分别表示在10%、5%和1%统计水平上显著，括号内为标准误。

表7.4中的第（5）和第（6）列构成的回归模型是本章最为值得关注的模型，具体来看，在选择方程中，$crh$项的回归系数为8.6503，且在1%的统计水平上显著，表明铁路提速有助于更多企业参与到出口贸易中，表现为出口扩展边际的增长，验证了假说7-1。$mqst$项的回归系数为32.4197，且显著程度较高，这一结果意味着铁路提速能够通过提高企业生产率影响企业出口选择行为，从另一个侧面验证了假说7-1。而在选择方程中其他控制变量的回归结果上，企业规模同样是解释企业出口选择行为的重要变量，$scale$项的回归系数为49.5655，且在1%的统计水平上显著，表明企业规模越大越有出口倾向；政府补贴同样有助于提高企业进入国际市场的意愿，$sub$项的回归结果为21.4213，且在1%的统计水平上显著；$lnkl$项的回归系数在1%的统计水平上显著为正，原因可能在于资本密集度高的企业更倾向于参与出口贸易。在出口方程中，$crh$、$mqst$的回归系数分别为0.1313以及0.1043，且均在1%的统计水平上显著，表明铁路提速能够显著促进企业出口规模的增长，验证了假说7-2。出口方程中各控制变量的回归结果与选择方程中相应解释变量的结果一致，且都具有较高的显著性，较好地拟合了相关理论的分析结果。

总体而言，$crh$项的回归系数在表7.4各模型中均显著为正，意味着铁路提速既能够提高企业出口的意愿，也能够对企业出口规模增长产生积极影响，从而对企业出口二元边际带来显著的促进作用。从 *mqst* 项显著为正的回归结果可知，铁路提速可以通过提高企业生产率影响企业的出口行为。以上回归结果验证了前文提出的假说 7-1 和假说 7-2，即铁路提速能够提高企业的生产率，使得更多企业选择参与出口贸易，表现为出口扩展边际的增长；同时能够通过降低贸易成本增加出口企业在国际市场上的竞争力，推动出口规模的提高，表现为出口集约边际的增长。

## （二）地区异质性

前文基于全样本数据得出了本章的核心结论，但这一结论是否会因地区或企业特征差异而存在区别仍需更多的经验检验。为进一步揭示铁路提速政策使提速地区企业出口行为产生变化的深层次原因，增强理解铁路提速对出口选择的影响作用，本节进一步基于铁路提速过程中地理位置、企业特征等因素的差异对研究样本进行拆分对比，以期获得更为细致的实证结果，分析铁路提速对企业出口行为影响的异质性，旨在为针对差异采取行之有效的措施提供理论和经验依据。

鉴于沿海和内陆地区在交通基础设施建设以及经济发展等方面存在较大的差异，本章将上文样本拆分为沿海和内陆地区两个子样本分别进行回归，具体回归结果在表 7.5 中列出。表 7.5 中所有模型均控制了行业效应、时间效应和地区效应，但是在是否加入企业生产率 *mqst* 上存在差别。对比来看，在加入 *mqst* 后，*crh* 项回归系数的显著程度有所下降，进一步表明铁路提速可以通过影响企业生产率对企业出口行为造成影响，故在分析铁路提速对企业出口行为的影响效应时不应忽略 *mqst* 项的作用。

表 7.5　地区异质性回归结果

| | 沿海地区 | | | | 内陆地区 | | | |
| | 选择方程 | 出口方程 | 选择方程 | 出口方程 | 选择方程 | 出口方程 | 选择方程 | 出口方程 |
|---|---|---|---|---|---|---|---|---|
| *crh* | 5.9635** (2.6480) | 0.1125*** (0.0196) | 8.2122** (3.2412) | 0.1239*** (0.0197) | -1.7035 (2.6794) | 0.1189* (0.0607) | 0.9712 (2.7777) | 0.1003 (0.0612) |
| *mqst* | | | 31.7229*** (1.2152) | 0.1001*** (0.0048) | | | 7.5032*** (1.8917) | 0.1472*** (0.0135) |

续表

| | 沿海地区 | | | | 内陆地区 | | | |
|---|---|---|---|---|---|---|---|---|
| | 选择方程 | 出口方程 | 选择方程 | 出口方程 | 选择方程 | 出口方程 | 选择方程 | 出口方程 |
| $scale$ | 26.0337 *** (5.1572) | 0.6162 *** (0.0093) | 44.4129 *** (5.3413) | 0.5684 *** (0.0105) | 2.6366 (6.3617) | 0.5403 *** (0.0259) | 7.6955 (4.9906) | 0.4043 *** (0.0291) |
| $sub$ | 4.4820 * (2.4722) | 0.2646 *** (0.0096) | 17.7099 *** (2.7814) | 0.2561 *** (0.0103) | -2.3869 (4.5336) | 0.3828 *** (0.0292) | 4.1053 (4.7415) | 0.3868 *** (0.0313) |
| $\ln kl$ | -0.5198 (1.4308) | -0.1628 *** (0.0030) | 21.2243 *** (1.1838) | -0.0665 *** (0.0059) | 2.6803 (1.9578) | -0.1627 *** (0.0092) | 7.3576 *** (0.6759) | -0.0110 (0.0170) |
| $\ln citygdp$ | -0.5661 (1.8577) | 0.1251 *** (0.0058) | 6.3973 *** (2.0516) | 0.1172 *** (0.0063) | -0.3998 (2.2866) | 0.1730 *** (0.0172) | 2.1934 (2.3013) | 0.1645 *** (0.0185) |
| 常数项 | 12.5277 (41.9811) | -2.1832 *** (0.0919) | -320.858 *** (48.2897) | -2.3584 *** (0.1003) | 0.5598 (54.2516) | -3.3778 *** (0.2580) | -98.7102 (60.0585) | -3.6741 *** (0.2808) |
| 时间效应 | 控制 | 控制 | 控制 | 控制 | 控制 | 控制 | 控制 | 控制 |
| 行业效应 | 控制 | 控制 | 控制 | 控制 | 控制 | 控制 | 控制 | 控制 |
| 地区效应 | 控制 | 控制 | 控制 | 控制 | 控制 | 控制 | 控制 | 控制 |
| $\lambda$ | 24.8468 * (13.8963) | | 133.7898 *** (15.2869) | | 4.8557 (15.6262) | | 20.2963 (16.2326) | |
| 观测量 | 134730 | | 115541 | | 21207 | | 18171 | |

注：\*、\*\* 和 \*\*\* 分别表示在 10%、5% 和 1% 统计水平上显著，括号内为标准误。

　　在沿海地区包含企业生产率项的选择方程中，$crh$ 项回归系数的数值为 8.2122，且在 5% 的统计水平上显著，表明铁路提速有助于推动沿海地区企业积极参与出口贸易。$mqst$ 项的回归系数为 31.7229，在 1% 的统计水平上显著，意味着企业生产率的提高对企业出口参与存在着明显的积极作用，符合异质性贸易理论，表明铁路提速对企业出口扩展边际的积极影响在沿海地区成立。$crh$ 项的回归系数在出口方程中为 0.1239，且具有较高的显著性，意味着铁路提速对沿海地区企业出口规模具有积极作用。沿海地区选择方程各控制变量的回归结果与基准模型的结果一致，意味着本章模型对控制变量的估计具有较高的稳定性。在沿海地区出口方程中，各解释变量的回归结果均与选择方程一致，表明铁路提速不仅能够促进企业出口扩展边际增长，也在一定程度上有助于企业出口集约边际的增长，假说 7-1 和假说 7-2 在沿海地区企业中成立。

铁路提速对内陆地区企业出口行为的影响效应与沿海地区企业存在着一定的差别，主要表现在两个方面：一方面是逆米尔斯比系数的显著性，虽然 λ 的数值在内陆地区为正，但即使在 10% 的统计水平上也并不显著，意味着采用 Heckman 两阶段模型估计铁路提速对内陆地区企业出口行为的影响并不适宜，产生这一现象的原因在于第六次铁路提速主要集中在沿海地区，仅涉及部分内陆地区，故自选择效应不如沿海地区明显；另一方面是 crh 项在内陆地区选择方程中不显著为正，表明铁路提速并未能有效促进内陆地区企业的出口参与度，产生这一现象的现实原因也是容易理解的，由于内陆地区在 2009 年前尚未形成纵横交错的铁路设施网络，因而铁路提速所带来的溢出作用未能有效转化为比较优势，这点在逆米尔斯比系数不显著上也有体现。沿海地区和内陆地区相异的结果表明应适当关注铁路提速导致的地区间发展不平衡，沿海地区出口企业应当依靠其独特的地理优势以及较好的经济发展基础，利用铁路设施推动出口二元边际的增长。而反观内陆地区出口企业，虽然铁路提速对其出口规模有一定的正向促进作用，但作用有限，甚至抑制了出口扩展边际的增长，应当关注内陆地区企业在铁路提速过程中所遭受到的"虹吸效应"。

## （三）企业异质性

企业所有权是决定企业生产率增长的重要因素，所有权归属对企业管理制度、组织架构等具有突出效应，从而会对企业出口行为产生关键影响。既有研究一般认为国有企业相对于非国有企业来说具有较低的生产率水平或增长速度（周黎安等，2007），且不同所有制的企业因产权性质差异而具有不同的技术创新激励，国有企业在各类所有制企业中技术创新能力最弱（吴延兵，2014）。结合现实来看，铁路在 2013 年货运改革之前以大宗货物运输为主，而国有企业是大宗货物的主要存储方和采购方，相对于非国有企业的采购频率更高，规模更大，对铁路的依赖度更高。此外，国有企业可通过建设铁路专用线路对接铁路运输网络，导致国有企业在铁路运输中具有一定的政策优势。以上区别是否会导致铁路提速对国有和非国有企业出口行为的影响产生差异，需要进行更为细致的经验检验。表7.6区分了铁路提速政策对国有企业与非国有企业出口行为的影响作用。

表 7.6　企业异质性回归结果

| | 国有企业 | | | | 非国有企业 | | | |
|---|---|---|---|---|---|---|---|---|
| | 选择方程 | 出口方程 | 选择方程 | 出口方程 | 选择方程 | 出口方程 | 选择方程 | 出口方程 |
| crh | 0.3952 (9.7402) | -0.0653 (0.0458) | -5.4897 (23.4578) | -0.0555 (0.0466) | 5.2954** (2.6785) | 0.0310 (0.0207) | 6.7875** (2.9803) | 0.0358* (0.0207) |
| mqst | | | 105.3030*** (22.4151) | 0.2605*** (0.0113) | | | 24.2488*** (0.8411) | 0.0455*** (0.0051) |
| scale | 106.3298*** (31.8794) | 0.7710*** (0.0218) | 171.4275*** (49.7600) | 0.5565*** (0.0253) | 27.3441*** (5.0898) | 0.6448*** (0.0101) | 25.9599*** (5.4682) | 0.6243*** (0.0111) |
| sub | 52.2847*** (16.4300) | 0.4005*** (0.0230) | 103.5834*** (30.6347) | 0.3494*** (0.0251) | 4.2088* (2.4022) | 0.2661*** (0.0101) | 8.2515*** (2.7013) | 0.2692*** (0.0107) |
| lnkl | -5.3601 (4.6049) | -0.1019*** (0.0083) | 72.1326*** (12.9032) | 0.1360*** (0.0136) | -0.7794 (1.2444) | -0.1458*** (0.0031) | 20.4785*** (1.3129) | -0.1044*** (0.0062) |
| lncitygdp | 14.3289* (8.1635) | 0.1728*** (0.0147) | 38.1546** (16.0771) | 0.1440*** (0.0162) | 0.0789 (1.8199) | 0.1155*** (0.0060) | 2.4309 (1.9872) | 0.1143*** (0.0065) |
| 常数项 | -483.0113** (200.1247) | -3.5489*** (0.2328) | -1535.34*** (451.6443) | -3.8150*** (0.2567) | -36.8159 (43.4888) | -2.0914*** (0.0955) | -198.344*** (47.9388) | -2.1852** (0.1042) |
| 时间效应 | 控制 | 控制 | 控制 | 控制 | 控制 | 控制 | 控制 | 控制 |
| 行业效应 | 控制 | 控制 | 控制 | 控制 | 控制 | 控制 | 控制 | 控制 |
| 地区效应 | 控制 | 控制 | 控制 | 控制 | 控制 | 控制 | 控制 | 控制 |
| λ | 172.7513*** (55.4999) | | 439.7920*** (116.8993) | | 26.9113** (13.4876) | | 69.3935*** (14.8834) | |
| 观测量 | 24146 | | 20937 | | 131791 | | 112775 | |

注：*、** 和 *** 分别表示在10%、5%和1%统计水平上显著，括号内为标准误。

观察表7.6可以发现，在国有企业的回归模型中，crh项无论是在选择方程还是出口方程中均不显著为负，其数值分别为-5.4897和-0.0555，这一结果意味着铁路提速既未能提升国有企业的出口参与度，也未能推动出口规模的增长，即铁路提速对国有企业出口二元边际未能造成显著的冲击。此外，企业生产率提高仍有助于国有企业出口扩展边际和集约边际的增长，其回归系数分别为 105.3030 和 0.2605，且在 1%的统计水平上显著。在非国有企业的回归模型中，*crh* 项表现出与国有企业截然相反的回归结果。*crh* 项在非国有企业选择方程和出口方程中的回归系数分别为 6.7875 和 0.0358，表明铁路提速能够显著推动非国有企业的出口二元边际增长。*mqst* 项回归系数在选择方程和出口方程中均显著为正，其数值分别为 24.2488 和 0.0455，意味着铁路提速能够通过提高企业生产率促进非国有企业的出口参与度。

综合上述分析结果可以发现，本章前文所提出的假说 7-1 和假说 7-2 仅在非国有企业中成立。铁路提速对国有企业出口二元边际影响效应不显著的原因是多方面的，但国有企业和非国有企业的发展特点是以上结果出现差异的主要原因。比如，虽然国有出口企业可通过铁路专线或行政手段在铁路运输中具有较大的议价优势，但由于自身存在委托代理以及预算软约束等问题，在缺乏激励和监督的情况下难以最大化吸收和利用相关政策。而非国有企业以资本收益最大化以及可持续发展为主要目标，有能力且有激励利用相关政策鼓励技术创新并尽可能提高企业生产率，进而更积极地参与出口贸易，在国际市场上具备更高的竞争优势，能够推动企业出口扩展边际和集约边际的双重增长。

### （四）行业异质性

铁路提速主要促进了生产要素流动，而不同类型产品所含生产要素的比重存在异质性，比如劳动密集型产品和技术密集型产品中技术含量的差异。从既有研究的结论来看，技术密集型产品相比于劳动密集型产品更易受到铁路提速的影响。这一典型事实说明铁路提速可能对所属不同类型行业企业的出口行为产生异质性影响，本节参考谢建国（2003）的方法将总样本中的各行业划分为劳动密集型、资本密集型和技术密集型等三个类型，相应的回归结果分别报告在表 7.7 中。

表 7.7 行业异质性回归结果

| | 劳动密集型 | | 资本密集型 | | 技术密集型 | |
|---|---|---|---|---|---|---|
| | 选择方程 | 出口方程 | 选择方程 | 出口方程 | 选择方程 | 出口方程 |
| $crh$ | -0.2384 (0.6852) | -0.0265 (0.0340) | 2.6936** (1.1466) | 0.0925*** (0.0321) | 16.6853** (8.2920) | 0.1206*** (0.0318) |
| $mqst$ | 8.1056*** (0.2068) | 0.0532*** (0.0084) | 11.8273*** (0.8181) | 0.1885*** (0.0076) | 52.0902*** (2.4678) | 0.0644*** (0.0079) |
| $scale$ | 8.0392*** (0.9593) | 0.4377*** (0.0180) | 9.2321*** (2.0245) | 0.4951*** (0.0164) | 85.3250*** (15.8247) | 0.6921*** (0.0171) |
| $sub$ | 3.2549*** (0.6771) | 0.3004*** (0.0182) | 3.1804*** (0.9998) | 0.2002*** (0.0166) | 35.6639*** (8.0204) | 0.3149*** (0.0165) |
| $\ln kl$ | 8.2463*** (0.4348) | -0.1781*** (0.0102) | 12.7829*** (0.3226) | 0.0002 (0.0090) | 46.2571*** (2.5504) | -0.0013 (0.0098) |
| $\ln citygdp$ | 0.3953 (0.5254) | 0.1520*** (0.0110) | 1.6364** (0.7738) | 0.1344*** (0.0098) | 3.0265 (4.6313) | 0.0619*** (0.0103) |
| 常数项 | -31.5285*** (11.0762) | -2.5440*** (0.1776) | -95.1761*** (21.3011) | -3.4843*** (0.1575) | -600.5319*** (107.8631) | -1.8023*** (0.1652) |
| 时间效应 | 控制 | 控制 | 控制 | 控制 | 控制 | 控制 |
| 行业效应 | 控制 | 控制 | 控制 | 控制 | 控制 | 控制 |
| 地区效应 | 控制 | 控制 | 控制 | 控制 | 控制 | 控制 |
| $\lambda$ | 11.2043*** (3.6732) | | 18.4832*** (6.0723) | | 238.5040*** (38.5507) | |
| 观测量 | 39042 | | 49826 | | 44844 | |

注：*、** 和 *** 分别表示在10%、5%和1%统计水平上显著，括号内为标准误。

表 7.7 中第 2 列和第 3 列报告了铁路提速对劳动密集型企业出口行为的影响效应，可以发现 $crh$ 项在选择方程和出口方程中的回归系数分别为 -0.2384 和 -0.0265，但均不显著，意味着铁路提速并未对劳动密集型企业的出口决策造成明显冲击，而 $mqst$ 项在选择方程和出口方程中显著为正，表明虽然铁路提速能够通过提高出口企业的生产率、降低贸易成本促进出口规模的增长，但对劳动密集型企业出口参与度的提升未起到明显效应，"生产率悖论"在劳动密集型企业中尤为显著。在资本密集型企业的选择方程中，$crh$ 项的回归系数为 2.6936，且在 5% 的统计水平上显著，表明铁路

提速能够直接提升资本密集型企业的出口参与意愿，且这一效应能通过生产率渠道进行传导，产生这一现象的原因在于铁路提速可使资本投资过程中的谈判进程加速、信息更加对称，促使资本密集型企业出口意愿提升。既有研究发现空间压缩、时间节约、可达性提高等效应能够加快资本流动，使企业能够在整个市场上寻求到高回报项目（龙玉等，2017）。在技术密集型企业中，铁路提速对其出口扩展边际和出口集约边际均产生了较为明显的冲击，具体表现为 *crh* 项和 *mqst* 项在选择方程和出口方程中均显著为正，前文探讨铁路提速的溢出机制时发现，铁路提速能够有效促进技术的传播速度，动车组列车的运行更是极大程度地增强了京津冀、长三角以及珠三角等经济圈的内部和外部联系，推动了地区与地区间、企业与企业间的交流合作，提高了区域间或企业间的技术溢出水平，而这一影响作用在技术密集型企业中尤为突出。

综合以上分析可知，铁路提速能够对不同行业类型的企业出口行为造成差异性影响。具体表现为铁路提速对劳动密集型企业出口行为的促进作用相对有限，原因在于劳动密集型产品一般具有较低的附加值，在国际市场中的差异化程度相对较低，且在出口贸易中对国外销售终端渠道具有依赖性，铁路提速所产生的溢出效应对其出口行为的作用相对不明显。而铁路提速对资本密集型企业的影响效应在出口扩展边际的增长上较为显著，这一结果同样具有现实依据，即铁路提速可以提高谈判双方的信息对称度，加快信息在资本市场上的流动速度，从而提高资本密集型企业的出口意愿，但对既有出口市场的影响相对有限。铁路提速对技术密集型企业出口行为具有最为显著的影响效应，对出口扩展边际和出口集约边际具有双向促进作用。总体而言，铁路提速缩短了地理距离和通达时间所共同决定的地区间时空距离，使得物流和人流的集散更为平滑，减少了要素流动、技术传输过程中不必要的损耗，且对异质性企业的出口行为造成了差异性影响。

## 第五节　基于异质性理论的机制分析

前文指出交通基础设施改善能够通过生产率渠道对企业出口行为产生影响，但未能详尽探析交通基础设施改善影响企业生产率的具体途径，本节从这一视角以铁路提速为例展开分析。为进一步验证铁路提速能够通过生产率渠道影响企业的出口行为，本节采用倍差分析法进行再检验。采用倍差分析法进行政策效应检验的重要前提是符合"平行趋势假设"，即处理组和控制组之间不存在系统性差异，在事件发生前具有一致的发展特征和趋势，否则倍差分析的结果就极有可能存在偏误。在铁路提速政策的制定过程中，政策制定者会考虑城市的各方面情况，很有可能会青睐那些经济发展速度快、铁路需求旺盛、相应配套设施完备的城市。因而极有必要对处理组和控制组样本的发展趋势进行检验，用以判断分组的合理性以及确保倍差分析法结果的可信性。

本章通过绘制主要变量的时间趋势图、估计平行趋势等检验方法来研判处理组和控制组样本在政策实施前是否具有一致的变动趋势。首先针对处理组和控制组曼奎斯特指数的均值绘制相应的时间趋势图（见图 7.1）。从中可以发现，在整个样本期间，处理组和控制组曼奎斯特指数的均值都大于 1，表明全要素生产率在此期间整体处于增长阶段。在铁路提速实施前，虽然变量的时间趋势曲线略有差别，但处理组和控制组的升降趋势基本一致，表现出了较为稳健的平行特征。在铁路提速实施后，曼奎斯特指数的时间趋势曲线出现了一定的波动，意味着这些变量受到了相关因素的冲击，初步表明铁路提速对企业生产率造成了影响。

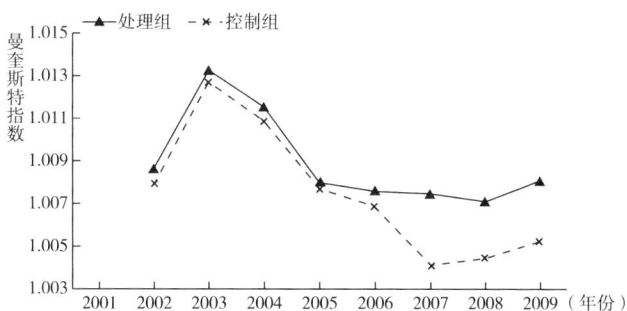

图 7.1　曼奎斯特指数均值的时间趋势

图 7.1 仅根据变量均值的时间趋势变化，初步判断处理组和控制组在铁路提速前具有相似的发展趋势，但平行趋势假设需要更为精确的检验。本章在基准回归模型中进一步加入组别虚拟变量与时间趋势的交乘项，并在表 7.8

中报告了该检验的估计结果。可以发现，在控制了行业效应、时间效应、地区效应以及各控制变量后，虽然各"处理组×年份"项回归系数的正负性不同，但在10%的统计水平上均不显著，不能拒绝处理组和控制组在铁路提速实施前具有一致发展趋势的原假设，通过了平行趋势假设检验。这一结果意味着本节的实验分组是合适的，采用倍差分析法研判铁路提速对企业生产率的影响作用是合理的。

表 7.8　平行趋势检验结果

| 变量 | $mqst$ |
|---|---|
| 处理组×2002 年 | −0.0053<br>（0.0098） |
| 处理组×2003 年 | −0.0067<br>（0.0098） |
| 处理组×2004 年 | −0.0053<br>（0.0098） |
| 处理组×2005 年 | −0.0058<br>（0.0098） |
| 处理组×2006 年 | −0.0047<br>（0.0098） |
| 控制变量 | 控制 |
| 行业效应 | 控制 |
| 时间效应 | 控制 |
| 地区效应 | 控制 |
| 观测数 | 111378 |
| $R^2$ | 0.0027 |

注：括号内为标准误。

　　表 7.9 给出了基于倍差分析法考察铁路提速对企业生产率影响效应的回归结果，且区分了地区异质性、企业异质性以及行业异质性。观察表 7.9 可以发现，全部样本中 $crh$ 项的回归数值为 0.0027，且在 1%的统计水平上显著，意味着铁路提速整体上显著促进了提速地区企业生产率的提升。如前文所述，铁路提速为受影响地区企业的技术进步提供了相关支撑：一方面铁路提速带来的交通便捷和时间成本节约，缩短了地区间的真实距离，既可减少技术传播过程中的损漏，又可使企业在更广阔的空间范围内获得可

替代的技术、信息或原材料，为其技术进步提供了自身需求的内动力；另一方面，在扩大消费市场的同时增加了市场竞争程度，迫使企业追求核心技术进步以增强市场竞争力，为企业带来竞争的外动力。

表 7.9 倍差分析法回归结果

| | 全部样本 | 沿海地区 | 内陆地区 | 国有企业 | 非国有企业 | 劳动密集型 | 资本密集型 | 技术密集型 |
|---|---|---|---|---|---|---|---|---|
| $crh$ | 0.0027*** (0.0006) | 0.0031*** (0.0008) | 0.0015 (0.0012) | −0.0011 (0.0016) | 0.0035*** (0.0007) | 0.0014 (0.0010) | 0.0039*** (0.0012) | 0.0030*** (0.0011) |
| $period$ | −0.0032*** (0.0009) | −0.0013 (0.0013) | −0.0048*** (0.0015) | −0.0024 (0.0021) | −0.0032*** (0.0010) | −0.0017 (0.0014) | −0.0016 (0.0018) | −0.0061*** (0.0015) |
| $treated$ | 0.0048 (0.0042) | 0.0084** (0.0035) | 0.0077 (0.0047) | 0.0047 (0.0078) | 0.0055 (0.0051) | 0.0127** (0.0058) | −0.0034 (0.0078) | 0.0005 (0.0106) |
| $\ln kl$ | −0.0002 (0.0001) | −0.0003 (0.0002) | −0.0001 (0.0002) | −0.0004 (0.0003) | −0.0001 (0.0002) | −0.0000 (0.0002) | −0.0006** (0.0002) | 0.0001 (0.0002) |
| $sub$ | 0.0005 (0.0004) | 0.0005 (0.0005) | 0.0006 (0.0009) | 0.0010 (0.0010) | 0.0003 (0.0005) | 0.0008 (0.0007) | 0.0005 (0.0008) | −0.0000 (0.0007) |
| $scale$ | 2.33e−5 (0.0004) | −0.0002 (0.0005) | 0.0006 (0.0007) | 0.0012 (0.0009) | −0.0003 (0.0004) | 0.0001 (0.0006) | 0.0001 (0.0008) | −0.0001 (0.0007) |
| $\ln citygdp$ | 0.0002 (0.0005) | −0.0012 (0.0009) | 0.0008 (0.0007) | 0.0009 (0.0011) | −2.15e−5 (0.0006) | −0.0002 (0.0008) | −0.0001 (0.0011) | 0.0008 (0.0009) |
| 常数项 | 1.0042*** (0.0088) | 1.0199*** (0.0136) | 0.9998*** (0.0117) | 0.9966*** (0.0176) | 1.0045*** (0.0105) | 1.0147*** (0.0174) | 1.0045*** (0.0133) | 1.0002*** (0.0168) |
| 行业效应 | 控制 | 控制 | 控制 | 控制 | 控制 | 控制 | 控制 | 控制 |
| 时间效应 | 控制 | 控制 | 控制 | 控制 | 控制 | 控制 | 控制 | 控制 |
| 地区效应 | 控制 | 控制 | 控制 | 控制 | 控制 | 控制 | 控制 | 控制 |
| 观测数 | 178303 | 124679 | 53624 | 30606 | 147697 | 52051 | 66463 | 59789 |
| $R^2$ | 0.0029 | 0.0027 | 0.0048 | 0.0076 | 0.0031 | 0.0043 | 0.0045 | 0.0051 |

注：*、** 和 *** 分别表示在10%、5%和1%统计水平上显著，括号内为标准误。

在区分地区异质性的研究样本中，$crh$ 项仅对沿海地区铁路提速城市企业生产率发挥了显著的促进作用，但对内陆地区企业的促进效应并不明显，意味着沿海地区铁路提速城市企业的全要素生产率对铁路提速做出了积极响应，而内陆地区铁路提速城市企业受冲击的程度有限，这一结果与沿海地区和内陆地区的交通要素禀赋相符。具体来看，沿海地区不仅具有较高的区域综合实力，同时也具备更为密集的铁路基础设施网络，铁路提速为沿海地区企业发展带来了新的契机和活力，形成了以区域中心城市为核心、多城市协同发展的格局。例如，沪宁、沪杭、宁杭等铁路线路运行速度的提升，促进了长三角地区企业的协同分工、错位发展。同时，运输能力的提高有助于促进以劳动力为代表的生产要素在市场上的流动速度，特别是减少了对时间敏感而对票价不敏感的高端技术人才跨区域工作所耗费的通勤时间，凸显了"同城化"效应（张克中和陶东杰，2016），扩大了人力资本的配置范围。高速铁路的公交化已成为普遍现象，例如，苏州、无锡、杭州、嘉兴与上海之间每日在 6 点至 22 点之间存在多趟通勤班车，可实现流动要素在两地间的当日往返，加快了客流、物流和信息流的跨区域流动，提高了两地企业的生产率。对经济发展程度相对较低的内陆地区，铁路提速同样对该地区企业的技术进步发挥了积极作用。

观察企业所有权异质性的研究样本可以发现，铁路提速对非国有企业的生产率提升具有较为显著的正向影响，但对国有企业起到了不显著的负向效应。如前文所述，铁路提速能够显著加强铁路提速地区的市场竞争程度，国有企业由于自身存在的委托代理以及预算软约束等问题，适应新竞争环境需要较长的调整期，尽管其技术水平在铁路提速后有所提高，但其效率水平却因为各种负向效应而出现了显著的下降。相比较而言，非国有企业以利润最大化为目标，对铁路提速带来的市场结构变化及外部效应更为敏感，并最终促进了其全要生素生产率的增长。

在行业异质性方面，铁路提速对所有行业的生产率造成了正向促进作用，但对劳动密集型行业生产率的促进作用不显著，而对资本密集型和技术密集型行业的作用效应较为显著。产生这一现象的主要原因在于铁路提速缩短了由地理距离和通达时间所共同决定的地区间的时空距离，使得物流和人流的集散更为平滑，减少了要素流动、技术传输过程中不必要的损耗（刘秉镰和刘玉海，2011），有助于提高富含新技术的载体的扩散速度，从而更加便捷、准确地发挥知识技术的溢出效应，实现邻近区域的资源共享，淘汰落后产能，促进产业结构合理化，从而对资本密集型和技术密集型行业的促进作用比对劳动密集型行业更为显著。

本章进一步借鉴既有文献的方法，通过改变政策的实施时间进行安慰剂检验。这一检验方法的逻辑在于：一些政策因素或其他随机因素同样可能对企业全要素生产率造成冲击，如果这种冲击与铁路提速之间不具有关联性，那么 crh 项在其他年份间仍应显著，意味着 crh 项对企业全要素生产率的贡献应归因于铁路提速之外的其他因素。具体来看，本章保持处理组和控制组的分组情况不变，将铁路提速的年份假设提前 3~5 年，若确实存在其他干扰因素导致提速地区企业全要素生产率产生变动，那么 crh 项在安慰剂检验中仍应具有较高的显著性水平。具体的，在控制行业效应、时间效应以及地区效应后，表 7.10 列出了安慰剂检验的估计结果。可以发现，虽然各模型 crh 项的系数在假想铁路提速实施年份的估计值略有差异，但在 10% 的统计水平上仍不显著。这一结果排除了铁路提速之外其他因素对处理组企业全要素生产率造成影响的可能性，进一步反映了本章核心结论的可靠性。

**表 7.10　安慰剂检验结果**

| 变量 | 年份 | 全部样本 | 沿海地区 | 内陆地区 | 非国有企业 | 国有企业 | 劳动密集型 | 资本密集型 | 技术密集型 |
|---|---|---|---|---|---|---|---|---|---|
| crh | 2002 | −0.0003 (0.0010) | −0.0003 (0.0012) | −0.0007 (0.0019) | −0.0003 (0.0011) | −0.0002 (0.0028) | 0.0006 (0.0019) | −0.0010 (0.0016) | −0.0005 (0.0017) |
| | 2003 | 0.0007 (0.0008) | 0.0001 (0.0010) | 0.0018 (0.0015) | 0.0009 (0.0009) | −0.0002 (0.0023) | 0.0009 (0.0016) | −0.0003 (0.0013) | 0.0016 (0.0014) |
| | 2004 | 0.0005 (0.0008) | 0.0001 (0.0010) | 0.0015 (0.0016) | 0.0009 (0.0009) | −0.0021 (0.0023) | 0.0011 (0.0016) | −0.0010 (0.0013) | 0.0016 (0.0014) |

注：1. *、** 和 *** 分别表示在 10%、5% 和 1% 统计水平上显著，括号内为标准误；2. 限于篇幅，此处仅列出了各模型 crh 项的回归结果。

# 第六节　本章小结

交通基础设施是一国在经济发展过程中不可忽视的重要公共品，其数量和质量的提升在一定程度上降低了社会经济活动所需的时间成本和贸易成本。21 世纪以来，中国在交通基础设施建设方面取得的成就令世人瞩目，无论是数量或是质量方面均得到了大幅度提升，而良好的交通基础设施在中国的经济增长过程中发挥了重要的推动作用。本章将铁路提速，特别是动车组列车投入运行作为铁路基础设施质量改善的重要标志，并结合中国工业企业数据库数据，针对交通基础设施改善对企业出口行为的影响效应这一话题展开研究。

具体的，为减弱样本自选择性对研究结果产生的偏误，本章采用 Heckman 两阶段模型构建选择方程和出口方程，进而探讨了铁路提速对企业出口行为的影响效应。研究结果显示，铁路提速不仅有助于促进企业出口参与度的提高，表现为出口扩展边际的增长，同时也有助于促进企业出口规模的扩大，表现为出口集约边际的增长，即铁路提速对企业的出口行为具有积极作用。但在区分地区异质性、企业异质性以及行业异质性后，所获结论略有差别，表明铁路提速对异质性企业的出口行为具有差异性影响。其中，铁路提速对沿海地区、非国有企业、技术密集型企业的出口行为具有显著的正向影响作用，具体表现为企业出口扩展边际和出口集约边际的双向增长。这一影响作用可以通过生产率渠道进行传导，表现为铁路提速和企业生产率的交乘项在这些样本中均显著为正，且在整体样本中同样对出口选择和出口规模产生了积极作用。

铁路提速不仅能够在宏观角度对经济增长、生产率产生积极影响，也能在微观角度对企业出口行为产生影响效应。本章的研究结果进一步显示，铁路提速有助于促进企业的出口选择和出口规模，对企业出口行为产生积极影响。基于本章研究的主要结论，可以进一步得到以下几点启示及未来研究方向：首先，虽然铁路提速这一特殊政策能够显著提高企业出口参与度，但这一现象是否存在门槛效应需要展开更深入的研究；其次，铁路基础设施具有前期投入高的特性，并非所有地区都能够享受到铁路质量提升所带来的效益，应当注意不同地区企业的发展差异，适当照顾欠发达地区，以交通基础设施为杠杆，缩小地区发展差距；最后，高速铁路作为近年来的新生事物，其对经济社会带来的影响是否更甚于前六次铁路大提速，是未来值得进一步展开研究的方向。

# 第八章　结论及政策建议

交通基础设施能够通过多种途径对经济社会产生广泛而深刻的影响，在一定程度上释放了交通运输能力，拉近了时空距离，便利了人力资本流动以及信息交换，更拓宽和提升了资源在区域间、产业间乃至企业间的流通渠道和流通速度，显著改善了资源配置效率。与传统经济模型假定生产要素流动是瞬时完成的假设不同，现实经济中存在形式各异的摩擦，阻碍了生产要素的自由流动。良好的交通基础设施能够显著地减弱这些摩擦所带来的妨碍作用，使得包括劳动力、资本和技术信息等在内的生产要素能够更为便捷地传递。交通基础设施质量改善带来的时间收敛效应使得物流和人流的集散更为迅速，技术信息的共享更为方便，从而促使生产要素从原有状态向更优的配置状态转移，最终达到均衡状态。

交通基础设施是一国在经济发展过程中不可忽视的重要公共品，其数量和质量的提升在一定程度上降低了社会经济活动所需的时间成本和物流成本。既有研究主要集中于交通基础设施数量增加（里程、密度和投资等）所带来的影响，研究各类交通基础设施所产生的网络效应和溢出效应，发现良好的交通基础设施从多个方面完善了生产投资环境，有效地降低了企业在生产过程中所花费的各项成本。空间距离如同一层"保护性关税"，使得个别区域的落后行业获取新技术的成本高昂，交通基础设施则发挥了"润滑剂"的作用，有效减少了生产要素流动过程中存在的不必要摩擦，交通基础设施质量的提高有利于促进区域通达性，降低运输成本，从而削减了这一"保护性关税"的作用，稳定可靠的交通基础设施可以降低产品在运输途中的破损率，减少产品的物流成本。虽然诸多文献研究了交通基础设施对经济增长、全要素生产率等因素的影响作用，但鲜见分析交通基础设施改善对出口贸易影响效应的文献。

本书通过文献梳理、定性定量分析、数理推导等研究方法重点研判了交通基础设施改善对出口贸易的影响效应，并针对出口规模、出口复杂度、出口二元边际等多个与出口贸易密切相关的内容分别展开研究。在各章节的具体研究中，从"国家—区域—企业"三个层间结合相关数据展开实证分析，并基于模型回归结果获得了一系列有益结论，从而针对现实问题提出了具有创新性和系统性的政策体系，为相关政策制定提供了理论依据，具有一定的理论和现实意义。

# 第一节　研究结论

全书的实证研究共包含五章，即第三章至第七章，是本书研究结论的主要依据。基于各章研究的主要内容，可以得出以下几点主要结论。

第一，交通基础设施改善对出口贸易规模具有重要的影响作用。本书第三章采用贝叶斯模型平均方法克服模型及参数的不确定性问题，并在国别层面分析了交通基础设施对出口贸易规模的影响作用。基于相关结果可以发现，对出口国而言，其国内公路基础设施建设在一定程度上有益于其与贸易伙伴国开展国际经贸合作。另外，在目前的经济状况下，发展中国家限于自身落后的经济发展水平，交通基础设施对其进出口贸易规模的影响作用不及发达国家。此外，铁路基础设施与其他影响出口贸易的因素相比，尚未显现出强力的疏导作用，对出口贸易发展的影响有限。

第二，交通基础设施改善对出口复杂度具有显著的促进作用，但因行业异质性和国别异质性而存在一定差异。本书第四章通过特征事实分析，发现中国的出口复杂度在加入 WTO 以后获得了较大进步，但与美国、日本等技术大国相比仍然存在着较大的差距。在计算各国出口复杂度的基础上，本书基于多国面板数据实证检验了交通基础设施改善对出口复杂度的影响效应，研究结果显示前者对后者起到了显著的促进作用。这一结果意味着对出口国而言，加强交通基础设施建设有助于一国实现出口技术的转型升级，对一国技术进步具有积极意义。此外，限于不同类型行业自身的发展特点，交通基础设施改善对劳动密集型产业出口复杂度的影响方向显著为负，但促进了资本密集型和技术密集型产业的出口复杂度增长，表明交通基础设施对技术复杂度较高的产品影响更为显著，从而有助于一国整体出口技术复杂度的提升。既往低价低质的贸易模式难以为继，促进出口产品技术升级已是中国出口贸易面向未来发展的当务之急。

第三，交通基础设施改善在整体层面上有助于出口扩展边际和出口集约边际的双向增长，而对不同行业、不同国家的差异性影响主要集中在出口贸易的集约边际方面。本书第五章基于跨国面板数据分别测算了各国的出口二元边际，并对中美、中日之间的出口二元边际进行了特征事实分析，发现中国对日本和美国的出口扩展边际处于上升通道，其中中国对日本出口贸易在既有产品市场上的发展较为稳定，并未出现"井喷式"的增长，对美国出口贸易的集约边际则呈现出迅速上升的趋势，表明中国在美国既有产品市场上实现了出口规模的大幅度增长。在实证研究方面，采用动态面板模型探析了交通基础设施改善对出口二元边际的影响效应，回归结果显示交通基础设施改善有助于出口扩展边际和出口集约边际的增长。在进一步考虑行业差异和国别差异后，交通基础设施改善对出口扩展边际的促进效应并未因异质性而存在差异，仅促进了资本密集型行业和技术密集型行业的出口集约边际增长，对劳动密集型行业出口集约边际增长起到了抑制作用。对中国而言，劳动密集型产品的大规模出口是中国改革开放以来对外贸易取得显著进步的重要支撑，但随着中国国内经济发展进入新阶段以及对外开放迈入新时期，出口贸易结构升级亟须提升资本密集型和技术密集型产品所占的比重，而交通基础设施改善无疑在这一转型过程中发挥了积极作用。

第四，交通基础设施改善对出口贸易具有空间溢出效应，且在中国存在着空间异质性。交通基础设施改善可改变各地区之间原有的地理邻近关系格局，通过空间溢出效应影响出口贸易的开展。本书第六章基于中国省际面板数据的特征事实研究发现中国各省区市的出口贸易存在着明显的空间集聚现象，虽然各省区市的交通基础设施分布相对不均衡，存在着较大的地区异质性，但呈现出一定的空间正相关性。基于空间计量模型的相关内容研究发现，中国出口贸易高份额省份和交通基础设施高密度省份具有较高的重叠性，表明两者之间具有较紧密的相关性。此外，交通基础设施对出口贸易的空间溢出效应既能够通过所选取变量的自身影响来传导，也能够通过误差项的随机冲击来传递。研究结果进一步表明，交通基础设施所具有的网络特性可通过改变地理格局对出口贸易产生重要的空间溢出效应，这一点在公路基础设施方面尤为显著，但在铁路基础设施方面的影响作用相对有限。

第五，交通基础设施改善在微观角度同样对出口贸易具有积极效应，其对企业出口行为具有重要的影响作用，具体表现为企业出口扩展边际和出口集约边际的增长。本书第七章采用 Heckman 两阶段模型构建了选择方程和出口方程，研究发现铁路提速不仅整体上有助于促进企业的出口参与度，表现为出口扩展边际的增长，同时也有助于促进企业出口规模的扩大，表现为出口集约边际的增长，即铁路提速对企业的出口行为具有积极作用，且这一影响作用能够通过生产率渠道进行传导。但在区分地区异质性、企业异质性以及行业异质性后，所获结论略有差别，表明铁路提速对异质性企业的出口行为具有差异性影响。其中，铁路提速对沿海地区、非国有企业、技术密集型企业的出口行为具有最为显著的正向影响作用，表现为企业出口扩展边际和出口集约边际的双向增长。

基于上述研究结论，笔者发现交通基础设施改善对出口贸易的影响效应具有以下几个特征：一是增长特征，即交通基础设施改善对出口贸易的绝对规模、增长幅度、产品种类等多个方面具有显著影响，不仅对出口贸易发展具有较高的解释作用，而且主要为积极效应；二是技术特征，交通基础设施改善能够显著提高出口国的技术复杂度，并且对资本密集型和技术密集型行业具有显著的促进作用；三是效率特征，交通基础设施改善能够推动生产要素的跨区域流动，促进企业生产率的提升，进而影响企业的出口选择和出口规模；四是空间特征，即交通基础设施改善影响了既有的空间地理分布，并通过网络联结作用对出口贸易产生空间溢出作用。

# 第二节　政策建议

改革开放以来，中国开放型经济发展基本沿袭着以出口贸易为主的单向开放模式，以积极吸引利用外资和扩大出口为显著特征。这种模式的本质是基于特定的要素禀赋条件，以国内资源服务于国际市场，在此过程中实现外部需求对经济增长的带动作用。采用这种发展模式有其历史必然性，它对中国奇迹的创造发挥了重要的积极作用。特别是加入世界贸易组织之后，中国对外贸易规模出现了爆炸式增长，贸易总量跃居全球第一。目前中国已经毫无疑义地成为全球举足轻重的开放型经济体，对世界经济格局的演变发挥着重要影响。然而，近年来受多种复杂因素的交叉影响，开放型经济发展所遇到的约束越来越大，最为明显的是，中国出口贸易增长的空间不断受到挤压，对外贸易发展所面临的阻力日益凸显。

根据世界贸易组织的统计，中国已经连续多年成为遭遇反倾销诉讼数量最多的国家，不仅对华发起诉讼的国家数量多，而且涉及产品类别广，除动植物油脂之外的产品几乎全都遭遇过反倾销诉讼。尽管当前中国的对外贸易规模已居全球之首，成为世界主要贸易商品的出口来源地，但出口产品所蕴含的技术水平仍相对较低。中美贸易争端，特别是其中的中兴事件，也在一定程度上揭示了中国与美国在出口贸易技术层面上的显著差距。随着国际贸易进入了由量转质的新阶段，"十四五"规划明确指出要"立足国内大循环，协同推进强大国内市场和贸易强国建设，形成全球资源要素强大引力场，促进内需和外需、进口和出口、引进外资和对外投资协调发展，加快培育参与国际合作和竞争新优势"。客观而言，中国出口贸易技术水平的提升仍存在很大空间，加快提升出口贸易的技术水平，是实现可持续增长、高质量发展的关键。而拥有一批具备国际竞争力的优势行业，是高质量开放型经济的突出特征，尽管中国制造业的实力日益提升，但能够与发达经济体展开竞争的高附加值、高新技术行业仍非常有限。

基于本书研究的相关内容，中国在未来的发展过程中，不妨以交通基础设施建设为着力点，推动出口贸易在新时期的高质量发展。鉴于交通基础设施改善对出口贸易高质量发展具有一系列的影响效应，本书基于主要结论提出了以下几方面政策建议。

第一，各国国内基础设施建设对出口贸易具有显著的增长效应，虽然铁路基础设施和公路基础设施对出口贸易的影响效应存在一定的差异，但不论是发达国家还是发展中国家，公路运输依然是陆路运输的主要形式，占据了较高比重，从而对出口贸易的影响也较为显著。虽然公路基础设施对出口贸易的解释力度高于铁路基础设施，但铁路基础设施对出口贸易的影响存在着较大的改善空间。中国在"走出去"积极参与国际合作的过程中，不妨优先选择那些重点建设交通基础设施的发展中国家作为贸易合作伙伴，以期寻求更高水准的国际合作机制。

第二，近年来随着中国在高速铁路等交通基础设施方面的大规模建设，在建成全球最长营运里程和最高营运速度的高速铁路网的同时，拥有了全球领先的高铁集成技术、施工技术、装备制造技术以及管理技术，在高速铁路建设方面具有显著的竞争优势。出口国和进口国的交通基础设施改善对出口国的出口贸易具有积极影响，应当鼓励中国在国际市场上发挥领导作用，主动作为，积极参与丝路基金以及亚投行建设，通过亚投行等国际组织援助周边国家构建相互联通的交通基础设施，进而推动"一带一路"倡议的相关建设，提高中国对外合作水平。但"打铁还需自身硬"，中国在寻求国际合作过程中仍应关注自身条件的改善，特别是通过改善交通基础设施推动完善国内市场，加快信息流动，进而为进出口贸易高质量发展带来促进作用。

第三，既有研究表明出口贸易，特别是高技术产品出口，会对技术进步和技术创新产生促进作用，而相比于劳动密集型行业，交通基础设施的改善对技术密集型行业具有更为显著的影响效应。中国政府在鼓励更多企业，特别是高技术行业企业积极进入国际市场时，可以侧重包括交通基础设施在内的相关硬件设施的建设，从而促进中国技术创新能力的进步。此外，相比一些发达国家，中国在高技术产品方面没有绝对竞争优势，但相比发展中国家或"一带一路"沿线国家仍具有一定的技术优势，在出口过程中不妨以这些国家作为重要的出口目的国，通过建设互通交通基础设施，联通出口贸易所需的关键节点，提高中国对这些国家的出口规模，进而拉动国内高技术产业升级，并带动国内相关行业技术进步，促进产业结构升级。

第四，鉴于中国各地区之间存在着发展不平衡不充分的问题，在建设跨区域、高标准、高质量交通基础设施的同时，中国政府也要加快弥补东部地区、中部地区以及西部地区在发展过程中存在的短板，因地制宜地提出适合不同区域交通基础设施建设的政策方针。例如，东部地区在继续扩大交通基础设施存量的基础上，需要进一步注重交通基础设施质量的提升，形成示范作用，推动区域交通一体化进程；而中、西部地区受到自身交通基础设施规模、地理地质状况的限制，仍需加快加强相关交通基础设施的建设，为生产要素流动、商品贸易、信息交流提供坚实的物质基础。

第五，虽然以铁路提速为代表的交通基础设施改善能够显著促进出口企业的生产率水平、出口参与度以及出口规模，且这一影响效应在沿海地区、非国有企业、资本和技术密集型企业中尤为显著，但仍应关注内陆地区、国有企业、劳动密集型企业效率的同步提高。此外，鉴于铁路提速政策对企业全要素生产率的影响存在着地区差异，位于内陆的出口企业可利用交通基础设施改善所带来的运输便利，积极加强与沿海地区企业的分工合作，迅速提高企业自身的全要素生产率。再者，由于交通基础设施具有前期投入高的特性，投资建设顺序有先后，并非所有地区能够享受到交通基础设施改善所带来的促进效益。有鉴于此，在未来的发展过程中应适当关注未提速地区企业的发展，以铁路基础设施为杠杆，缩小不同地区企业的发展差距。

第六，国家在实施区域经济发展战略和制定相关政策时，不应忽略交通基础设施对出口贸易发挥的空间溢出作用。各地政府在投资建设交通基础设施的过程中，应尽量规避重复建设，着重关键节点的疏通，特别是将陆路交通网络不断向中西部欠发达地区延伸，将这些地区纳入既有交通网络之中，使之享有交通运输事业发展带来的红利，充分发挥交通基础设施的空间溢出作用。利用网络效应加强铁路基础设施对各地区的联结作用，通过新建路线或提高既有线路质量，努力提高运输能力，缓解运能不足问题，充分利用铁路基础设施加强各地区间的经济合作关系。

## 第三节　未来研究展望

本书的研究主题是交通基础设施改善对出口贸易高质量发展的影响效应，并着重从出口规模、出口复杂度、出口二元边际等方面展开分析，涉及"国家—区域—企业"三个层面，采用理论分析以及实证研究等定性或定量的研究方式，得到了相关结论和政策建议。但鉴于出口贸易涉及的范围较广，本书尚未能构建一个涵盖数量、质量以及种类的理论模型，形成统领"国家—区域—企业"三个层面的理论框架，这既是本书的研究不足，也是未来进一步研究的方向。此外，交通基础设施为经济活动提供了基础性保障，可产生多方面的影响效应，许多问题仍然值得进行深入探讨。从交通基础设施和出口贸易高质量发展的角度来看，本领域未来的研究方向包括但不局限于以下问题。

第一，自改革开放以来，中国的增长奇迹伴随着交通基础设施的不断完善，经济发达地区相比于经济欠发达地区往往拥有着数量更多、质量更好的路网设施。为响应相关经济增长战略以及区域经济发展计划，以"要想富，先修路"为代表的思想在较长一段时间内成为各地政府脱贫致富的重要措施，并形成了从中央到地方的上下一致对交通基础设施建设的大力支持。即使是在中国经济迈入"新常态"的时代背景下，交通基础设施建设依然是各省财政支出的重要方向。在这样的发展背景下，交通基础设施建设对出口贸易的影响是实现了区域共赢还是产生了以邻为壑的作用效应，有待进一步的研究检验。虽然本书在一定程度上探讨了交通基础设施的空间溢出效应，但鉴于不同地理空间存在的异质性，交通基础设施对不同空间单元的影响程度、大小或方向可能因此而存在较大的差异。交通基础设施通过改变可达性、改善区位条件、促进要素流动等方式影响了经济社会的发展，但受循环累积效应和距离衰减效应等因素的制约，交通基础设施在空间上的影响并不均衡。由此，在未来的研究过程中可尝试通过建立一个研究具体空间单元的两两相互作用的空间计量模型，分析交通基础设施对某一特定区域出口贸易的具体空间溢出效应。

第二，交通基础设施对经济社会具有多种影响效应，但限于研究模型和数据可得性，既有研究往往专注于交通基础设施对经济社会影响的某一个方面，尚未形成一个统一的理论分析框架。交通基础设施作为公共物品给经济活动提供了最为基本的服务，降低了贸易成本和时间成本，为要素流动、资源配置等提供了便利。多种效应的同时存在，形成了影响经济活动的向心力和离心力，这为剥离并研判交通基础设施的影响作用增加了难度。如何构建一个包含本地和外地，甚至多地的理论模型，研究交通基础设施对经济社会的合力作用，是未来研究值得进一步展开的方向。

第三，"一带一路"倡议是中国在新的历史时期、新的发展阶段提出的全方位战略，是中国进一步扩大对外开放、实现国内经济转型、促进与周边地区经济互利合作的重要举措。以"政策沟通、设施联通、贸易畅通、资金融通、民心相通"为表征的合作内容，是推进"一带一路"建设的核心内涵。而交通基础设施是促进丝绸之路经济带沿线经济、社会、文化合作的基础，为各国人流、物流、信息流的自由畅通和有序流动提供了物质保障，对"一带一路"建设具有重要的先导意义。因此，分析如何实现交通基础设施的互联互通，制定可被广为接受的国际运输标准，实现建设方案合理化、技术标准化、运营培训规范化以及信息一体化等内容同样是未来研究值得进一步讨论的方向。

　　第四，限于交通基础设施数据的获取问题，本书的实证研究部分只重点分析了公路、铁路等陆路交通基础设施对出口贸易的影响效应，但海运和空运等运输方式在国际贸易中同样具有不可忽视的影响作用，这些运输方式对出口贸易高质量发展的具体影响效应是未来进一步研究的方向。在海运方面，海运拥有运量大、运程长、运价低等特征，承担了进出口贸易大部分的货物运输，而港口作为国际航运业的重要基础设施，是海运物流网络中的关键节点，其效率对国际贸易发展具有举足轻重的作用。在空运方面，航空运输可以增加国际贸易商品的种类，比如生鲜农产品的国际贸易大多是通过航空运输完成的，机场建设则是航空运输中的重要节点，航空运输与海洋运输具有截然相反的特征。一国在对外开放过程中，势必构建包含陆路、水路、航空等多种运输方式在内的立体运输网络，从而形成比较完备的交通基础设施网络。在未来的研究过程中，极有必要将航空、海运等多种交通运输模式联合纳入分析框架，从而探究不同类型的交通基础设施对出口贸易影响效应的异质性。

　　第五，交通基础设施作为经济发展的先行要素，且鉴于中国开放型经济正处于由高速发展转为高质量发展的阶段，未来应充分借鉴利用多学科的方法加以深入研究。从文献梳理中可以发现，既有研究大多是选择应用经济学的主流分析方法来对交通基础设施的影响效应问题展开深入分析，而推进开放型经济高质量发展的相关研究从本质上属于经济学范畴，但经济高质量发展是一个需要多方统筹、多角度推进的系统工程，涉及经济、社会、政治等多方面因素，其他学科的理论方法也可以为该主题研究提供有益支撑。例如，在社会学研究中得到广泛应用的网络分析方法，近年来在宏观经济学研究，特别是在分析宏观经济冲击的传播与扩散问题时得到了广泛应用，这种网络分析方法在研究交通基础设施影响效应的传导机制时可以借鉴利用；国际政治经济学的相关研究成果，也能够为贸易政策的设计提供方法与工具支持；等等。利用交通基础设施推进中国开放型经济高质量发展的研究议题，需要在既有研究成果的基础上，借助多学科的视角，综合多学科的研究范式和分析工具展开深入系统的研究。

# 参考文献

1. 白重恩，冀东星，2018，《交通基础设施与出口：来自中国国道主干线的证据》，《世界经济》第 1 期。

2. 边文龙，王向楠，2016，《面板数据随机前沿分析的研究综述》，《统计研究》第 6 期。

3. 边志强，杜两省，2015，《自主 R&D、国际 R&D 技术溢出与基础设施》，《云南财经大学学报》第 5 期。

4. 陈保启，毛日昇，2018，《中国国际贸易水平的测度分析——基于出口产品质量的主要经济体间比较》，《数量经济技术经济研究》第 4 期。

5. 陈冬华，范从来，沈永建，周亚虹，2010，《职工激励、工资刚性与企业绩效——基于国有非上市公司的经验证据》，《经济研究》第 7 期。

6. 陈海波，陈赤平，2018，《FDI、交通运输能力与制造业发展：基于224 个城市的面板门槛模型的实证分析》，《世界经济研究》第 6 期。

7. 陈丽丽，逯建，洪占卿，2014，《交通基础设施的改善能带来多大的外贸增长?》，《投资研究》第 9 期。

8. 陈林，伍海军，2015，《国内倍差分析法的研究现状与潜在问题》，《数量经济技术经济研究》第 7 期。

9. 陈强远，钱学锋，李敬子，2016，《中国大城市的企业生产率溢价之谜》，《经济研究》第 3 期。

10. 陈少铭，邱婉馨，2017，《基础设施对"一带一路"沿线国家出口高技术产品质量的影响》，《当代经济》第 17 期。

11. 陈维涛，王永进，李坤望，2014，《地区出口企业生产率、二元劳动力市场与中国的人力资本积累》，《经济研究》第 1 期。

12. 陈伟，牛霖琳，2013，《基于贝叶斯模型平均方法的中国通货膨胀的建模及预测》，《金融研究》第 11 期。

13. 陈勇兵，陈宇媚，2011，《贸易增长的二元边际：一个文献综述》，《国际贸易问题》第 9 期。

14. 陈有孝，林晓言，2006，《铁路长大干线社会经济效益评价的地价函数法研究》，《经济地理》第 2 期。

15. 程惠芳，阮翔，2004，《用引力模型分析中国对外直接投资的区位选择》，《世界经济》第 11 期。

16. 崔岩，于津平，2017，《"一带一路"国家交通基础设施质量与中国货物出口》，《当代财经》第 11 期。

17. 戴翔，金碚，2014，《产品内分工、制度质量与出口技术复杂度》，《经济研究》第 7 期。

18. 丁金学，金凤君，王姣娥，刘东，2013，《高铁与民航的竞争博弈及其空间效应——以京沪高铁为例》，《经济地理》第 5 期。

19. 董桂才，2013，《我国地区对外贸易存在"距离之谜"吗?》，《国际经贸探索》第 12 期。

20. 董敏杰，梁泳梅，2013，《1978—2010 年的中国经济增长来源：一个非参数分解框架》，《经济研究》第 5 期。

21. 董晓霞，黄季焜，Scott Rozelle，王红林，2006，《地理区位、交通基础设施与种植业结构调整研究》，《管理世界》第 9 期。

22. 董银果，吴秀云，2017，《贸易便利化对中国出口的影响——以丝绸之路经济带为例》，《国际商务（对外经济贸易大学学报）》第 2 期。

23. 杜美龄，孙根年，2015，《30 年来国际"贸易—交通—旅游"（3T）互动的统计分析》，《人文地理》第 2 期。

24. 杜修立，王维国，2007，《中国出口贸易的技术结构及其变迁：1980—2003》，《经济研究》第 7 期。

25. 樊纲，关志雄，姚枝仲，2006，《国际贸易结构分析：贸易品的技术分布》，《经济研究》第 8 期。

26. 范前进，孙培源，唐元虎，2004，《公共基础设施投资对区域经济影响的一般均衡分析》，《世界经济》第 5 期。

27. 范欣，宋冬林，赵新宇，2017，《基础设施建设打破了国内市场分割吗?》，《经济研究》第 2 期。

28. 范子英，田彬彬，2013，《税收竞争、税收执法与企业避税》，《经济研究》第9期。

29. 冯伟，徐康宁，2013，《交通基础设施与经济增长：一个文献综述》，《产经评论》第3期。

30. 符淼，2009，《地理距离和技术外溢效应——对技术和经济集聚现象的空间计量学解释》，《经济学（季刊）》第4期。

31. 高凌云，屈小博，贾鹏，2014，《中国工业企业规模与生产率的异质性》，《世界经济》第6期。

32. 高翔，龙小宁，杨广亮，2015，《交通基础设施与服务业发展——来自县级高速公路和第二次经济普查企业数据的证据》，《管理世界》第8期。

33. 高新才，2002，《区域经济与区域发展》，人民出版社。

34. 高洋，宋宇，2018，《生产性服务业集聚对区域制造业技术进步的影响》，《统计与信息论坛》第4期。

35. 高志刚，宋亚东，2018，《"一带"背景下贸易便利化水平对中国出口贸易的空间效应》，《贵州社会科学》第7期。

36. 葛志远，郝亚斐，2018，《"一带一路"交通运输产品贸易网络研究》，《北京工业大学学报》（社会科学版）第3期。

37. 龚静，尹忠明，2016，《铁路建设对我国"一带一路"战略的贸易效应研究——基于运输时间和运输距离视角的异质性随机前沿模型分析》，《国际贸易问题》第2期。

38. 郭娟娟，李平，2016，《出口技术复杂度、偏向型技术进步与经济增长》，《亚太经济》第4期。

39. 郭琪，朱晟君，2018，《市场相似性与中国制造业出口市场的空间演化路径》，《地理研究》第7期。

40. 郭晓欣，钟昌标，2016，《青海省交通通讯基础设施建设对国际贸易的影响——基于"丝绸之路经济带"背景》，《科技与管理》第5期。

41. 郭鹰，2015，《交通基础设施对创新产出的影响分析——基于公路1997~2012年省际面板数据检验》，《科技与经济》第3期。

42. 何敏，郭宏宇，竺彩华，2015，《基础设施互联互通对中国东盟贸易的影响——基于引力模型和边界效应模型的研究》，《国际经济合作》第9期。

43. 胡鞍钢，刘生龙，2009，《交通运输、经济增长及溢出效应——基于中国省际数据空间经济计量的结果》，《中国工业经济》第 5 期。

44. 胡莉莉，周春林，2017，《广义基础设施对我国出口产品质量的影响——基于空间面板模型的实证检验》，《江汉学术》第 3 期。

45. 胡西武，黄越，万建鹏，黄立军，李胜连，2018，《新丝路国家与中国各省份外贸总额的空间分异》，《经济地理》第 10 期。

46. 胡煜，李红昌，2015，《交通枢纽等级的测度及其空间溢出效应——基于中国城市面板数据的空间计量分析》，《中国工业经济》第 5 期。

47. 华萍，2005，《不同教育水平对全要素生产率增长的影响——来自中国省份的实证研究》，《经济学（季刊）》第 4 期。

48. 黄玖立，徐旻鸿，2012，《境内运输成本与中国的地区出口模式》，《世界经济》第 1 期。

49. 黄永明，张文洁，2012，《出口复杂度的国外研究进展》，《国际贸易问题》第 3 期。

50. 蒋海兵，张文忠，祁毅，周亮，2013，《区域交通基础设施可达性研究进展》，《地理科学进展》第 5 期。

51. 蒋海兵，张文忠，祁毅，周亮，2014，《基于可达性分析的高速公路投资空间溢出效应》，《地理研究》第 1 期。

52. 金凤君，武文杰，2007，《铁路客运系统提速的空间经济影响》，《经济地理》第 6 期。

53. 康志勇，2014，《要素市场扭曲对中国本土企业出口行为的影响——出口选择抑或出口数量》，《世界经济研究》第 6 期。

54. 亢梅玲，马丹，2017，《高速公路对中国出口贸易发展的影响研究》，《国际商务（对外经济贸易大学学报）》第 4 期。

55. 柯善咨，姚德龙，2008，《工业集聚与城市劳动生产率的因果关系和决定因素——中国城市的空间计量经济联立方程分析》，《数量经济技术经济研究》第 12 期。

56. 赖永剑，2013，《基础设施建设与企业创新绩效》，《贵州财经大学学报》第 3 期。

57. 李泊溪，刘德顺，1995，《中国基础设施水平与经济增长的区域比较分析》，《管理世界》第 2 期。

58. 李方静，张静，2018，《服务贸易自由化程度对企业出口决策的影响探析》，《世界经济研究》第 6 期。

59. 李涵，黎志刚，2009，《交通基础设施投资对企业库存的影响——基于我国制造业企业面板数据的实证研究》，《管理世界》第 8 期。

60. 李涵，唐丽淼，2015，《交通基础设施投资、空间溢出效应与企业库存》，《管理世界》第 4 期。

61. 李佳洺，张文忠，马仁峰，马笑天，余建辉，2016，《城市创新空间潜力分析框架及应用——以杭州为例》，《经济地理》第 12 期。

62. 李坤望，邵文波，王永进，2015，《信息化密度、信息基础设施与企业出口绩效——基于企业异质性的理论与实证分析》，《管理世界》第 4 期。

63. 李力行，黄佩媛，马光荣，2016，《土地资源错配与中国工业企业生产率差异》，《管理世界》第 8 期。

64. 李平，王春晖，于国才，2011，《基础设施与经济发展的文献综述》，《世界经济》第 5 期。

65. 李文启，2011，《基础设施建设与企业技术效率的实证分析》，《宏观经济研究》第 3 期。

66. 李小平，周记顺，王树柏，2015，《中国制造业出口复杂度的提升和制造业增长》，《世界经济》第 2 期。

67. 李行云，霍伟东，陈若愚，2018，《贸易网络结构、企业异质性与出口行为决策》，《世界经济文汇》第 5 期。

68. 李子豪，刘辉煌，2012，《FDI 对环境的影响存在门槛效应吗——基于中国 220 个城市的检验》，《财贸经济》第 9 期。

69. 梁双陆，梁巧玲，2016，《交通基础设施的产业创新效应研究——基于中国省域空间面板模型的分析》，《山西财经大学学报》第 7 期。

70. 梁双陆，张梅，2016，《基础设施互联互通对我国与周边国家贸易边界效应的影响》，《亚太经济》第 1 期。

71. 刘秉镰，刘维林，2007，《准公共物品私人供给机制的博弈分析——以中国交通基础设施投资为例》，《中国软科学》第 8 期。

72. 刘秉镰，刘玉海，2011，《交通基础设施建设与中国制造业企业库存成本降低》,《中国工业经济》第 5 期。

73. 刘秉镰,武鹏,刘玉海,2010,《交通基础设施与中国全要素生产率增长——基于省域数据的空间面板计量分析》,《中国工业经济》第 3 期。

74. 刘海洋,孔祥贞,宋巧,2013,《融资约束与中国制造业企业出口——基于 Heckman 样本选择模型的经验检验》,《世界经济研究》第 1 期。

75. 刘洪铎,陈晓珊,李文宇,2018,《国家声誉与出口二元边际:跨国经验证据》,《经济评论》第 2 期。

76. 刘建,许统生,涂远芬,2013,《交通基础设施、地方保护与中国国内贸易成本》,《当代财经》第 9 期。

77. 刘建和,吴纯鑫,2011,《进出口、汇率与固定资产投资:绝对模型和相对模型的考察》,《国际贸易问题》第 5 期。

78. 刘钜强,赵永亮,2010,《交通基础设施、市场获得与制造业区位——来自中国的经验数据》,《南开经济研究》第 4 期。

79. 刘伦武,2013,《交通基础设施建设对我国对外贸易增长的长、短期影响》,《价格月刊》第 8 期。

80. 刘民权,2018,《全球化中的中国中小企业:交通基础设施的作用》,《金融研究》第 4 期。

81. 刘晴,邵智,2018,《交通基础设施的贸易成本效应:基于二元经济框架的理论分析与中国经验》,《世界经济研究》第 2 期。

82. 刘瑞明,赵仁杰,2015,《国家高新区推动了地区经济发展吗?——基于双重差分方法的验证》,《管理世界》第 8 期。

83. 刘生龙,胡鞍钢,2010,《交通基础设施与经济增长:中国区域差距的视角》,《中国工业经济》第 4 期。

84. 刘生龙,胡鞍钢,2011,《交通基础设施与中国区域经济一体化》,《经济研究》第 3 期。

85. 刘生龙,郑世林,2013,《交通基础设施跨区域的溢出效应研究——来自中国省级面板数据的实证证据》,《产业经济研究》第 4 期。

86. 刘威,杜雪利,李炳,2018,《金融发展对中国出口复杂度的影响渠道研究》,《国际金融研究》第 2 期。

87. 刘艳，2014，《制度质量与高技术制成品出口复杂度》，《当代财经》第 2 期。

88. 刘勇，2010，《交通基础设施投资、区域经济增长及空间溢出作用——基于公路、水运交通的面板数据分析》，《中国工业经济》第 12 期。

89. 刘勇政，李岩，2017，《中国的高速铁路建设与城市经济增长》，《金融研究》第 11 期。

90. 刘越，闵路路，2018，《交通基础设施对经济集聚的溢出效应研究——基于空间经济学视角》，《东北农业大学学报》（社会科学版）第 3 期。

91. 龙小宁，高翔，2014，《交通基础设施与制造业企业生产率——来自县级高速公路和中国工业企业数据库的证据》，《华中师范大学学报》（人文社会科学版）第 5 期。

92. 龙玉，赵海龙，张新德，李曜，2017，《时空压缩下的风险投资——高铁通车与风险投资区域变化》，《经济研究》第 4 期。

93. 娄洪，2004，《长期经济增长中的公共投资政策——包含一般拥挤性公共基础设施资本存量的动态经济增长模型》，《经济研究》第 3 期。

94. 鲁晓东，连玉君，2012，《中国工业企业全要素生产率估计：1999—2007》，《经济学（季刊）》第 11 期。

95. 逯建，李羿萱，2018，《港口效率、贸易自由化与中国进口的交易规模分布》，《国际经贸探索》第 5 期。

96. 逯建，杨彬永，孙楚仁，2016，《铁路建设与中国出口企业生产率省际分布》，《世界经济研究》第 10 期。

97. 罗来军，罗雨泽，刘畅，Gunessee，2014，《基于引力模型重新推导的双边国际贸易检验》，《世界经济》第 12 期。

98. 马明，薛晓达，赵国浩，2018，《交通基础设施、人力资本对区域创新能力影响的实证研究》，《北京理工大学学报》（社会科学版）第 1 期。

99. 马淑琴，邹志文，邵宇佳，王江杭，2018，《基础设施对出口产品质量非对称双元异质性影响——来自中国省际数据的证据》，《财贸经济》第 9 期。

100. 马伟，王亚华，刘生龙，2012，《交通基础设施与中国人口迁移：基于引力模型分析》，《中国软科学》第 3 期。

101. 马卫, 曹小曙, 黄晓燕, 刚毅, 2018,《丝绸之路沿线交通基础设施空间经济溢出效应测度》,《经济地理》第 3 期。

102. 马学广, 鹿宇, 2018,《基于航空客运流的中国城市空间格局与空间联系》,《经济地理》第 8 期。

103. 毛其淋, 盛斌, 2014,《贸易自由化与中国制造业企业出口行为:"入世"是否促进了出口参与?》,《经济学 (季刊)》第 2 期。

104. 蒙英华, 裴瑱, 2013,《基础设施对服务出口品质的影响研究》,《世界经济研究》第 12 期。

105. 聂辉华, 方明月, 李涛, 2009,《增值税转型对企业行为和绩效的影响——以东北地区为例》,《管理世界》第 5 期。

106. 聂辉华, 贾瑞雪, 2011,《中国制造业企业生产率与资源误置》,《世界经济》第 7 期。

107. 聂辉华, 江艇, 杨汝岱, 2012,《中国工业企业数据库的使用现状和潜在问题》,《世界经济》第 5 期。

108. 欧阳艳艳, 张光南, 2016,《基础设施供给与效率对 "中国制造"的影响研究》,《管理世界》第 8 期。

109. 彭丽琼, 任华, 2014,《"丝绸之路经济带"背景下新疆交通运输基础设施建设与进出口贸易的关系分析》,《新疆社科论坛》第 3 期。

110. 钱家骏, 毛立本, 1981,《重视国民经济基础结构的研究和改善》,《经济管理》第 3 期。

111. 钱学锋, 2008,《企业异质性、贸易成本与中国出口增长的二元边际》,《管理世界》第 9 期。

112. 钱学锋, 熊平, 2010,《中国出口增长的二元边际及其因素决定》,《经济研究》第 1 期。

113. 尚涛, 殷正阳, 2018,《中国与 "一带一路" 地区的新产品边际贸易及贸易增长研究——基于不同贸易部门性质的分析》,《国际贸易问题》第 3 期。

114. 邵军, 冯伟, 2013,《异质性企业贸易理论研究进展综述》,《国际贸易问题》第 3 期。

115. 邵军, 吴晓怡, 2013,《宽带基础设施影响文化产品出口的实证研究》,《国际经贸探索》第 10 期。

116. 邵军，徐康宁，2011，《转型时期经济波动对我国生产率增长的影响研究》，《经济研究》第 12 期。

117. 邵敏，包群，2012，《政府补贴与企业生产率——基于我国工业企业的经验分析》，《中国工业经济》第 7 期。

118. 申亮，董千里，李毅斌，刘睿君，2015，《交通基础设施门槛、对外开放与制造业生产效率》，《经济与管理》第 1 期。

119. 盛斌，2002，《中国对外贸易政策的政治经济分析》，上海人民出版社。

120. 盛斌，廖明中，2004，《中国的贸易流量与出口潜力：引力模型的研究》，《世界经济》第 2 期。

121. 盛斌，吕越，2014，《对中国出口二元边际的再测算：基于 2001~2010 年中国微观贸易数据》，《国际贸易问题》第 11 期。

122. 盛丹，包群，王永进，2011，《基础设施对中国企业出口行为的影响："集约边际"还是"扩展边际"》，《世界经济》第 1 期。

123. 盛丹，王永进，2012，《基础设施、融资依赖与地区出口比较优势》，《金融研究》第 5 期。

124. 施震凯，邵军，浦正宁，2018，《交通基础设施改善与生产率增长：来自铁路大提速的证据》，《世界经济》第 6 期。

125. 施震凯，王美昌，2016，《中国市场化进程与经济增长：基于贝叶斯模型平均方法的实证分析》，《经济评论》第 1 期。

126. 史朝兴，顾海英，2005，《贸易引力模型研究新进展及其在中国的应用》，《财贸研究》第 3 期。

127. 宋伟，李秀伟，修春亮，2008，《基于航空客流的中国城市层级结构分析》，《地理研究》第 4 期。

128. 宋晓丽，李坤望，2015，《交通基础设施质量提升对城市人口规模的影响——基于铁路提速的实证分析》，《当代经济科学》第 3 期。

129. 孙楚仁，田国强，章韬，2013，《最低工资标准与中国企业的出口行为》，《经济研究》第 2 期。

130. 孙辉，黄亮雄，2018，《交通基础设施的空间溢出效应研究——基于 LP（2009）的偏微分方法》，《产业经济评论》第 2 期。

131. 孙天阳，许和连，王海成，2018，《产品关联、市场邻近与企业出口扩展边际》,《中国工业经济》第 5 期。

132. 孙文杰, 沈坤荣, 2007,《技术引进与中国企业的自主创新:基于分位数回归模型的经验研究》,《世界经济》第 11 期。

133. 孙晓华, 王昀, 2014,《企业规模对生产率及其差异的影响——来自工业企业微观数据的实证研究》,《中国工业经济》第 5 期。

134. 覃成林, 杨礼杉, 2016,《铁路对沿线城市要素空间集聚的影响》,《城市问题》第 2 期。

135. 唐红祥, 王业斌, 王旦, 贺正楚, 2018,《中国西部地区交通基础设施对制造业集聚影响研究》,《中国软科学》第 8 期。

136. 唐跃军, 宋渊洋, 2008,《中国企业规模与年龄对企业成长的影响——来自制造业上市公司的面板数据》,《产业经济研究》第 6 期。

137. 屠年松, 2015,《影响大湄公河次区域边界效应的因素研究》,《云南民族大学学报》(哲学社会科学版) 第 6 期。

138. 汪德根, 章鋆, 2015,《高速铁路对长三角地区都市圈可达性影响》,《经济地理》第 2 期。

139. 汪晓文, 张凯, 2018,《"一带一路"沿线省份基础设施投资与全要素生产率研究》,《江西社会科学》第 2 期。

140. 王姣娥, 焦敬娟, 金凤君, 2014,《高速铁路对中国城市空间相互作用强度的影响》,《地理学报》第 12 期。

141. 王杰, 刘斌, 2014,《环境规制与企业全要素生产率——基于中国工业企业数据的经验分析》,《中国工业经济》第 3 期。

142. 王任飞, 王进杰, 2007,《基础设施与中国经济增长:基于 VAR 方法的研究》,《世界经济》第 3 期。

143. 王希元, 2018,《技术引进、吸收能力与中国经济增长——理论逻辑研究及省际面板数据的门槛回归分析》,《国际商务(对外经济贸易大学学报)》第 2 期。

144. 王霞, 2018,《制度、基础设施与中国对非出口增长》,《世界经济研究》第 10 期。

145. 王晓东, 邓丹萱, 赵忠秀, 2014,《交通基础设施对经济增长的影响——基于省际面板数据与 Feder 模型的实证检验》,《管理世界》第 4 期。

146. 王晓莉, 王浩, 吴林海, 岳文, 2018,《金砖国家间合作机制下中

国农产品出口贸易可以环境成本内部化吗?》,《世界经济与政治论坛》第
4 期。

147. 王孝松,施炳展,谢申祥,赵春明,2014,《贸易壁垒如何影响了
中国的出口边际?——以反倾销为例的经验研究》,《经济研究》第 11 期。

148. 王永进,黄青,2017,《交通基础设施质量、时间敏感度和出口绩
效》,《财经研究》第 10 期。

149. 王永进,盛丹,施炳展,李坤望,2010,《基础设施如何提升了出
口技术复杂度?》,《经济研究》第 7 期。

150. 王雨飞,倪鹏飞,2016,《高速铁路影响下的经济增长溢出与区域
空间优化》,《中国工业经济》第 2 期。

151. 王自锋,孙浦阳,张伯伟,曹知修,2014,《基础设施规模与利用
效率对技术进步的影响:基于中国区域的实证分析》,《南开经济研究》第
2 期。

152. 魏浩,王宸,2011,《中国对外贸易空间集聚效应及其影响因素分
析》,《数量经济技术经济研究》第 11 期。

153. 文东伟,冼国明,马静,2009,《FDI、产业结构变迁与中国的出
口竞争力》,《管理世界》第 4 期。

154. 文嫮,韩旭,2017,《高铁对中国城市可达性和区域经济空间格局
的影响》,《人文地理》第 1 期。

155. 吴继贵,叶阿忠,2016,《资本积累、经济增长和能源碳排放的空
间冲击效应——基于 SSpVAR 模型的研究》,《科学学与科学技术管理》第
5 期。

156. 吴延兵,2014,《不同所有制企业技术创新能力考察》,《产业经济
研究》第 2 期。

157. 吴玉鸣,2006,《中国省域经济增长趋同的空间计量经济分析》,
《数量经济技术经济研究》第 12 期。

158. 吴振球,王建军,李华磊,2014,《改革开放以来经济增长方式渐
进式转换:测度、源泉及其差异》,《数量经济技术经济研究》第 6 期。

159. 伍业君,王磊,桑铁柱,2013,《中国地区经济复杂度与经济增
长——基于省级面板数据的实证分析》,《当代财经》第 6 期。

160. 谢建国,2003,《外商直接投资与中国的出口竞争力——一个中国

的经验研究》,《世界经济研究》第 7 期。

161. 谢婷婷,郭艳芳,2016,《"一带一路"视域下我国省域经济开放度提升的实证研究——基于空间面板模型的分析》,《华东经济管理》第 4 期。

162. 邢孝兵,徐洁香,李子怡,2018,《出口商品结构对全球技术创新空间差异的影响研究》,《财贸研究》第 8 期。

163. 徐建斌,尹翔硕,2002,《贸易条件恶化与比较优势战略的有效性》,《世界经济》第 1 期。

164. 徐建军,汪浩瀚,2013,《我国省域贸易开放的空间相关性及其驱动因素的实证分析》,《国际贸易问题》第 8 期。

165. 许娇,陈坤铭,杨书菲,林昱君,2016,《"一带一路"交通基础设施建设的国际经贸效应》,《亚太经济》第 3 期。

166. 许利枝,方述诚,汪寿阳,2012,《中国运输成本和效率对出口贸易影响的实证研究》,《系统工程理论与实践》第 5 期。

167. 杨继东,江艇,2012,《中国企业生产率差距与工资差距——基于 1999—2007 年工业企业数据的分析》,《经济研究》第 2 期。

168. 杨恺钧,褚天威,2016,《互联网发展、交通运输及进口贸易关系研究——基于中国省际面板数据空间计量分析》,《经济问题》第 6 期。

169. 杨汝岱,2015,《中国制造业企业全要素生产率研究》,《经济研究》第 50 期。

170. 杨文龙,杜德斌,马亚华,焦美琪,2018,《"一带一路"沿线国家贸易网络空间结构与邻近性》,《地理研究》第 11 期。

171. 杨嬛,张学良,2016,《天生国际化与阶段国际化——企业年龄特征与中国企业的国际化选择》,《经济管理》第 4 期。

172. 姚洋,张晔,2008,《中国出口品国内技术含量升级的动态研究——来自全国及江苏省、广东省的证据》,《中国社会科学》第 2 期。

173. 殷宝庆,肖文,刘洋,2016,《贸易便利化影响了出口技术复杂度吗——基于 2002—2014 年省级面板样本的检验》,《科学学与科学技术管理》第 12 期。

174. 尹希果,刘培森,2014,《城市化、交通基础设施对制造业集聚的空间效应》,《城市问题》第 11 期。

175. 于诚，黄繁华，孟凡峰，2015，《服务贸易出口复杂度的影响因素研究——基于"成本发现"模型的考察》，《经济问题探索》第 2 期。

176. 余淼杰，2010，《中国的贸易自由化与制造业企业生产率》，《经济研究》第 12 期。

177. 余壮雄，杨扬，2014，《市场向西、政治向东——中国国内资本流动方向的测算》，《管理世界》第 6 期。

178. 袁堂军，2009，《中国企业全要素生产率水平研究》，《经济研究》第 6 期。

179. 袁渊，左翔，2011，《"扩权强县"与经济增长：规模以上工业企业的微观证据》，《世界经济》第 3 期。

180. 张光南，张海辉，杨全发，2011，《中国"交通扶贫"与地区经济差距——来自 1989~2008 年省级面板数据的研究》，《财经研究》第 8 期。

181. 张军，高远，傅勇，张弘，2007，《中国为什么拥有了良好的基础设施?》，《经济研究》第 3 期。

182. 张克中，陶东杰，2016，《交通基础设施的经济分布效应——来自高铁开通的证据》，《经济学动态》第 6 期。

183. 张美云，宋宇，王学东，2018，《新海上丝绸之路出口复杂度的影响因素》，《宏观经济研究》第 3 期。

184. 张梦婷，俞峰，钟昌标，林发勤，2018，《高铁网络、市场准入与企业生产率》，《中国工业经济》第 5 期。

185. 张宁，胡鞍钢，郑京海，2006，《应用 DEA 方法评测中国各地区健康生产效率》，《经济研究》第 7 期。

186. 张鹏飞，2018，《基础设施建设对"一带一路"亚洲国家双边贸易影响研究：基于引力模型扩展的分析》，《世界经济研究》第 6 期。

187. 张天华，陈力，董志强，2018，《高速公路建设、企业演化与区域经济效率》，《中国工业经济》第 1 期。

188. 张天华，张少华，2016，《中国工业企业实际资本存量估计与分析》，《产业经济研究》第 2 期。

189. 张学良，2007，《中国交通基础设施与经济增长的区域比较分析》，《财经研究》第 8 期。

190. 张学良，2012，《中国交通基础设施促进了区域经济增长吗——兼论交通基础设施的空间溢出效应》，《中国社会科学》第 3 期。

191. 张勋，王旭，万广华，孙芳城，2018，《交通基础设施促进经济增长的一个综合框架》，《经济研究》第 1 期。

192. 张艳艳，于津平，2018，《交通基础设施、相邻效应与双边贸易——基于中国与"一带一路"国家贸易数据的实证研究》，《当代财经》第 3 期。

193. 张艳艳，于津平，李德兴，2018，《交通基础设施与经济增长：基于"一带一路"沿线国家铁路交通基础设施的研究》，《世界经济研究》第 3 期。

194. 张雨，戴翔，2017，《FDI、制度质量与服务出口复杂度》，《财贸研究》第 7 期。

195. 张在冉，2018，《基于城市基础设施的劳动力流入空间溢出效应研究》，《广东财经大学学报》第 2 期。

196. 张志，周浩，2012，《交通基础设施的溢出效应及其产业差异——基于空间计量的比较分析》，《财经研究》第 3 期。

197. 赵璨，王竹泉，杨德明，曹伟，2015，《企业迎合行为与政府补贴绩效研究——基于企业不同盈利状况的分析》，《中国工业经济》第 7 期。

198. 郑荷芬，马淑琴，徐英侠，2013，《基础设施投入对服务贸易结构影响的实证研究——来自跨国面板数据的证据》，《国际贸易问题》第 5 期。

199. 钟业喜，黄洁，文玉钊，2015，《高铁对中国城市可达性格局的影响分析》，《地理科学》第 4 期。

200. 周浩，余金利，2013，《铁路提速、可达性与城市经济增长》，《经济评论》第 1 期。

201. 周浩，郑筱婷，2012，《交通基础设施质量与经济增长：来自中国铁路提速的证据》，《世界经济》第 1 期。

202. 周黎安，陈烨，2005，《中国农村税费改革的政策效果：基于双重差分模型的估计》，《经济研究》第 8 期。

203. 周黎安，张维迎，顾全林，汪淼军，2007，《企业生产率的代际效应和年龄效应》，《经济学（季刊）》第 4 期。

204. 周一星，胡智勇，2002，《从航空运输看中国城市体系的空间网络结构》，《地理研究》第 3 期。

205. 卓乘风，邓峰，2018，《基础设施投资与制造业贸易强国建设——基于出口规模和出口技术复杂度的双重视角》，《国际贸易问题》第 11 期。

206. Acemoglu, D., Linn, J. Market Size in Innovation. 2004. "Theory and Evidence from the Pharmaceutical Industry" *The Quarterly Journal of Economics*: 1049-1090.

207. Alamá-Sabater, L., Márquez-Ramos, L., Suárez-Burguet C. 2013. "Trade and Transport Connectivity: a Spatial Approach." *Applied Economics*: 2563-2566.

208. Álvarezayuso, I. C., Condecomelhorado, A. M., Gutiérrez, J. 2016. "Integrating Network Analysis with the Production Function Approach to Study the Spillover Effects of Transport Infrastructure." *Regional Studies*: 1-20.

209. Amiti, M., Freund, C. 2008. " *The Anatomy of China's Export Growth, Policy Research Working Paper Series.*" The World Bank.

210. Anderson, J. E., Wincoop, E. V. 2004. "Trade Costs", *Journal of Economic Literature*: 691-751.

211. Anselin, L., Lagrange. 1988. "Multiplier Test Diagnostics for Spatial Dependence and Spatial Heterogeneity." *Geographical Analysis*: 1-17.

212. Arbués, P., Baños, J. F., Mayor, M. 2015. "The Spatial Productivity of Transportation Infrastructure." *Transportation Research Part A: Policy and Practice*: 166-177.

213. Aschauer, D. A. 1989. "Is Public Expenditure Productive?" *Journal of Monetary Economics*: 177-200.

214. Ashenfelter, O. 1978. "Estimating the Effect of Training Programs on Earnings." *Review of Economics and Statistics*: 47-57.

215. Baldwin, R. E., Okubo, T. 2006. "Heterogeneous Firms, Agglomeration and Economic Geography: Spatial Selection and Sorting." *Journal of Economic Geography*: 323-346.

216. Banerjee, A. V., Duflo, E., Qian, N. 2012. "On the Road: Access to Transportation Infrastructure and Economic Growth in China." *NBER Working Paper*: 1-53.

217. Bensassi, S., Márquez-Ramos, L., Martínez-Zarzoso, I., et al. 2015.

"Relationship between Logistics Infrastructure and Trade: Evidence from Spanish Regional Exports." *Transportation Research Part A*: 47−61.

218. Barnard, G. A. 1963. "New Methods of Quality Control." *Journal of the Royal Statistical Society*: 155.

219. Bates, J. M., Granger, C. W. J. 1969. "The Combination of Forecasts." *Operational Research Quarterly*: 451−468.

220. Beenstock, M., Felsenstein, D. 2007. "Spatial Vector Autoregressions." *Spatial Economic Analysis*: 167−196.

221. Blyde, J. 2013. "Paving the Road to Export: Assessing the Trade Impacts of Road Quality." *International Economic Journal*: 663−681.

222. Blyde, J., Iberti, G. A. 2014. "Better Pathway to Export: How the Quality of Road Infrastructure Affects Export Performance." *International Trade Journal*: 3−22.

223. Bitzan, J. D. 2003. "Railroad Costs and Competition: The Implications of Introducing Competition to Railroad Networks." *Journal of Transport Economics and Policy*: 201−225.

224. Blonigen, B. A., Wilson, W. W. 2008. "Port Efficiency and Trade Flows." *Review of International Economics*: 16.

225. Boarnet, M. G. 1998. "Spillovers and the Locational Effects of Public Infrastructure." *Journal of Regional Science*: 381−400.

226. Bonaglia, F., Ferrara, E. L., Marcellino, M. 2000. "Public Capital and Economic Performance Evidence from Italy." *Giornale degli Economistie Annali di Economia*: 221−244.

227. Bougheas, S., Demetriades, P. O., Morgenroth, E. L. W. 1999. "Infrastructure, Transport Costs and Trade." *Journal of International Economics*: 169−189.

228. Brady, R. R. 2011. "Measuring the Diffusion of Housing Prices Across Space and Over Time." *Journal of Applied Econometrics*: 213−231.

229. Celbis, M. G., Nijkamp, P., Poot, J. 2015. "Infrastructure and the International Export Performance of Turkish Regions." *The Rregion and Trade: New Analytical Directions*: 319−350.

230. Chaney, T. 2008. "Distorted Gravity: The Intensive and Extensive Margins of International Trade." *American Economic Review*: 1707-1721.

231. Chaney, T. 2016. "Liquidity Constrained Exporters." *Journal of Economic Dynamics and Control*: 141-154.

232. Chen, G., Silva, J. D. A. E. 2013. "Regional Impacts of High-speed Rail: A Review of Methods and Models." *Transportation Letters*: 131-143.

233. Clark, X., Dollar, D., Micco, A. 2004. "Port Efficiency, Maritime Transport Costs, and Bilateral Trade." *Journal of Development Economics*: 417-450.

234. Clarke, G. R. G., Wallsten, S. J. 2010. "Has the Internet Increased Trade? Developed and Developing Country Evidence." *Economic Inquiry*: 465-484.

235. Coşar, A. K., Demir, B. 2016. "Domestic Road Infrastructure and International Trade: Evidence from Turkey." *Journal of Development Economics*: 232-244.

236. Demurger, S. 2001. "Infrastructure Development and Economic Growth: An Explanation for Regional Disparities in China?" *Journal of Comparative Economics*: 95-117.

237. Deng, T., Shao, S., Yang, L., Zhang, X. 2014. "Has the Transport-led Economic Growth Effect Reached a Peak in China? A Panel Threshold Regression Approach." *Transportation*: 567-587.

238. Desmet, K., Parente, S. L. 2010. "Bigger is Better: Market Size, Demand Elasticity and Innovation." *International Economic Review*: 319-333.

239. Dewachter, H., Houssa, R., Toffano, P. 2012. "Spatial Propagation of Macroeconomic Shocks in Europe." *Review of World Economics*: 377-402.

240. Donaldson, D., Atkin, D., Bandiera, O., et al. 2010. "Railroads and the Raj: The Economic Impact of Transportation Infrastructure." *NBER Working Paper*: 201-203.

241. Donaldson, D., Hornbeck, R. 2016. "Railroads and American Economic Growth: A 'Market Access' Approach." *Quarterly Journal of Economic*: 1-44.

242. Du, L., Harrison, A., Jefferson, G. H. 2012. "Testing for Horizontal

and Vertical Foreign Investment Spillovers in China." *Journal of Asian Economics*: 234−243.

243. Duranton, G., Morrow, P. M., Turner, M. A. 2014. "Roads and Trade: Evidence from the US." *Review of Economic Studies*: 681−724.

244. Elhorst, J. P. 2012. "Dynamic Spatial Panels: Models, Methods and Inferences." *Journal of Geographical Systems*: 5−28.

245. Farhadi, M. 2015. "Transport Infrastructure and Long−run Economic Growth in OECD Countries." *Transportation Research Part A: Policy and Practice*: 73−90.

246. Feldkircher, M., Horvath, R., Rusnak, M. 2014. "Exchange Market Pressures During the Financial Crisis: A Bayesian Model Averaging Evidence." *Journal of International Money and Finance*: 21−41.

247. Fernald, J. G. 1997. "Roads to Prosperity?: Assessing the Link Between Public Capital and Productivity." *American Economic Review*: 619−638.

248. Feyrer, J. 2009. "Distance, Trade and Income: The 1976 to 1975 Closing of the Suez CanaJ as a Natural Experiment." *NBER working paper*: No. 15557.

249. Fischer, M. M., Scherngell, T., Reismann, M. 2009. "Knowledge Spillovers and Total Factor Productivity: Evidence Using a Spatial Panel Data Model." *Geographical Analysis*: 204−220.

250. Francois, J., Manchin, M. 2007. "Institutions, Infratructure and Trade." *World Bank Policy Research Working Paper*: No. 4152.

251. Fransoo, J. C., Bertrand, J. W. M. 2000. "An Aggregate Capacity Estimation Model for the Evaluation of Railroad Passing Constructions." *Transportation Research Part A Policy and Practice*: 35−49.

252. Freund, C. L., Weinhold, D. 2002. "The Internet and International Trade in Services." *The American Economic Review*: 236−240.

253. Freund, C. L., Weinhold, D. 2004. "The Effect of the Internet on International Trade." *Journal of International Economics*: 171−189.

254. Fujimura, M., Edmonds, C. 2006. "Impact of Cross−border Transport Infrastructure on Trade and Investment in the GMS." *Manila: ADB Institute*

*Discussion Paper*: 48.

255. Fujita, M., Hu, D. P. 2001. "Regional Disparity in China 1985-1994: The Effects of Globalization and Economic Liberalization." *Annals of Regional Science*: 3-37.

256. Gibbons, S., Lyytikäinen, T., Overman, H. G. and Sanchis-Guarner R. 2012. "New Road Infrastructure: The Effects on Firms." *CEPR Discussion Papers*: 1-65.

257. Glaeser, E. L., Kohlhase, J. E. 2003. "Cities, Regions and the Decline of Transport Costs." *Papers in Regional Science*: 197-228.

258. Graham, D. J., Couto, A., Adeney, W. E., et al. 2003. "Economies of Scale and Density in Urban Rail Transport: Effects on Productivity." *Transportation Research Part E*: 443-458.

259. Gutiérrez, J., González, R., Gómez, G. 1996. "The European High-speed Train Network: Predicted Effects on Accessibility Patterns." *Journal of Transport Geography*: 227-238.

260. Hansen, W. G. 1959. "How Accessibility Shapes Landuse." *Journal of the American Institute of lanners*: 73-76.

261. Hausmann, R., Hwang, J., Rodrik, D. 2007. "What You Export Matters." *Journal of Economic Growth*: 1-25.

262. Hausmann, R., Klinger, B. 2006. "Structural Transformation and Patterns of Comparative Advantage in the Product Space." *CID Working Paper Series*.

263. Heckman, J. J. 1979. "Sample Selection Bias as a Specification Error." *Econometrica*: 153-161.

264. Hochman, G., Tabakis, C., Zilberman, D. 2013. "The Impact of International Trade on Institutions and Infrastructure." *Journal of Comparative Economics*: 126-140.

265. Holl, A. 2016. "Highways and Productivity in Manufacturing Firms." *Journal of Urban Economics*: 131-151.

266. Hong, J, Chu, Z., Wang, Q. 2011. "Transport Infrastructure and Regional Economic Growth: Evidence from China." *Transportation*: 737-752.

267. Hulten, C. R., Bennathan, E., Srinivasan, S. 2006. "Infrastructure, Externalities, and Economic Development: A Study of the Indian Manufacturing Industry." *World Bank Economic Review*: 291-308.

268. Hummels, D. L., Schaur, G. 2013. "Time as a Trade Barrier." *American Economic Review*: 2935-2959.

269. Iwanow, T., Kirkpatrick, C. 2009. "Trade Facilitation and Manufactured Exports: Is Africa Different?" *World Development*: 1039-1050.

270. Jarreau, J., Poncet, S. 2012. "Export Sophistication and Economic Growth: Evidence from China." *Journal of Development Economics*: 0-292.

271. Jason, H. 2008. "Modelling Cross-sectional Profitability and Capital Intensity using Panel Corrected Significance Tests." *Applied Financial Economics*: 1501-1513.

272. Johanson, J., Vahlne, J. E. 1977. "The Internationalization Process of the Firm. A Model of Knowledge Development and Increasing Foreign Market Commitments." *Journal of International Business Studies*: 23-32.

273. Keller, W. 2002. "Geographic Localization of International Technology Diffusion." *American Economic Review*: 120-142.

274. Kobayashi, K., Okumura, M. 1997. "The Growth of City Systems with High-speed Railway Systems." *Annals of Regional Science*: 39-56.

275. Krugman, P, Venables, A. J. 1995. "Globalization and the Inequality of Nations." *The Quarterly Journal of Economics*: 857-880.

276. Kuştepeli, Y., Gülcan, Y., Akgüngör, S. 2012. "Transportation Infrastructure Investment, Growth and International Trade in Turkey." *Applied Economics*: 2619-2629.

277. Lai, K. K. 2015. "Transportation System and Trade Flows in Port Cities of China: A Random Coefficient Model." *Journal of Systems Science & Complexity*: 289-300.

278. Lall, S., Weiss, J., Zhang, J. 2006. "The 'Sophistication' of Exports: A New Trade Measure." *World Development*: 222-237.

279. Leamer, E. E. 1978. "Specification Searches: AdHoc Inference with Nonexperimental Data." *Wiley, New York*.

280. Lawless, M. 2010. "Deconstructing Gravity: Trade Costs and Extensive and Intensive Margins." *Canadian Journal of Economics/Revue canadienne d'économique*: 1149-1172.

281. Levinsohn, J., Petrin, A. 2003. "Estimating Production Function Using Inputs to Control for Observables." *Review of Economic Studies*: 317-341.

282. Li, H., Li, Z. 2013. "Road Investments and Inventory Reduction: Firm Level Evidence from China." *Journal of Urban Economics*: 43-52.

283. Limao, N., Venables, A. J. 2001. "Infrastructure, Geographical Disadvantage, Transport Costs, and Trade." *World Bank Economic Review*: 451-479.

284. Lin, Yatang. 2017. "Travel Costs and Urban Specialization Patterns: Evidence from China's High Speed Railway System." *Journal of Urban Economics*: 98-123.

285. Luca, G. D., Magnus, J. R. 2011. "Bayesian Model Averaging and Weighted-average Least Squares: Equivariance, Stability and Numerical Issues." *Social Science Electronic Publishing*: 518-544.

286. Madigan, D., Raftery, A. E. 1994. "Model Selection and Accounting for Model Uncertainty in Graphical Models Using Occam's Window." *Journal of the American Statistical Association*: 1535-1546.

287. Márquez, M. A., Ramajo, J., Hewings, G. J. 2015. "Regional Growth and Spatial Spillovers: Evidence from an SpVAR for the Spanish Regions." *Papers in Regional Science*: 94.

288. Martincus, C. V., Blyde, J. 2013. "Shaky Roads and Trembling Exports: Assessing the Trade Effects of Domestic Infrastructure using a Natural Experiment." *Journal of International Economics*: 148-161.

289. Martincus, C. V., Carballo, J., Cusolito, A. 2017. "Roads, Exports and Employment: Evidence from a Developing Country." *Journal of Development Economics*: 21-39.

290. Martincus, C. V., Carballo, J., Garcia, P. M., et al. 2014. "How do Transport Costs Affect Firms' Exports? Evidence from a Vanishing Bridge." *Economics Letters*: 149-153.

291. Martínez-Zarzoso, I., Suárez-Burguet, C. 2005. "Transport Costs and Trade: Empirical Evidence for Latin American Imports from the European Union." *Journal of International Trade and Economic Development*: 353-371.

292. McFetridge, Smith. 1988. "The Economics of Vertical Disintegration." *Fraser Institute*.

293. Melitz, M. J. 2003. "The Impact of Trade on Intra-Industry Reallocations and Aggregate Industry Productivity." *Econometrica*: 1695-1725.

294. Moser, P., Voena, A. 2012. "Compulsory Licensing: Evidence from the Trading with the Enemy Act." *American Econnomic Review*: 396-427.

295. Moulton, B. R. 1991. "A Bayesian Approach to Regression Selection and Estimation With Application to a Price Index for Radio Services." *Journal of Econometrics*: 169-193.

296. Murayama, Y. 1994. "The Impact of Railways on Accessibility in the Japanese Urban System." *Journal of Transport Geography*: 87-100.

297. Nadiri, M. I., Mamuneas, T. P. 1994. "The Effects of Public Infrastructure and R & D Capital on the Cost Structure and Performance of U. S. Manufacturing Industries." *Review of Economics and Statistics*: 22-37.

298. Nurkse. R. 1954. *Problems of Capital Formation in Under Developed Countries*. New York: Oxford University Press.

299. Olley, G. S., Pakes, A. "The Dynamics of Productivity in the Tele comunnications Equipment Industry." *Econometrica*: 1263-1297.

300. Parpiev, Z., Sodikov, J. 2008. "Effect of Road Upgrading to Overland Trade in Asian Highway Network." *Eurasian Journal of Business and Economics*: 85-101.

301. Pereira, A. M., Roca-Sagales, O. 2003. "Spillover Effects of Public Capital Formation: Evidence from the Spanish Regions." *Journal of Urban Economics*: 238-256.

302. Persson, M. 2013. "Trade Facilitation and the Extensive Margin." *Scottish Journal of Political Economy*: 658-693.

303. Poncet, S., Felipe, S. D. W. 2013. "Export Upgrading and Growth: The Prerequisite of Domestic Embeddedness." *World Development*: 104-118.

304. Portugal – Perez, A., Wilson, J. S. 2012. "Export Performance and Trade Facilitation Reform: Hard and Soft Infrastructure." *World Development*: 1295-1307.

305. Psaraftis, H. N., Kontovas, C. A. 2015. *Slow Steaming in Maritime Transportation: Fundamentals, Trade-offs, and Decision Models* Handbook of Ocean Container Transport Logistics. Springer International Publishing, 2015: 315-358.

306. Puga, D. 2010. "The Magnitude and Causes of Agglomeration Economies." *Journal of Regional Science*: 203-219.

307. Puga, D. 2008. "Agglomeration and Cross-border Infrastructure." Eib Papers: 102-124.

308. Qin, Y. 2017. "'No County Left Behind?' The Distributional Impact of High – speed Rail Upgrades in China." *Journal of Economic Geography*: 489-520.

309. Raballand, G., Kunth, A., Auty, R. 2005. "Central Asia's Transport Cost Burden and Its Impact on Trade." *Economic Systems*: 6-31.

310. Raftery, A. E. 1996. "Approximate Bays Factors and Accounting for Model Uncertainty in Generalized Linear Models." *Biomerriks*: 251-266.

311. Ramajo, J., Márquez, M. A., Hewings, G. J. D. 2013. "Spatiotemporal Analysis of Regional Systems: A Multiregional Spatial Vector Autoregressive Model for Spain." *ERSA Conference Papers. European Regional Science Association*: 1-22.

312. Redding, S. J., Turner, M. A. 2014. "Transportation Costs and the Spatial Organization of Economic Activity." NBER working paper: No. w20235.

313. Rodrik, D. 2006. "What's So Special about China's Exports?" *China and World Economy*: 1-19.

314. Rosenstein-Rodan, P. N. 1943. "The Problems of Industrialization of Eastern and South-Eastern Europe." *Economic Journal*: 202-211.

315. Rostow, W. W. 1960. *The Stages of Economic Growth: a non-Communist Manifesto*. England: Cambridge University Press.

316. Shi, H., Huang, S. 2014. "How Much Infrastructure Is Too Much? A New Approach and Evidence from China." *World Development*: 272-286.

317. Sinani, E., Hobdari, B. 2010. "Export Market Participation with Sunk Costs and Firm Heterogeneity." *Applied Economics*: 3195-3207.

318. Straub. 2008. "Infrastructure and Growth in Developing Countries: Recent Advances and Research Challenges." *Policy Research Working Paper*.

319. Sturm, J. E., Haan, J. D. 1995. "Is Public Expenditure Really Productive?: New Evidence for the USA and The Netherlands." *Economic Modelling*: 60-72.

320. Talley, W. 1996. "Linkages Between Transportation Infrastructure Investment and Economic Production." *Logistics and Transportation Review*: 145-154.

321. Tanaka, S. 2015. "Environmental Regulations on Air Pollution in China and Their Impact on Infant Mortality." *Journal of Health Economics*: 90-103.

322. Tiwari R D. 2006. "Railway Rates in Relation to Trade and Industry in India." *Febs Letters*: 5071-5076.

323. Tabuchi, T., Thisse, J. F. 2006. "Regional Specialization, Urban Hierarchy, and Commuting Costs." *International Economic Review*: 1295-1317.

324. Venables, A. J. 2001. "Infrastructure, Geographical Disadvantage, Transport Costs, and Trade." *World Bank Economic Review*: 451-479.

325. Vemuri, V. K., Siddiqi, S. 2009. "Impact of Commercialization of the Internet on International Trade: A Panel Study Using the Extended Gravity Model." *International Trade Journal*: 458-484.

326. Vickerman, R. 2018. "Can High-speed Rail Have a Transformative Effect on the Economy?" *Transport Policy*: 31-37.

327. Wilson, J. S., Mann, C. L., Otsuki, T. 2010. "Assessing the Benefits of Trade Facilitation: A Global Perspective." *World Economy*: 841-871.

328. Xu, B. 2010. "The Sophistication of Exports: Is China Special?" *China Economic Review*: 482-493.

329. Yao, S., Zhang, Z. 2001. "Regional Growth in China Under Economic Reforms." *Journal of Development Studies*: 167-186.

330. Yeşim Kuştepeli, Yaprak Gülcan, Sedef Akgüngör. 2012. "Transportation Infrastructure Investment, Growth and International Trade in Turkey." *Applied*

Economics: 2619-2629.

331. Yeaple, S. R., Golub, S. S. 2007. "International Productivity Differences, Infrastructure, and Comparative Advantage." *Review of International Economics*: 223-242.

332. Yoshino, Y. 2008. "Domestic Constraints, Firm Characteristics, and Geographical Diversification of Firm - level Manufacturing Exports in Africa." *General Information*: 1-38.

# 后 记

本书是笔者在博士毕业论文的基础上，经过适当修改而成的。本书研究的初衷在于笔者在撰写毕业论文时，发现当时已有关于交通基础设施文献的研究内容主要有以下三个特征：一是虽然国内外学者的研究内容和方法具有显著差异，但主要集中于交通基础设施促进经济增长和提高全要素生产率两个方面，对国际贸易影响的研究相对有限，尚未形成同一框架下点、线、面以及宏、微观的全面考察；二是虽然绝大部分文献运用传统计量经济学方法展开实证化、定量化的研究，但未见采用其他统计学派，特别是贝叶斯学派的检验方法；三是虽然已有文献从铁路基础设施的数量层面研究其对地区经济增长的影响作用，但鲜见交通基础设施质量改善对企业经济发展的研究。基于以上分析，本书形成了"国家—区域—企业"的研究框架，从多个维度、采取多种方法考察了交通基础设施对出口贸易的影响效应，对推动中国经济高质量发展具有一定的理论意义。

从现实意义上来看，"十四五"规划指出要"立足国内大循环，发挥比较优势，协同推进强大国内市场和贸易强国建设"，要"加快建设交通强国，完善综合运输大通道、综合交通枢纽和物流网络"。"贸易强国"和"交通强国"并不是两个互相割裂的个体，交通强国建设为贸易强国建设提供支撑保障，贸易强国建设为交通强国建设创造有利条件，两者相互作用、相互支撑、相互贯通。本书的研究结论也充分证实了上述论断，并提出了相关的政策建议。当全球感叹"中国奇迹"时，中国也展现出负责任大国的形象，在构建人类命运共同体的同时也为其他发展中国家提供了"中国经验""中国证据"。

本书也将是笔者工作生活的一个关键节点，此前的研究重心主要集中在交通基础设施特别是高铁开通对经济社会的影响效应上。但近年来由于全球经济低迷、贸易摩擦不断，国际发展形势呈现出"百年未有之大变局"，中国面临的国际形势日益严峻。特别是作为"黑天鹅"的新冠肺炎疫情在全球大规模蔓延，不仅冲击了人类健康、社会发展以及国际关系等方面，更导致了冷战以来最严重的突发性全球危机，将永久地改变世界秩序。疫情后的世界将呈现出新的特点，包括增长动力、国际合作、区域关系等结构性内容将发生巨大变化，以往的世界经济理论已不能完全解释当今的显著变化。笔者在今后将会倾注更多精力、时间在出口贸易高质量发展方面的研究上，结合发展经济学、国际贸易学等多种学科知识，通过对核心内涵、时变演进、影响机制、制约因素等内容的分析，剖析发现突出难题和关键突破点，全面系统地分析助推出口贸易高质量发展的路径选择和政策体系。

转眼间，自2019年6月博士毕业以来，参加工作已2年，手握即将付梓的书稿，不禁感慨万千。感慨逝者如斯，犹记那时年少毅然踏上西行列车，归来已是而立之年，算来10年有余；感慨道阻且长，从翠英山下《生理学》《解剖学》的夜读，到如今给学生们讲解《西方经济学》《国际贸易学》，历经漫漫征途。一路走来，需要感谢的人有很多，在此向各个阶段遇到的所有老师、同学、挚友等表示衷心感谢。感谢蔡文浩教授、邵军教授两位恩师为本书欣然作序，感谢江南大学商学院浦徐进院长的鼓励，感谢社会科学文献出版社任文武分社长为本书顺利出版所做出的工作，感谢江南大学商学院韩晓东老师的辅助支持。

最后，感谢家人多年以来的精神支持和物质支持。感谢父母，是你们长期以来无私的支持和理解，让我能够坚持走完博士阶段的学习之路。感谢妻子钱宁君女士，感谢你在我求学、工作期间能够打理家中事务，使我能够专注于学术研究，谨以此书献给你。此外，"桓桓"小朋友的出生，给了我人生新的奋斗目标，生命的意义因你而加深，同时祝愿你能健康快乐成长，愿你享有期望中的全部喜悦，也将此书献给你。

当然，由于笔者的水平有限，虽然文责自负，但书中难免有疏漏及不足之处，恳请读者朋友批评指正。

再次感谢这段人生历程中所遇到的每一个人！

施宏凯

2021年7月

图书在版编目（CIP）数据

交通基础设施改善与出口贸易高质量发展／施震凯
著. -- 北京：社会科学文献出版社，2021.12
ISBN 978-7-5201-9250-7

Ⅰ.①交⋯　Ⅱ.①施⋯　Ⅲ.①交通运输建设-基础设
施建设-影响-出口贸易-贸易发展-研究　Ⅳ.
①F746.12

中国版本图书馆 CIP 数据核字（2021）第 215544 号

**交通基础设施改善与出口贸易高质量发展**

著　　者／施震凯

出 版 人／王利民
组稿编辑／任文武
责任编辑／张丽丽
文稿编辑／谷丹阳
责任印制／王京美

出　　版／社会科学文献出版社·城市和绿色发展分社（010）59367143
　　　　　地址：北京市北三环中路甲29号院华龙大厦　邮编：100029
　　　　　网址：www. ssap. com. cn
发　　行／市场营销中心（010）59367081　59367083
印　　装／三河市尚艺印装有限公司

规　　格／开　本：787mm×1092mm　1/16
　　　　　印　张：15.5　字　数：249千字
版　　次／2021年12月第1版　2021年12月第1次印刷
书　　号／ISBN 978-7-5201-9250-7
定　　价／88.00元